U1000112

推 荐

饶及人先生著作《你我的城市》是一本值得一读的好书。饶先生是一位美籍华人建筑师、规划师。自90年代初来华建立龙安集团公司，在国内做了大量规划设计工作。他融合中西文化，结合中国的实际，进行探索。对我国的城市化、城市建设、建筑设计、城市设计的很多领域有所思考，提出的独到见解，有很好的参考价值。为此，特予推荐。

邹德慈

中国工程院院士

曾任建设部中国城市规划设计研究院院长

现任该院学术顾问、教授级高级城市规划师

2012年11月6日

推　荐

这是一本饶及人先生的新作，是他城市规划系列著作的第三本书。

及人先生自己说：这本书是写给一般老百姓看的，希望老百姓去关心城市规划、参与城市规划，最后去监督这个规划，以达到中国政府所需要的“一张蓝图建到底”的目的。

正因为现在是一张蓝图建不到底，作者在这里立了个命题，那就是中国城市化发展要建立以老百姓幸福生活为目标的基本理念，老百姓要参与规划的制订。这不就是我们常常讲的但并没有真正做到的“以人为本”和“群众路线”么？他并进一步提出了城市规划应该“以法为准”，城市规划必须经过立法程序，成为法律，不能因立法缺失而导致“一届领导，一个规划”，为官者必须具有“执政一时，负责一世”的精神境界。

本书内容涉猎面颇广：城市规划学、建筑学、建筑历史、建筑文化、哲学、人文地理、政治经济乃至工程技术等诸多门类均有涉及。

作者认为，城市化进程中，政府必须改变以 GDP 为本的指导思想，转到“以人为本”和“可持续发展”的立场上来。作者在本书中还提出，作为全球第二大经济体的中国，在城市化发展进程中要负起一个大国对控制全球环境危机的责任，实施可持续发展战略，把绿色建筑与发展低碳经济、营造宜居城市和提高人居环境质量的任务结合起来。

书中不乏对西方发达国家城市化进程中经验教训的思考与借鉴，对城市建设、建筑文化的精彩描述，以及作为作者规划设计理念的载体——美国龙安公司在中国各地所作规划设计的案例，图文并茂，内容颇丰。

本书作者学贯中西，行文广征博引，以理服人；讲的都是大道理，却不见通篇宏论，只是促膝论道拉家常；娓娓道来，深入浅出，语言精辟，通俗易懂。作为一位长期生活在美国的国人，对中国文化能有如此精深之造诣，令人钦佩！

本书不仅仅是给一般老百姓看的科普读物，更是一本对决策官员的谏言书，是对基层官员进行专业培训的教科书，亦或是业内同行的参考书。

全国工商联房地产商会会长

2012 年 10 月 23 日

推　荐

我以往经常介绍饶及人是一位“充满激情、学识渊博、有着独到见解的学者与专家”，而他所带领的美国龙安集团，是一个具有战略眼光和爱岗敬业的优秀团队，特别是他们在长期实践中形成的“顾大局，不苟同，有特色”的经营风格，赢得了业界的广泛认同。饶及人日理万机，但能抽出空闲将理念和思想落到纸上，是十分的难能可贵。

《你我的城市：中国城市化与我们的生活》是饶及人“十年规划中国情”系列的第三本书，延续前两本书——《十年规划中国情》与《寻找中国城市魂》的风格，图文并茂、清晰易懂，使各个层面的人都愿意翻阅并能看懂这本有深度的专业书。相比前两本书，《你我的城市》把关注点聚焦在了“中国城市化”，逐一探寻中国城市化进程中遇到的问题，剖析其产生的原因和解决的途径，并将诸多国外实践过的先进的规划理念和思想铺展在书中，期望能引领中国城市化可持续发展的健康道路，让中国的城市化进程稍缓下来，使中国发展出越来越多的“千年城市”。

很多专业书籍无法避免“晦涩难懂”的问题，在饶及人的书中这个问题完全不存在。他善于用平实的语言、生动的实例，循循善诱地将读者带进规划建筑的世界。作为美籍规划建筑专家，饶及人并非侃侃而谈，通过自己多年的经验，他明确如何将理念与实际相结合，知晓如何将理念落实。同时给主管城建的官员们以启发，了解、熟悉我们生活的城市还需要有哪些方面的改进，应该如何去完善。相信这本书，不仅能使中国的政府官员们从中获益，也能使相关行业的人士受益匪浅。

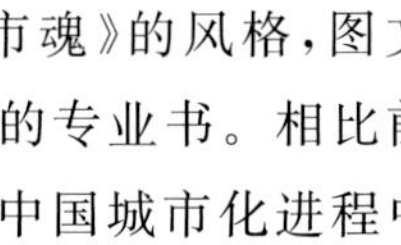

原中国建设部副部长

中国房地产协会前会长

2012 年 11 月 8 日

你我的城市

中国城市化与我们的生活

Your City, and Mine

Urbanization in China and Our Lives

Your City, and Mine

Urbanization in China and Our Lives

你我的城市

中国城市化与我们的生活

中国经济出版社
CHINA ECONOMIC PUBLISHING HOUSE
北 京

图书在版编目（CIP）数据

你我的城市：中国城市化与我们的生活/饶及人著．
北京：中国经济出版社，2013．1
ISBN 978－7－5136－1493－1
Ⅰ．①你… Ⅱ．①饶… Ⅲ．①城市化—研究—中国 Ⅳ．①F299．21

中国版本图书馆 CIP 数据核字（2012）第 047536 号

责任编辑　姜　静
责任审读　贺　静
责任印制　张江虹
封面设计　华子图文

出版发行　中国经济出版社
印 刷 者　北京市京津彩印有限公司
经 销 者　各地新华书店
开　　本　787mmm×1092mm　1/16
印　　张　21．25
字　　数　375 千字
版　　次　2013 年 1 月第 1 版
印　　次　2013 年 1 月第 1 次
书　　号　ISBN 978－7－5136－1493－1/F·9274
定　　价　98．00 元

中国经济出版社 **网址** www. economyph. com **社址** 北京市西城区百万庄北街 3 号 **邮编** 100037
本版图书如存在印装质量问题，请与本社发行中心联系调换（联系电话：010－68319116）

版权所有　盗版必究（举报电话：010－68359418　010－68319282）
（举报电话：12390）　　服务热线：010－68344225　88386794

自　序

写在《你我的城市：中国城市化与我们的生活》出版前

我非常幸运，于 20 世纪中期出生在中华文化保留完好的中国台湾，从小接受了传统的中文教育，奠定了中文基础。之后，父亲决定举家搬迁到世界国际大都会——美国纽约。我自此在那里成长，当时家里的境况窘迫，无法提供生活无忧、物质丰盈的成长环境，但也因此塑造了我能在文化迥异的地域里承受压力、顽强成长的性格特质，并幸运地融入当地的社会，成为主流的核心分子。20 世纪 90 年代，我服务于纽约市政府期间，克服艰难、四处奔走、说服并整合了华人微薄的政治力量，为曼哈顿区中国城做了第一次规划调查，同时在 1992 年初期在重新规划法拉盛地区的时候，全力争取到法拉盛地区容积率的提高，以确实保障日后新移民的发展。

回到中国后，初期遭遇许多挫折与险阻，但凭借着不懈的努力与几次规划竞赛的成果，得到了许多中国领导人的信任，我陆续得到许多极具分量项目的委托，让我这个海外游子，有机会参与神州复兴与发展。我特别愿意到老少边穷（老区、少数民族自治区、边区、未开发）地区，帮助政府培训那里的领导干部，截至目前，依照国家外专局的非正式统计，我已经在中国培训了 9 万多名科级以上的干部，武装了许多地方官员的规划思想。许多官员反映，他们透过我提供的案例分析，将地方干部们的"规划意识"凝聚成"规划共识"，在城市建设中避开

了许多弯路。

我向来只有一个愿望：中国一定要强大！虽然在19世纪末20世纪初期，中国承受许多外侮，但是，身为炎黄子孙的我们在21世纪中，绝对会强大起来，带领世界潮流。我认为，中国的城市规划与建设已经累积了不少实战经验，在老百姓生活水平继续提高的基础上，中国完全可能在21世纪中叶，引领世界发展。也许说来容易，做来难，但是我坚信，凭借全民不断的努力，非常有机会达到目标。

我记得1992年国务院前总理朱镕基接见我的时候对我说，中国将来会非常强大，而且中国需要许多更好更先进的建设，因此他希望我能回到中国做三件事：(1)为中国引进最新的西方规划理念和哲学；(2)为中国政府培训一流的规划人才；(3)适当地为中国留下好的规划作品。在2005年出版的《十年规划中国情》一书中，我自豪地说，这三件事我做到了！这本书《十年规划中国情》在中国的官员层面里，引起了高度关注，真是完全没有料想到。许多中央政府部门领导和地方官员告诉我，他们经常在下了班或应酬完后，回到家翻阅我的书，而且经常在上面做笔记。他们对我的认同，激发鼓励了我在2007年写了第二本书——《寻找中国城市魂》。在这第二本书中，我把规划方法和绿色建筑，做了更进一步的解说。喜欢看这两本书的朋友很多，为取得我亲笔签字的书，许多外地朋友特地安排专程来北京看望我，我也因此感到非常欣慰，这两本书也真正成为了我所想达到的“长销书”。2009年，一群江西赣州的粉丝们，发起写一本有关我成长的故事——《从美国梦到中国梦：城市“医生”饶及人》。这几本书之后，我希望再出版一本鼓励老百姓参与中国规划与建设的书。

在为中国官员们讲课的时候，我常常举例“男怕入错行，女怕嫁错郎”，城市最怕“定错位”。一个城市的最大浪费，是因为定位不准所带来的浪费。而定位不准，不能全部归咎于官员，其中咱们老百姓也得负一半的责任。我常说，如果在一个家中，男主人要扩大或者重新装修厨房，如果他自以为是，不听取女主人的需要，不听取经常使用厨房者的诉求，包括洗碗槽的位置、冰箱的摆放、炉头的大小，结果建成的厨房，不符合使用者的要求，那么，这位男主人就必须负责任。但是，反过来说，如果男主人在寻求使用者意见的时候，使用者的回答是“随便”，那么建成后，使用者不满意，绝不是男主人的错，而是源自于使用者“没有”意见。我们的城市建设，必须有使用者，亦即老百姓的关心和参与，如此我们的城市建设，才会符合绝大多数人的需要。这也是我们参与中国广大规划业务设计工作时，必然先做问卷调查的原因。

最初我曾设想本书以中英文双语出版，同时在国内外发行。但是在市场调研后，感受到中外读者对同一件事情的理解和看法大大不同甚或天差地别，所以最后决定分开为两本书。因而本书也是我另外专门写给老外看的全英文书的姐妹书。英文书《Straight Talk on China's Urbanization》(简称“《直言》”)主旨是通过我在中国的经验与实践，告诉西方读者我对中国的认识，希望能以我的第一手经验与理解，转变老外对中国的误会与一知半解，提高他们对中国建设现状的认识，增进双方的沟通。我和《直言》的共同作者，美国知名建筑历史学家贝聿铭大师的御用作家 Janet Adam Strong 博士，希望这本即将于 2012 年 9 月底由新华出版社出版，在中美两地共同发行的英文书，能够成为美国的“畅销书”。

我希望这本专业但文字轻松的书，能够得到大家的喜欢。改革开放 30 多年来，中国的城市建设，从初期盲目模仿四处抄袭，到今天引进国际先进规划理念在中国落地，并且逐渐形成具有中国特色的城市建设与理念。我深信，在下一步的城市化发展中，如果能得到老百姓更多的参与，那么 21 世纪的中国城市规划建设，将成为世界其他城市竞相学习模仿的对象。

本书在书写校对和排版过程中，很幸运得到许多人的协助。首先要感谢一直非常支持我的另一半宋谨如，在这本书的策划、定位、设计等很多方面，提出了具体的意见。感谢我的中文总编辑叶培红老师、中文编辑侯倩、责任编辑姜静等，因为她们的全力支持，中国经济出版社的出版发行，这本书才得以问世。在此，我表示衷心的感谢。

饶及人

2012 年 9 月 6 日星期四于北京

前　言

中国城市化何去何从——对中国规划发展的思考

我在1990—1994年担任美国纽约市城市规划局局长期间，曾率纽约市局长考察团于1992年访问中国，当时中国城市化刚开始了加速的进程，国务院前总理朱镕基先生在接见考察团时对我说了一个希望、三个期许：希望我回到中国大陆来发展；期许我帮助中国大陆做好三件事，这三件事：一是为中国引进最新的西方规划理念和哲学；二是为中国政府培训一流的规划人才；三是适当地为中国留下好的规划作品。

应总理的感召，1998年，龙安落户中国大陆。也正由于朱镕基总理的三个期许，我有幸能以一种较为特殊的身份参与了中国的改革开放与城市化建设——一个世界上人口最多的国家的城市化进程。我常说，我运气很好，生逢其时。我能在中国参与那么多的规划设计，与我当时的毅力、决心和多重身份是分不开的。首先，在中国还没有完全发展的时候，举家从第一世界的美国搬迁到中国香港，然后于2001年，迁回当时仍是第三世界的中国内地。其次，我是一个有着参与了世界上最大且著名的城市“纽约市”的城市规划，且身兼纽约市规划局官员身份的美籍华裔建筑规划师。再次，我是在中国全资注册以城市规划建筑设计为经营业务的美国龙安建筑规划设计顾问有限公司（外企）的负责人。最后，作为中国国务院外国专家局特聘的建筑规划专家，我同时承担着为中国各省市地方政府官员做城市规划的培训工作。

自1984年到现在，第29个年头了，美国龙安在中国城市的规划总面积为2877平方公里(约合47个纽约曼哈顿岛)；住宅区规划设计总建筑面积约为2257万平方米(约为22万个家庭房)；公建设计总建筑面积约1219万平方米(约相当于75个国家大剧院)；旧城改建街道总长度达到11300米(相当于6条半法国香榭丽舍大道)；景观设计总面积为1107公顷(约合3个纽约曼哈顿中央公园面积)；室内设计总面积为15万平方米(约合514个样板间)；获得119多个国家与国际大奖；2004年以来，年年被住建部评为“中国十大建筑设计单位”。

作为中国国务院外专局的美籍建筑规划专家，我先后在中国各省市不同活动中做了百余次演讲与报告，为9万多名官员做培训。为了配合中国基层领导“716干部”[①]的生活方式，我发明使用了“反刍式”[②]教学方式，从中国的部厅级政府官员层面里，由案例分析中，凝聚官员们的思路从“规划意识”渐进到“规划共识”，希望能够启发官员们解决各自城市问题的方式，而不是一味地抄袭其他国家或是其他城市的规划。引导鼓励中国的城市领导做一个城市规划建设者，倡议必须“对明天的需求有敏感度，为今天的项目负责，为昨天的作品感到骄傲”。

二十余年间，我很高兴地看到中国城市化进程的发展，并为我本人和龙安在这个进程中做出的努力和成果所得到的认可而感到欣慰与鼓舞。二十余年，我亲历中国城市化的进程以及与中国基层到高层官员的广泛接触、交流与沟通，使我对中国城市化的现状和未来既充满希望、信心，也感受到许多问题的存在和纠结。有些问题是世界性的共性问题，有些问题是中国特色的问题，这些问题的解决需要中国政府展开观念的改变、法律的制定，具备改革的智慧和勇气，也需要中国的老百姓提高对于参与城市化进程的意识，开发出每个人对自己所在城市发展表达主张的愿望。

对于参与中国城市化进程的亲历、感悟和体会，我曾于2005年和2007年先后出版《十年规划中国情》和《寻找中国城市魂》两本书，第一本是基于中国城市发展建设中的问题向中国政府部门以及官员的建言，第二本则是希望与中国从事建筑设计与规划的同行们分享城市规划的理念。现在，中国的

① “716干部”是我发明的名词，即每周工作7天，每天工作16小时的干部(许多官员说“716”比“5＋2，白＋黑”的说法来得生动)。

② “反刍式”教学，是将大量的资讯在短时间内，灌输给干部，然后让他们在有空的时候，翻阅资料，反刍内容，获得启发。

发展进入“十二五”规划，经历了全球金融危机之后，以“GDP 为本”的发展方式要转向“以人为本”的发展方式，重视城市地下建设。我提出的“既要康庄大道，也要排洪管道”成为政府的追求和官员的共识，他们已经认识到老百姓的幸福感才是发展的硬道理。而城市化就是一件与每个公民，与全体老百姓的幸福都息息相关的事。因此，这本书，我希望与更多的中国老百姓分享，与所有关心城市化进程与自身生活质量问题，并且希望发表意见的公民分享。我希望今天的中国，大家能够更自由广泛地讨论，究竟怎样的一个城市化才是符合“当地”老百姓需要的城市化，才是中国真正能向世界展示文明崛起的城市化？

崛起的大国——青少年期的城市化

——处于青少年时期的中国城市化要健康发展，需要老百姓的参与度越来越高，而不是政府的主导越来越强。

2005 年 5 月，美国《新闻周刊》宣告中国世纪的到来。四年之后，2009 年 3 月的《新闻周刊》说这次的金融危机已经让亚洲的世纪悄悄地到来。

2011 年，《新闻周刊》报道，全世界都在关注着中国的崛起，中国的崛起已经毫无争议了！

目前全世界有超过一亿人在学中文，在美国有许多地区的公共学校，将普通话列为小孩必修的外国语言……不再是法语或西班牙语。

回顾历史，1993 年起中国发生不可思议的变化，当时中国使用粮票，外商使用外汇券，北京的冬天储藏大白菜，18 年后的 2011 年 12 月份，外汇攀升至 3 万 1000 亿美元，目前中国是全世界第二大经济体，中国政府是世界上最富有的政府，而且是五千年来第一个这么有钱，国库如此充裕的中央政府。

中国的城市增长得也很快，自 1980 年开放以来，从 1980 年的 223 个城市，到

1990 年发展到 467 个城市，城市人口达 3 亿 100 万，至 2000 年 663 个城市，城市人口 4 亿 5000 万，目前估计到 2015 年将达 662 个城市，城市人口至 6 亿到 7 亿。

在过去 20 年间，中国的城市化率以每年 1% 的速度在增长。中国城市化率从 1980 年的 19.4% 增长到 2000 年的 36%，预计 2015 年可达 54%。中国的城市占 GDP 的 63.2%，为中国财政贡献了 80% 的收入，同时，中国在 2050 年将有 5.5 亿人口进城，届时中国的城市化率将达到 70%。

英国在 18 世纪，城市化率从 20% 到 40% 用了 120 年，法国用了 100 年，德国用了 80 年；美国在 20 世纪，城市化率从 20% 到 50% 用了 40 年；而中国用了不到 20 年，城市化率从 1990 年的 26.4% 增长到 2007 年的 43.9%。中国城市化的快速发展，在人类文明史上，前所未见。

但是由于城市化发展速度快，问题也多，如果用一个人的成长阶段来形容，中国的城市化就像一个迅速发育的青少年，伴随着许多成长的烦恼和巨大的挑战。

城镇化率若按年均一个百分点增长，则中国每年需：新增住房 3 亿～4 亿平方米，建设用地 1800 平方公里，生活用水 14 亿立方米，建筑耗能 64 亿千瓦时，以及土地开发资金 2700 亿～3600 亿元。此外，年均新增产出：生活垃圾 1000 万吨，排放污水 11.4 亿立方米。

同时，为提升现有 5 亿多城镇人口的生活质量，中国需要解决住房、文化教育、体育和商业设施、道路、交通、绿化、供水、排污，以及环境保护等诸多问题。城镇面临的水资源、能源、土地资源短缺和环境问题将更加突出。现任各级政府的工作，相当艰巨。

在过去，快速发展的中国的城市化阶段牺牲掉两个利益，一个是农民的利益，一个是环境的利益，现在已经暴露出严重的矛盾冲突。很多城市建设取得的成就是建立在牺牲后代的幸福上面的。美国总统肯尼迪曾经有一句名言叫做“不要问国家可以替你做什么，要问你可以替国家做什么”。我认为我们现在不是问地球可以给你什么，而是要问你可以为地球做什么。另外我们必须意识到，我们所占有的资源并不只是祖先留下来的，同时是我们为未来的子孙暂时看养的，有了这个思维模式以后你的取舍就不一样。

处于青少年成长阶段的中国城市化为了提升现在 5 亿多城镇人口的生活质量，需要解决住房、文化教育、体育的商业设施等诸多问题，城镇面临的水资源、能源、土地资源短缺和环境问题将更加突出。现代公民社会，这个问题不只是政府怎样规划的问题，还要加上老百姓懂得如何参与城市的规

划。举例说，一个城市，政府和开发商建了一个广场，老百姓要提出需求主张，老百姓如果不闻不问，最后规划出了问题，不只是政府或开发商的责任，老百姓也有很大的责任。

青少年时期的中国城市化一定要健康发展。健康发展这个观念，温家宝总理在当初“十五”就提出，“要按照循序渐进节约土地、节约发展、合理布局的原则促进城市化健康发展”。文化决定观念，观念决定思维，思维决定行为，行为决定成败。所以一个城市建设的规划要以人为本，要先了解当地人的文化再下手规划。了解当地百姓的文化也就是要听听老百姓的声音。中国城市化应该成为一个提升老百姓素质和参与经济

社会建设的一种工具。中国改革开放的基本目标就是为了让老百姓的生活越来越好，经济发展、城市化过程都是为了改善老百姓的生活，不是改善官员的生活，也不是改善设计师的生活。既然如此，一个城市的规划建设不能没有市民的关心、参与和监督。而如何参与和监督就是每个人都有主权为自己本身争取更好的居住环境。中国城市化的发展要带领世界，需要依托的是老百姓自己作主的分量越来越重，而不是政府的主控权越来越强。

从大国走向强国，中国 662 个城市的规划需要：中西合璧＋与时俱进

——中国必须建立有理性、有共识、有法律权威的规划，取舍错误所造成的城市建设浪费是最大的资源浪费。

城市化进程中的取与舍很关键。最好的规划是乌托邦的规划，现实的规划就是在能达到最高的境界下做取舍。做城市规划，高度站对了，取舍才能正确。

规划不能光靠人。人的人一生中，不同的阶段会有不同的认知，有青年期的叛逆与渴望创新，有中年期的墨守成规、认同主流，也有老年期的保守、传统与不愿改变。每一个阶段，看法与取舍都不同。所以规划仅靠领导决定，是完全行不通的。

规划是对资源的取舍，而取舍因人、事、时代而变化。为了不浪费子孙的资源，保护建设，中国必须建立理性的规划、共识的规划、法律权威的规划、被大家认可的规划，才能一张蓝图干到底，否则每个人的看法不同、取舍不同，规划结果很容易被个别领导推翻。

取舍问题涉及到城市定位，城市的定位决定城市的发展，而城市的产业决定城市的出路，我个人认为产业就是：基层劳动力产业、白领智慧产业、信息科技产业、资金资本产业、生态资源产业。从这五个方面可以看出，中国的每个城市发展机运关乎下面几个

条件：(1)城市的区域位置，包括腹地、港口、物流、货运、天气和土地条件、先大资源；(2)腹地面积大小；(3)人才资源来源，亦即学校毕业生是否愿意选择来这个城市；(4)资金资源；(5)政策资源，在中国，很多时候没有政策资源就无法发展。

我在中国给政府官员讲课时，最重要的是把规划的意识凝聚到规划的共识里。后来我发现大家对规划都有了意识，但是从规划的意识到部署和具体执行就很难形成。确实，如何在有限的任期里做出理想的千秋大业非常不容易。我总希望能够启发地方官员们设法找出解决自己城市问题的方式，而不是一味照搬其他国家的城市规划，因此我提出了"百年住宅千年城市"，目的是让一个城市的规划能够不间断地去建设成为可持续的发展。

城市的定位很重要，因为城市在发展中最大的浪费是规划上的取舍错误所造成的浪费。就像我们说的"男怕入错行、女怕嫁错郎"一样，城市最怕定错位。城市规划是运用先天的资源结合后天的智慧，为老百姓提供更好的生活空间。

这就涉及到"可持续"三个字。在全球环境问题日益严重背景下，人类必须强调可持续的发展。城市规划的"可持续"，就是"可以坚持，可以继续"的规划。

中国目前规划的制度没有经过立法程序，因此要求"一张蓝图干到底"，好比"缘木求鱼"。没有共识，就无法坚持。

在一个现代化、市场化的社会里，任何规划都必须具有三大属性：法律权威性；市场经济性；人的尺度性(以人为本)。

比较中国与美国的规划程序，我发现有很大不同，中国城市的规划过程是由上而下，而美国城市规划过程是由下而上。

由下而上，不仅强调人的尺度性，也尊重了法律的权威性。市场经济行为必须以人为本，以法律为准。

以人为本，也包含了对不同文化的尊重和认同。一方水土养一方人，历史、人文、自然环境影响着人的生活规律和行为方式。罗马不是一天造成的，一栋房子也不是只供一代人使用。

东西方的传统文化不同，反映在住宅城市建设上的喜好就有很大差别。比如国人虽然喜欢吃，但是不重视厨房的布局和厕所的卫生。欧美的生活方式受到欧洲贵族的影响，讲究卫生，厕所不能有异味。最文明的人会把最看不到的地方收拾好，所以一个家庭房子好不好不是只看房子内部装修有多奢华，而是看他的花园。看一个城市建设水平不是只看他的建筑的高低、街道的宽窄，而是看它的景观好不好。一个家庭的主人有没有品位看他的物件的摆设，这就是文化。所以中国从大国走向强国要中西合璧并与时俱进。

另外做规划要结合自然环境与人文环境，所以我2004年曾经提出"四因二应"——因地制宜、因人而异、因山而起、因水而洄，回应历史，呼应未来，以及"改变千城一面"。但是每个城市每个阶段规划的目标和方法也不一样，所以每个阶段看法跟取舍都不同，规划针对资源的取舍，而取舍因人而变化。

城市规划是西方整理出来的科学，它有方法、手段、工具，以及衡量的标准，一个好的规划必须能够说服老百姓、说服专家、说服领导，一个好的规划师要“上知天文、下知地理、博学中外、还要言之有理”，所以一个城市规划一旦确定就不能随便修改。在中国经常可以发生随意修改规划的例子，这缘于没有法律规范可循，无法就可能无天，所以法律的依据很重要，有了法律规划才可持续。此外，是否有法律基础的保障，人的感觉是不一样。中国目前城市规划的制度没有经过立法程序，城市里的老百姓就没有安全感，不知道哪天自己住的房子就拆了，绿地建了高楼了。因此要给市民提供好的生活资源就必须做到有法律保障的规划。

宜居与每个人的城市化

——宜居城市就是使大多数居民“衣食住行商医乐”能够和谐地得到满足。宜居城市的判断必须基于“你我他”的健康快乐感受。

饶及人1986年设计的在纽约皇后区的一栋一万平方米的公寓，1988年建成后，获得所有建筑界大奖

现在中国许多城市许多官员都提出打造“宜居”城市，“宜居”成了一个流行概念。

但是什么是宜居城市？

宜居，是一个复杂概念，涵盖了从自然环境到交通状况、社区文明、医疗保健、市政建设等许多方面的内容，但它也可以很简单。我给“宜居城市”下的定义是：“宜居城市(livablecity)”就是适于居住的城市，它能让人健康、快乐地生活，使得衣、食、住、行、商、医、乐都能够和谐地得到满足。因此，判断是否宜居，并不仅在于某项量化的指标，也不在于某个人说了算，而在于你我他，在于这个城市中大多数人居住的感受。

举一个简单的例子，如果一个城市的居民会打电话邀请亲戚朋友来长期居住的话，这个城市是一个宜居城市。我想现在北京人恐怕很少打这个电话，所以北京不是宜居城市。中国有没有这种城市？有，比如杭州、青岛，那里的人会邀请朋友说，你们不要总呆在北京，来我们这边住几个礼拜或住几个月，这就是最简单的宜居表述。

与宜居背道而驰的，是城市化过程不仅没有创造宜居、提升百姓生活质量，却反而下降。中国这些年城市化过程中最容易出现五个不健康的状况：一是土地没有得到完善的利用，二是被征地的农民贫困化，三是政府背负沉重的债务，四是市民特别是新增市民不能比较充分地就业，五是社会管理和服务不能与之相匹配。

一个健康的城市应该避免先拆后建，农民失业，企业被套，政府失信等。

不同于西方国家成熟的城市建设，中国许多城市建设还都处于前面提到的青少年时期，青少年时期身体发展得快，但是一些地方很不成熟。所以借鉴国内外成功的经验，不要浪费城市资源是当前中国城市规划中很重要的工作。

美国城市规划中有一个很重要的词叫做明智成长（Smart Growth），所谓明智成长是可以具体化体现的。比如，做城市规划第一个要考虑可供步行以及综合使用的小区。第二个要有行人尺度的开发与空间。现在中国很多城市的道路设计让行人无处可走。这个尺度不是从天上看下来的，很多领导看模型从天上看，决定它的大小，他没有想到在地上走的时候会是什么样。第三个要有当地文化历史特色的场所。像苏州这个城市，大家一看就知道苏州到了，它的文化特色非常明显。第四个就是有着多元性。一个城市要能够让不同层面的居民，新老合居，并能发展长期的友谊。第五个就是有便捷出行的交通方式，能选择骑自行车或者轻轨，而不是必须开车或者说非坐轻轨不可，而且公众捷运的车站设置点需要能便民。另外就是鼓励老百姓参与规划，其实规划没有那么复杂，老百姓的生活方便和幸福感是最基本的。

另外，宜居城市必须考虑可持续的发展，就是让城市要有一个平衡的规划，而且任何一个规划都要基于科学发展观，必须具有法律的权威性，市场的经济性，人的尺度性。市场的经济性很重要，房子建成不能滞销，也不能闲置不用。法律的权威性就是不能随便乱改，所以一开始就要有长远的考虑。中国现在许多城市的规划和新建筑物的设计目光都很短浅，都没有考虑到使用者将来年龄老化的问题，老的时候行动不方便的情况下如何使用。而在美国规划设计必须考虑到满足所有市民需求的无障碍通用设计法则（Universal Design），也就是规划设计体现了公平、灵活，包括让那些坐轮椅的人可以方便使用。

对比东西方的城市规划，如何以老百姓居住为本的体现有很多不同，根本原因在于体制和文化的不同。我个人将当前的中国大陆文化称为“新中国大陆主义”文化，有几个基本特征：做事情朋友要多，朋友是财富；关系要好，关系是生产力；发展要跟着国策走，跟着国策走机会总会有。但在西方规划是从人民意愿出发，规划的过程就是一个尽可能高效公平分配公共物品服务的过程，必须了解当地居民的意愿是什么，就连垃圾处理服务、下水道服务都是一个公平服务。所以每一个规划人员在做规划时都要基于两个天平，一个是感性的要求，另一个是理性

的执行。感性的要求希望明天就能高效率地盖好，但理性执行的元素就是必须考虑是不是对所有参与人都予以公平的对待，不能牺牲了任何一方的利益而达到这个效益。在中国往往只考虑效益，中国是世界上建设效益最高的国家，但是牺牲掉的是“环境”以及大众百姓的“利益”。在美国，作为一个现代规划师在做任何项目前首先必须经过深入调查，形成一份“地区问题报告”，这报告非常清楚地阐明该地区进行规划的必要性，然后规划师会全力探求掌握该地方发生变化的因素，并找到发展机遇，以及可能限制发展的因素。（请参考本书 271 页，龙安设计拉萨河项目时做的问卷调查表）

要建设宜居城市，在制定发展规划时就需要协调资源与利用，因此规划师也要学习区分各个社会利益团体，并不是跟他们对着干，而是与他们一起工作，以便创造出该地方未来的策略性愿景。这个过程包括各种交流和妥协。

有序成长与生态城市

——美国龙安集团营运目标：以“城市规划”为切入点参与“城市运营”，为中国老百姓创造世界级的“低碳绿色家园”。

2009 年联合国发布了题为《一个全新的世界》的报告。据联合国的统计，从目前至 2030 年，全世界新建成的城市面积将达到 40 万平方公里，相当于 2001 年当时世界所有城市的面积，其中仅中国就将达到 65000 平方公里，占 16%；至 2025 年，仅东亚将新增 6 亿城市人口，城市将产生 80% 的全球温室气体排放量。

因此，可持续发展、建设绿色生态和低碳化城市是全世界都必须面对的重要课题。地球资源的有限、地球人口的不断增长以及人类发展和生活方式的改变，是我们必须考虑的。

以中国为例，1949 年 5.2 亿人口，到现在是 13.5 亿，60 年之后增加了 3 倍。地球人口也是一样，第二次世界大战以后全世界是 19 亿人口，而现在超过 70 亿，但是地球的资源并没有增加 3 倍，而如果“发展中国家”的城市要按照发达国家城市实现城市化则需要“四个地球”的资源。

生态城市建设就是要在有序成长的过程中达到环境资源的可持续利用与经济目标的平衡，让环境不因为经济目的而受到损失。而且我们要从长期的生命循环的角度去看待生态问题和人类生存的空间格局。

凯文·林奇说过，“我们能占据的景观富含原地之奥妙，景观特征应该被加强，不是被削弱，而是最终和谐并存在这一复合体内——是个具有地缘特征、复合人性的场地。

一个优秀的设计，并不是照搬他处完美城市的模式来强加于城市，应该立足当地，尊重大自然长久形成的地理特性和社会习惯。”

欧洲国家对于生态城市已经制定很多的量化指标。第一是它必须是每个人都能够容易接近的城市；第二是土地需求量最小的城市；第三是集中与疏散以形成新平衡的城市；第四是混合利用均衡的城市；第五是密度适当的城市，也就是不能非常挤也不能非常松散；第六是发展集中在适当地点的城市，要具备日常生活公共空间，城市区域内距离不能太远，是人们无需依赖车子才能到达的；第七是城市区域要形成网络，是人文尺度雅致的城市，融入周边地区的城市，自然平衡的城市；第八是可以供行人、骑自行车的人和公共交通互相融合的城市。

欧盟对现代城市的未来展望则列出了下面的标准。

①城市是可持续能源的动力基地

②能源消耗最少化的城市

③拥有整合绿地的城市

④废物减少、可再利用和再循环的城市

⑤健康、安全和富裕的城市

⑥利于强有力地方经济的城市

⑦融入全球通信网络的城市

⑧生物气候舒适的城市

⑨致力于全封闭水循环的城市

⑩可持续生活方式的城市

⑪居民参与建设与管理的城市

⑫具有文化特性与社会多样性的城市

中国已成为目前世界上城市化最快的国家，所以中国需要城市“有序”的成长。如何在不可逆转的快速城市化进程中，建设健康、宜居、生态的城市，结合中国的传统文化，运用崭新的方式把城市化做好，考验的是我们政府的大智慧和创新能力。中国作为崛起的现代大国，作为有着五千年来从未中断过的悠久文明史的古国，应该也完全能够在21世纪城市化的进程中，在生态城市的规划建设方面为世界开创并展现一个新的模式，成为联合国五大常任理事国中以生态建国的第一大国。

目录 Contents

目录 Contents

导读

伴随着中国城市化率的迅速提高，老百姓的生活品质与快乐指数并未能得到同步提高。希望中国的城市化慢一点，中国的城乡一体化发展精致一点，真正做到以人为本，以老百姓的生活品质与快乐指数为本，让中国老百姓的生活从最基本的需要开始真正赶上发达国家，这才是中国迈向盛世的做法。

龙安项目：新疆拜城博物馆效果图，2011年设计

第一章
发展的纠结：城市化是否提高了百姓的幸福指数

让新一轮中国城市化发展慢一点

原文刊发于 2009 年 6 月 3 日《消费日报》

在应对全球金融危机对中国经济影响的战略发展考虑中，在中央政府强调必须转变发展方式的重要转折中，我希望中国的城市化发展慢一点，中国的城乡一体化朝着精致一点的方向发展，中国的建筑设计人员将建筑的细部设计做得更好一点。

自全球金融危机以来，中国政府出台了多方面刺激内需的政策以应对危机对中国经济的影响，而推进城乡一体化，加快中国城市化进程亦是中央政府刺激内需的重要战略部署。作为一个从 1992 年就开始参与中国加快城市化建设的成员，作为中国外国专家局特聘的一名专家、训练过 4 万多名中国干部有关城市化题目的培训员，我最近不止一次被许多人问到相同的问题：如果中国政府的领导问你，在目前金融危机逐渐淡化，中国经济走向扩大内需刺激的情况下，对于中国城市化新一轮的发展，你认为应该怎样进行？我想我会毫不犹豫地说："希望中国城市化慢一点。慢工才能出细活，慢工才能考虑得更完整。"

龙安项目：宁波三江六岸及CBD概念规划效果图，1999年设计

许多中国人都知道"罗马不是一天建成的"这句英文谚语，但是在中国，GDP 增长

◉ 龙安项目：宁波三江六岸及CBD概念规划日景实景，1999年设计

通常是考核官员政绩的主要衡量标准之一。在过去的城市化进程中，政府官员希望许多城市建设在其任内就能完成，因此进行了快速的建设；新城区、开发区、大学园……如雨后春笋冒出地面。另外，为了争取 GDP 数据的成长，许多城市建设往往忽视地下管网建设，忽视了环境保护，忽视了城市周边农民的利益。

过去 20 年，中国城市化建设实在太快了。快到许多城市的建设项目经常是匆匆忙忙地上马，匆匆忙忙地凑合，匆匆忙忙地完工，匆匆忙忙地剪彩投入使用。结果是往往在使用之后，才暴露出许多追悔莫及的问题。所以，当我听到胡锦涛总书记在报告中要求干部们做事“不折腾”的时候，几乎兴奋得从椅子上跳起来，因为对中国一些城市主管建设的官员们来讲，他这句话说得太到位了。没错，自改革开放以来，中国要赶上西方的生活方式，开始了大量的城市化运动。中国的城市化由 1980 年的 19％开始快速地成长，中国城市化率到 2007 年已经是 43.9％，过去的平均年增长率是 1％，是联合国统计的最高数，预计到 2050 年，城市化率将增长到 70％（美国的城市化率在 1960 年即是 72％）。到 2010 年时，得有 1.1 亿农村人口迁往城市；到 2050 年时，迁移到城镇的人口，将达到 5.5 亿人；中国城市化率达到 70％。此外，据国家统计局 2007 年 9 月 26 日发布的《从“十六大”到“十七大”经济社会发展回顾系列报告之七：城市社会经济全面协调发展》提供的数据，2006 年全国城市总数达 661 个，城镇人口达 5.77 亿人，占全国总人口的 43.9％。其中，2006 年全国城镇人口 57706 万人，占全国总人口比重为 43.9％，城市化水平比 2002 年提高 4.8 个百分点。分区域看，2006 年我国东、中、西部城市化水平分别为 54.6％、40.4％和 35.7％。分地区看，城市化水平最高的是上海，为 88.7％，其次为北京和天津，分别为 84.3％和 75.7％。生产总值占全国 GDP 的比重由 2002 年的 53.4％上升到 2006 年的 63.2％。

城市发展体系除原有的长江三角洲城市群、珠江三角洲城市群、环渤海城市群外，厦泉漳闽南三角地带城市群、山东半岛城市群、辽中南城市群、中原城市群、长江中游城市群、海峡西岸城市群、川渝城市群和关中城市群也开始发挥作用。

但是，城镇化率若按年均一个百分点增长，则每年需新增住房 3 亿～4 亿平方米，建设用地 1800 平方公里，生活用水 14 亿立方米，建筑耗能 64 亿千瓦时，以及土地开发资金 2700 亿～3600 亿元，此外，年均新增产出生活垃圾 1000 万吨，排放污水 11.4 亿立方米。同时，为提升现有 5 亿多城镇人口的生活质量，需要解决住房，文化教育、体育和商业设施，道路，交通，绿化，供水，排污，以及环境保护等诸多问题。城镇面临的水资源、能源、土地资源短缺和环境问题将更加突出。

如果了解一下西方发达国家城市化的历史，可以知道在城镇化率从 20％提高到 40％这个过程中，英国经历了 120 年，法国经历了 100 年，德国经历了 80 年，美国经历了 40 年，前苏联和日本分别经历了 30 年，而中国仅用了 22 年。

中国的城市化率虽然上去了，但是老百姓的生活品质与快乐指数并不一定也上去了，而且许多项目草草上马，匆忙完成，反而让中国的生态环境急速下降。

“百年住宅千年城市”，是我在去年初曾经对中国官员说过的一句话。而在今年，在应对全球金融危机对中国经济影响的战略发展考虑中，在中央政府强调必须转变发展方式的重要转折中，我希望中国领导能够让中国的城市化发展慢一点，让中国的城乡一体化朝着精致一点的方向发展，让中国的建筑设计人员将建筑的细部设计做得更好一点。简而言之一句话，城市化建设要以人为本，即以老百姓的生活品质与快乐指数为本，让中国老百姓的生活从最基本的需要开始真正赶上发达国家，让中国的后代子孙，为这一代人的建设与奉献感到骄傲！这才是中国迈向盛世的做法。

龙安项目：宁波三江六岸及CBD概念规划夜景实景，1999年设计

中国城市建设要“以最终使用者为本”

——与搜房网设计频道记者 Olivia、石轩语访谈录

原文发表于 2008 年 12 月 9 日

以“人”为本的理念归根结底就是以“最终使用者”为本，而不是以官为本，更不是以商为本。

饶及人(左三)在2008/2009搜房家天下全球顶尖室内设计师年会上参与嘉宾讨论

以“跨时代变迁，改革开放 30 年”为主题的 2008/2009 搜房家天下全球顶尖室内设计师年会，于 2008 年 12 月 9 日在港澳中心瑞士酒店举行。11 月 26 日，搜房网设计师频道记者就“改革开放 30 年，从中国制造到中国设计的设计模式创新”话题，对饶及人进行了会前

采访，以下是相关访谈报道的部分内容。

记者：饶先生您好！由搜房网和家天下网联合主办的第二次设计师年会在12月9日即将召开，我们很荣幸地邀请到您作为我们设计年会的主讲嘉宾，您在会上将会进行“中国设计记忆30年，从中国制造到中国设计的创新”的主题演讲，我看到您也正在做很多资料的准备，相信您一定会有很多精彩的案例和我们分享，我们都充满期待。现在，我们请您就这个主题，为关注您的众多网友以及参加活动的设计师们先讲几句话吧。

饶及人：好，首先非常荣幸能够有这个机会跟年轻的设计师，尤其是华人设计师在北京通过这个平台跟大家一起交流。这个题目提得很好，非常宏观，也非常大，但也非常不容易讲。这次我会讲如何从制造转成设计，因为我们知道在经济开发领域内，谁能够制定游戏规则，谁就能获取最大的经济利益。而制造业只是跟着游戏规则前进。我们中国有那么悠久的历史，虽然过去几百年来有过很多外国势力的入侵，但我们已经逐渐找回了自己。如何在自信之下致富，如何推广中国设计，而又不自大，是我们这次年会的部分讨论主题。我会提出一些数据与大家交流并参考。我希望能够通过这类活动让中国的设计师能够越来越成功，越来越被世界上不同的文化所接受。

记者：从中国新建筑崛起的经济原因和外部环境对世界产生的几大重要的影响，现在原材料、能源价格都不断在攀升，数字化的生活和全球化也正在开始。中国正在面

◉饶及人在2008/2009搜房家天下全球顶尖室内设计师年会上进行主题演讲

临从中国制造到中国设计的转型，中国房地产行业和室内设计界将如何面对挑战？如何才能把握机遇，赢得未来市场的先机？您可以就这个问题给大家讲几句吗？

饶及人：这个题目比较难回答。很笼统地回答，中国的房地产从过去没有足够的房子住，由单位分房到现在自主购房，经过了好几个阶段的演变。房子作为遮风避雨的必需品，演变为现代人们的置业需求，从置产的概念，到可以转换的资产概念。这对我们现在的生活，以及未来的商业行为都有很大的影响。而室内设计是此过程中最重要的一环，房地产值不值钱，将来好不好卖，很大的一个因素就是室内装潢装修好不好，但是装潢跟设计又不一样。装潢是表面性的，而设计是有意图性的。所以我们可以借设计师年会的机会探讨一下房地产未来的走向是什么样子。

我认为房地产未来的走向是产品化，而不是商品化。产品化里，设计占主导地位，室内设计师除了要为业主提供专业的意见

◉饶及人在2008/2009搜房家天下全球顶尖室内设计师年会上的精彩演讲引起与会者关注

与实际操作外，设计模式与创新也尤为重要。我会在年会当中跟大家一起探讨设计的重要性，这次讨论的时机也非常合适。

记者：随着房地产业的快速发展，人民生活水平的相应提高，越来越多的市民买了住房后，对居住环境的要求也开始讲究舒适度和融入个性色彩，在数字化和全球化时代，设计的模式创新越发重要，您认为室内设计师怎样把握未来的潮流趋势？

饶及人：首先我觉得我们设计师是可以带领潮流的，能够生活在这个时代我很荣幸，能够被中国用到我的所长也很荣幸，所以我常常感谢中国给我的机会。设计的项目老百姓能够用得上，我更感到高兴。我也很希望今年年会的议题是个永续不断的议题。因为每年的设计趋势，每年的时尚潮流都是不一样的。设计师必须紧紧抓住消费者的脉搏，才能引领时尚，独领风骚。

记者：您在 2007 年参加一些地产论坛中曾发表过的对房地产行业的预言，在 2008 年全部都应验了。我们感到非常惊讶，我们也想请您谈一下房地产行业和室内设计界在受到奥运经济，以及全球的经济大区域宏观调控下，所受到的一些影响，您作为设计师在这个大的背景下应该有哪些具体的举措？

饶及人：我觉得我的一些预测应验是因为思考模式不同，但是必须申明，观点不同针对变化万千的局势谈不上"预言"。

奥运给中国带来一个很大的机遇，中国的文化也被世界认同。这个盛会让中国的文明程度，尤其是老百姓的文明程度有很大的提升。我们也看到很多外来设计师，参与了奥运场馆以及其他领域的设计，这是很好的现象。

目前我们受到全球金融海啸的影响，未来几个月的房地产是相当艰难的。而且设计界是房地产业的第一个受害者，也将会是最后一个受益者。开发商在房地产不景气的时候，他的最后一个支出才是设计费，而到房地产复苏以后要开第二个楼盘时，才会想到请设计师来服务。因此我觉得房地产界的从业人员现在必须做好充足的心理准备。我估计 2009 年上半年是相当艰难的，特别是 2008 年的春节会非常艰苦。房地产行业不景气，设计师也会跟着受到池鱼之殃，甚至一些项目的设计费都可能收不回来。这个时候我们必须有一些应变措施，尤其对自己的扩张计划必须非常谨慎，最好能够利用这个机会，静下来做一些提升自己设计功力的事，以备来春能够有更大的施展机会。

龙安项目：上海瑞安广场实景，1994年设计

记者：您作为纽约曼哈顿地区驻中国代表、美中城市规划建设基金会会长、中国国务院外专局美籍规划专家、中国 30 多个省市的高级顾问、美国龙安集团总裁、纽约市规划委员会前委员局长，您所领导的美国龙安建筑规划设计顾问有限公司，为中国设计十强设计机构，截至目前，规划与建筑作品遍及 31 个省（区、市）的 80 多个城市和台湾地区及澳门地区，以及中东、加勒比海地区，并赢得 119 个知名设计奖项。自 1994 年以来，基本上每年都获得设计大奖，城市离不开建筑，但是建筑不是城市的全部。您设计了很多，可以谈谈您的设计心得吗？

饶及人：第一，我还是非常感谢中国给我这个机会。中国人常说身逢其时，方能怀才有遇，身不逢时，则怀才不遇。在改革开放的大环境下我才会有这么好的机会回来一展所长。

我到中国来最大的愿望是把国外的一些理念和设计手法在中国能够得到落实，所以我们要做的是一个能够将国际理念在中国落地的设计单位。目前我们的设计目标是希望中国老百姓的生活水平能够赶上一些西方的先进国家。在手法、材料、实用功能方面，都能够符合最终使用者的需求，正如我所提出，以“人”为本是以“最终使用者”为本，而不是以官为本，更不是以商为本。在这种理念的支持下，我认为我们在中国设计的一些项目还是非常不错的。如果大家对我们设计的空间满意，并且能够尽情使用，那就是我最喜欢的设计了。我们许多项目建成后，与原来的设计理念和布局都相当一致。比如，1994 年在上海的淮海路我们做了方案与扩初设计的瑞安广场，在完工十多年后仍然是在浦西租金最高的写字楼。

记者：刚才谈到了您在淮海路设计的瑞安广场，还可以再谈下您比较满意的其他的建筑设计吗？

饶及人：我们设计了很多建筑物，到目前为止，大家都非常满意。位于苏州新加坡工业园区入口地段的建元大厦，我们的设计方案是 1998 年完成的，甲方经过八年的时间才把它建成。2006 年大厦开幕的时候，甲方把我们的建筑模型摆在门口，大家都看

◉ 龙安项目：苏州建园大厦实景照片，1998年设计

到大厦的设计没有任何修改，这让我们非常欣慰。建元大厦的领导们也因此与我们结下深厚的友谊，每年我都能收到他们赠送的礼物，对此我十分感谢与珍惜！

我觉得在中国做设计，虽然体力很累，但是因为能够参与中国的改革开放与城市化建设，而得到一种无法形容的民族自豪感和满足感。虽然一个人的成就不能光以金钱来衡量，但作为华裔子弟，能够报效我们的社会，报效自己的祖国，在这片土地上贡献出自己的经验，我觉得万分荣幸。我也再次借你们这个平台，表示我对各级政府，以及我们所有的业主，还有我们自己的设计师的衷心感谢。感谢大家能够配合得这么好，让我们能够在中国的现代化进程中有施展的机会。

作品是好是坏，还要靠后代的使用去衡量，我们只能尽力去做。所以我希望我们的设计师对明天的需求有敏感度，为今天的项目负责，然后才能够为昨天的作品感到骄傲。

记者：非常好。很多人说设计是可以创造价值的，请问一下设计的价值在您的作品当中，传达的是一种什么样的文化或者理念？

饶及人：刚才讲的设计和装潢，还有我们的规划其实是不一样的。装潢就是为了一个美去做，但是审美角度会改变，所以装潢风格不一定会持久。而设计是为一个意图去做的。一个东西是不是设计过了，是看它有没有意图，而且我希望我们的设计不是贴金、贴银，而是用很普通的材料。满足使用者的舒适需求，并且能被方便地使用。设计出来的东西要能够被“把玩”，而不是一眼看去很塑造或很新奇，但是经不起再三的琢磨或推敲。我觉得设计这一行是非常大的挑战，从学生时代就常常开夜车，毕业以后也经常要挑灯夜战，而且所得报酬并不与付出成正比。同行竞争也非常厉害，今年成名的设计师，可能明年又过气了。所以在这种行业里面，需要保持不断的进取心和好奇心，而且能够不断设计出领先市场、让人赞同的作品，最重要的是设计成果要获得业主认同，那样他才替你埋单。设计是一个不容易的行业。设计师一定要对这个行业有热情，对社会有使命感、有责任心。我觉得设计是一个终身的职业，它是一个专业，我们一旦投入，就很少离开。从实际的操作到带领设计师进行设计，我还是在设计行业中。不过能够让我在这一行终生工作，我觉得也是死而无憾的。

记者：您现在是一位非常著名的建筑师，有人说看一个国家，就是要看他们的建筑，同时就会了解这个国家的魅力了。所以了解一个城市的建筑，就是了解这个城市的灵魂所在。您的灵感从哪里来？

龙安项目：盐城城南新区第一沟欧陆风情商业街效果图，2009年设计

饶及人：对，这是个很难回答的问题，也是大家可能终身都在探讨的问题。我觉得设计的灵感是来自生活经验的不断累积，对于业主喜爱的了解，对于任务书的理解，以及对于市场接受程度的判断。一个好的设计师要有非常好的底蕴，这个底蕴包括文化、学识、修养，以及各种资讯，最后他才能够做出有深度的东西，而获得这个底蕴必须经过很多磨炼，很多经验的累积。我觉得我的设计灵感，很多时候是跟甲方在进行充分交谈时得到的，或者是我们到现场去获得的。

我觉得设计能力是天生的才华，一般成为设计师的人，从小就是有特殊的才华与技艺，他要么是画图特别好，或者是音乐特别好，或者是对颜色掌握得特别准，才会进入这个行业。所以做设计的孩子们，小时候大部分是天才儿童之一。但是怎么样把你的天分跟实际糅合在一起，就是靠不断的努力，摸索与尝试。

一个有深度的设计，除了要靠设计师文化的底蕴，还要靠他的教育，他的经验，以及他对事物的判断力。我的不少设计灵感来自两方面，第一是我对建筑物的室内空间有天生的敏感度。一个新的办公室空间，进去走一次后，我就可以把平面图画出来。我走英国的迷阵，经常不会迷失方向，我知道怎么样辨别方向，这些是与生俱来的。第二是我在寻找设计灵感的时候，包括寻找一个建筑物灵魂的时候，要靠地形去判断。我们必须到现场去感觉，对甲方和业主的需求进行分析，甚至指出他所没有见到的。因为作为一个设计师的责任，就是要把业主抽象化的要求具象化，然后再将具象化的要求优化，最后还要融入新科技、新材料。在施工技术上面，在空间尺度上面，以及在色彩把握上充实。我们在设计的阴阳对比、虚实关系、材料的粗糙与平滑方面，都做了很深的研究。

设计初稿出来后还要经过不断的推敲，跟团队与设计顾问探讨作业，推出来一个可以使用的东西。设计成果最后能够得到大家认可，才是一个合适的设计。这个设计的过程非常漫长，而且中间的变数也很大。有的可能遇到经费的短缺，遇到业主发生变化，或者在施工阶段发生罢工的情况，或者是其他技术和材料方面的短缺……这些都会影响我们最初的设计意图向产品实现的过程。所以设计的灵感，有的时候还要随机应变。

还有一个重要的环节是说服甲方接受你的设计方案。这个环节是非常重要的。说服甲方后还要靠各方面团队的配合，把它从纸上的平面变成立体的三度空间，到最后还要靠大家的维护才能让它历久弥新，有不断的生命力，其过程真的是很不容易。

龙安项目：盐城城南新区第一沟欧陆风情商业街实景，2009年设计

当然，室内设计与建筑设计的过程不一定完全一样，所以我只能从建筑师的角度回答你今天的问题，然而产品设计跟珠宝设计、服装设计等可能有各自不相同的地方，设计的最后结果都是要让使用者感觉成品赏心悦目，愿意去使用，这就是我们设计师最基本的认同。

另外，每个设计师都很自负，有着一个非常强的自我意识，而且不愿意屈就。设计师们的骨气很高，往往不愿意为五斗米折腰。如果碰到一个好的甲方，他愿意聆听我们的建议，采用我们的建议，对我们来讲，就是非常大的满足感。

记者：那您个人最中意的设计是在哪个领域？如果说再过几十年，您希望后人对您的作品的评价是什么？

饶及人：我自己是一个建筑师，也是一个城市规划师，所以我很同意有人说，城市规划必须在建筑物设计的基础上延伸，否则没有办法对空间有一个更好的把握。目前还不能说我有很得意的作品，因为我觉得我还没有到可以停下脚步的时候。我仍在不断追求，不断鞭策自己，希望能够做出更好的项目出来，直到我真正封笔的那一天，我想我才可能回答你这个问题。

我觉得一个设计师，最重要的就是不能自满，当你自满的时候，可能就已在失败的起点了。所以我一直要求我自己，我的设计团队，不断地前进。我常说，2008 年的饶及人，不是 2007 年的饶及人，它是一个升级版。同样的，2009 年的饶及人，也不是 2008 年的，它又升级了。我一直在升级，一直不断地逼着自己往前进，这样我才不会被时代淘汰。

记者：饶先生，您会不会跟别的建筑设计师一起讨论建筑？您有没有您个人比较欣赏的建筑师？

饶及人：对，经常会在一起交流探讨，我最欣赏的建筑师是美籍华人贝聿铭先生。

记者：贝聿铭先生是世界级建筑大师，他与法国华人画家赵无极、美籍华人作曲家周文中，被誉称为海外华人的“艺术三宝”。您和贝聿铭先生的背景同是美籍华人，很多人说您的设计跟贝聿铭有很多相像之处，我们想了解一下您觉得您和他有哪些相像又有哪些不同？

饶及人：我觉得我的建筑设计应该是归向于叫作“商业应用”的设计，而不是一种奇异的、创新型的设计。我们的公司是一个商业营运机构，不是一个创作工作室。贝聿铭是我非常崇拜的偶像，我跟他及他的三个儿子都比较熟。我与他的关系严格地说是比学生要近，比儿子要远。他有很多名言让我受益一辈子。他说，一个建筑师要成名，就要选客户而不是项目。他还说，做一个建筑师要到四十岁以后才能够成功。在 90 年代初，他曾希望我能跟他儿子一起合作。因为他说，他没有看到任何人可以把建筑跟商业的操作结合得那么完美，他还认为设计师最大的市场将在中国，可惜他的儿子们中文都不太好。

我认为我们俩不太一样。第一，虽然我们两个都是在 16 岁左右到美国去的，但是他家祖辈是苏州望族，父亲贝祖诒曾任中国银行行长，家庭环境很好，所以他在波士顿 John Handcock 办公大楼玻璃幕墙出了问题后，能够撑十年不被委托重大工程而不倒闭。事件平反后，他的业务就急速增加。如果我遇到这种情况，我肯定做不到他的坚持。我祖籍中国大陆，中国台湾出生，美国成长，我的家境非常清苦，我父亲是一个普通的公务员，所以我们两个有差别。第二，他有一个很好的机遇，肯尼迪总统夫人杰奎琳·欧娜西斯很喜欢他的设计，成为他的第一个粉丝，并且委托他设计了波士顿肯尼迪总统图书馆。而我却没有这种机遇。但是我在中国做了不少设计，这对他来讲，可能产量不小，只是我觉得我目前的作品还谈不上是创作，只能算是一个操作。第三，因为我写了好几本有关城市规划的书籍，对推动中国城市化有着影响。所以，也有许多同行说贝聿铭虽然有许多好作品，但是没有一本著作，而饶及人有建筑作品也有建筑著作。

◉饶及人与世界著名建筑大师贝聿铭在1992年的合影

贝聿铭先生是我们这一辈的导师。我认为目前华人建筑师尚没有一个可以跟他齐名。对你的恭维，我实不敢当，我还是与他差得很远。当初我之所以进入建筑设计这个行业，就是希望将来能够成为一个“贝聿铭”，我觉得如果哪一天我像他一样成功，

◉龙安项目：福建泉州中芸州海景国际花园总体规划实景，2002年设计

我就满足了。但现在我还有太多距离，他是国际公认的设计大师，而我只是在一个环境里生存。事实上，大师不大师，还是要靠后代人来评价，能获得同代人的尊崇非常不容易。同代人可能为了商业利益而故意抹黑你。人称我大师，我觉得非常之“不敢当”。

记者：我们了解到您的一项主要工作是担任外国专家局的规划建筑专家，与无数城市领导打交道，为数以万计的中国城市官员讲解城市规划理论，因此被称为“最懂共产党的美国人”。有媒体也称呼您为“城市医生”，是这样的吗？你从很早就开始了解中国的城市规划，现在你觉得中国的城市规划如何？您又是如何做“城市医生”的？

饶及人：目前许多人称呼我为饶先生比较多，他们认为“先生”这两个字，中文中不仅有老师的意思，也有医生之意。“城市医生”的称呼，我觉得也非常贴切，因为我是专门给城市看病的。许多中国领导认为我的实践经验丰富，实际操作能力很强，对一些疑难杂症知道如何下手，而且能够让病人听你的话，这一点是很不容易的。很多城市领导的长官意识很强，经常会不服气。但许多领导对我说，我在中国能够得到大家认同，因为我的病人很听话，很服气，如果病人不配合，再好的医术，你也会束手无策。语言上，我应该说是占点优势，而且中国政府对我也非常宽容，他们非常开放。我的一些谏言或者意见，可能表面上并不中听，但实际上是很中用的。中国领导人要替城市居民谋求更好的生活空间，我的建议才能够不断地被他们采用，这让我很欣慰，也使我能心甘情愿地在中国多做一些事情。我要把西方先进的城市规划理念，讲给中国的领导们，让他们能够很快就理解并采用一些我的建议，让老百姓能够生活得更好，这应该是我最大的作用。

我写了三本书，也是按照阶段来的。第一本书《十年规划中国情》由新华出版社出版，书中用小故事形式把规划的大道理讲给领导听，先解放领导的思想，这本书也很荣幸地被市长培训中心和党校拿来用作教科书。据非正式统计，不少城市的书记看三次，市长看两次。我的中文不是很有基础，因此我用的是很通俗的语言来写规划，而且我觉得领导们都很忙，不能让他们费劲地看规划理念。在这本书中，我用了很多小故事来解释，让他们容易理解规划理念。

第二本书《寻找中国城市魂》由中国城市出版社出版。这是一本写给规划从业人员和负责城市规划的官员们看的书。向他们提出城市规划建议，尤其是建议他们在做规划的时候必须先将他们城市的“魂”找到，之后再赋予形体。这本书中有三篇主打文章，分别说明绿色建筑是未来中国的趋势，解析城市更新与旧城改造，并与大家一起探索现代中国建筑文化。

记者：您刚才说到的几本著作是给领导看的，也有给老百姓看的吗？我们非常关注。

饶及人：有的。我认为中国的建筑物和规划还缺乏老百姓的参与。要老百姓参与就要让他们先了解这门学问，不要让他们觉得这种规划是高不可攀的。所以我的第三本书叫《你我的城市》，计划在2012年出版。这本书就是写给一般老百姓看的，让老百姓觉得规划设计其实是挺有意思的。当老百姓能够去关心这个规划，去参与这个规划，他最后就能够监督这个规划，这样我们就可以达到中国政府所需要的“一张蓝图建到底”的目的，这也是我对自己的一种期许。我希望这几本书能够继续得到大家的喜欢。我知道最近市场上盗版很多，有朋友告诉我说，在中国有你的盗版书就表示你很成功了，但我还是呼吁大家尊重知识产权。设计师都希望在设计被大家认同后，人们能够尊重产权，购买作品原版。

记者：饶先生，您觉得东西方的文化在教育上有哪些差异？在您的哲学里、在您的思考里，您觉得哪些方面是西方的思维，哪些是东方的思维？您觉得国内的设计师和国外的设计师之间有什么差距吗？差别在哪里？国外的设计师在哪些方面是我们国内的设计师需要借鉴和学习的？

饶及人：国内的设计师跟国外的设计师最大的差距就是取舍，国内的设计师是填鸭式教育和培养出来的，要做得到才能想得到，房子是要能盖得出来，才能设计得出来。而国外的设计师说，只要你想得出来，我就可以盖出来。所以国外的设计师在形式上面会有很大的革命，就像中央电视台新楼，国内设计师想都不会想出来。因为他认为不好盖。或者是国家大剧院，他认为这种东西很浪费材料。国内设计师束缚很多，另外，国内的教育不是启发式教育，而是师傅带徒弟式的教育，这种形式是很难有突破的。

中国中央电视台大楼

国外的设计师或国外的教育是希望徒弟能够超过师傅，能够青出于蓝胜于蓝，而这句话在中国一直都是表面讲讲。人们却常说“我吃的盐巴比你吃的饭多，你最好听我的”，不然就是“嘴上无毛，办事不牢”。在这样的环境中，年轻的设计师很难有突破。中国的文化传统，还容易造成很多人的自大，他会很排外，只认为我们的国学很好。“文化大革命”使中国教育的中断也很可惜，它也造成了设计界在经验累积上的断层，目前有很多中老年设计师的才智没有得到应有的发挥，非常遗憾。因为他们有十年左右的时间没有办法接触并发展自己的专业，使得他们无法将一些设计做得很成熟。但我觉得这些情况在改变中。

◉中国国家大剧院

记者：饶先生，可否请您通过视频和搜房网和家天下网的设计师以及关注您的网友讲几句话？

饶及人：好，首先我非常荣幸，能有机会在这里透过视频跟大家在这里见面。我也借这个机会，在这里祝福我们“搜房网”跟“家天下网”设计师的活动能够办得非常成功，也非常感谢各个设计人员参与今年的年会活动，特别感谢筹备这次活动的一些幕后工作人员，由于他们的辛劳，使我们设计人员能够在此相聚一堂，共论天下大事。我们设计人员最重要的是希望能得到市场的认可，而市场是需要带领和引导的。因而在资讯的传播上面，必须能够发挥更好的作用。所以我们应该感谢“搜房网”与“家天下网”这两大网络媒体，为行业发展所做的努力。

设计师一定要贴近市场，才能够取得经济发言权，才能够独领风骚，这要靠我们不断的宣传，其中最重要的方式之一就是网络视频。希望通过网络视频方式，能够让我们更认清楚自己，更认清楚这个行业，更能让我们广大的消费者，认识我们的设计师。

我常常跟我的设计师们讲，我们最大的本钱是我们的天分，以及我们的自信心。但我们决不能让自己成为一只井底蛙。所以我们对资讯的获取是非常重要的。在此特别感谢我们设计师频道能够及时开通，让广大的设计师能够在最短的时间获得最多、最正确的信息。希望设计师频道不断给我们这种经验，不断给我们提供服务。也特别感谢大家对这个频道的继续关注和支持。

记者：饶先生，我们了解到您无论到哪里，都亲自写博客，书写您的全部经历——教育、成长、为官、从商——展示您不同时期崭新的面貌，是这样的吧？我们了解到您虽然几乎在西式的教育环境下成长起来，却被您的父亲一直要求用中文写日记。使得我们有幸拜读您亲自写的博客，您的文笔流畅，见解独到，有很多忠实的粉丝经常光顾并且给您留言，您在搜房也建有自己的博客，最后也请您通过我们的视频和关注您的博友讲几句话吧。

江西红都——瑞金的红色旅游景点规划由饶及人在2005年带领团队完成

饶及人：好的，我借这个机会也特别感谢搜房博客的网友能够不时地关注我的一些动向，写博客对我来讲其实还不是一个很容易的事情。因为我写英文比较快，而且别人也没办法模仿我的语气写中文，所以博客文章都是我亲自写的。博客上一些中文不好的地方，或者文法不对的地方，还请网友们多多包涵。我希望借这个博客，能够让网友们更了解我的一些想法，也希望你们多留言，让我也知道你们对我的看法。我们可以对一些共同的话题进行讨论，让我们的资讯得到更正确的认知和认识，谢谢！

饶及人：

【语录】希望我们的设计师对明天的需求有敏感度，为今天的项目负责，然后才能够为昨天的作品感到骄傲。

【寄语】我也很希望今年年会的议题是个永续不断的议题。因为每年的设计趋势，每年的时尚潮流都是不一样的。设计师必须紧紧抓住消费者的脉搏，才能引领时尚，独领风骚。

【新书】我的第三本书叫《你我的城市》，计划在 2012 年出版。这本书就是写给一般老百姓看的，让老百姓觉得规划设计其实是挺有意思的。当老百姓能够去关心这个规划，去参与这个规划，他最后就能够监督这个规划，这样我们就可以达到中国政府所需要的“一张蓝图建到底”的目的。

【呼吁】还是呼吁大家尊重知识产权。设计师都希望在设计被大家认同后，人们能够尊重产权，购买作品原版。

【希望】我希望借这个博客，能够让网友们更了解我的一些想法，也希望你们多留言，让我也知道你们对我的看法。我们可以对一些共同的话题进行讨论，让我们的资讯得到更正确的认知和认识。

中国房地产行业的过去与未来

原文发表于 2008 年 12 月 17 日

作为一个设计人员，我们必须对明天的需求有敏感度，为今天的项目负责，才能为昨天的作品感到骄傲。

2008 年 12 月 7 日新华社报道，在美国国会的听证会上，福特的 CEO 穆拉利也承认犯下大错，称公司以前的经营理念是“只要把车造出来，就一定有人买”。他说“我们生产的汽车过剩，然后只能大甩卖。”我觉得他这番话，非常值得中国的开发商借鉴。

能够明白市场过去的脉搏才能判断市场未来的走向。

龙安项目：宁波BOBO城Ⅰ期实景，2003年设计

我个人认为中国房地产在过去改革开放 30 年来经历了以下几个阶段。

1. 住房国营化：从解放初期到 20 世纪 90 年初期，老百姓不能自由找工作，工作单位由政府分配，住房由单位提供。在这个时期内，房地产开发企业基本没有市场。

2. 住房私有化：20 世纪 90 年代末期开始推行。单位不再提供分房，老百姓的工作不再

龙安项目：宁波BOBO城Ⅰ期实景，2003年设计

被分配，老百姓可以向银行申请按揭贷款，购买自己喜欢与合适的住房。这是房地产开发商的启蒙时期。

3. 住房商品化：2005—2007年，住房是置产，也是资产。这是房地产开发商的暴利时期。

4. 住房双轨化：2008年起，开发商提供商品房，政府住房部门提供低收入的福利房。这是房地产开发商的洗牌时期。

未来将是……

5. 住房产品化：未来的房地产行业将是细分与专业化。迎合消费者喜好的设计与生态科技含量高的产品才会赢得市场。

"做一个项目，交一个朋友"，这是我一直在坚持并在实现的一个理念。

6. 住房精品化：住宅按收入区分，商品住宅越来越精品化。在城市化率达到70%以上的城市，只有这个类别的房子才有市场。

7. 住宅个性化：特种房地产，例如老人住宅、周末居所、度假居所，将会越来越被中产阶级与中高产阶级认同。

8. 还有，商业房地产与绿色地产将是未来几年的主流产品。

过去的经验与教训大家都学到了，至于未来如何应付，那就要看各个房地产开发商的悟性了。

过去房地产行业那种"筑巢迎凤"，只要盖得出来就卖得出去的时代已经不再，如果你的产品无法迎合市场需求，那就不会有人要，而你的企业也迟早会被淘汰。然而一个房地产产品的设计到上市买卖要三年的时间，也就是说，产品定位必须在三年前决定。这也是为什么我经常说，作为一个设计人员，我们必须对明天的作品有敏感度，为今天的作品负责，才能为昨天的设计感到骄傲。房地产开发行业是一个专业，不是每一个人想做就可以做的。台湾地区的房地产市场在20年前火热的时候，曾有10000家开发商，1000家设计公司，如今只有不到十分之一的机构存活着。中国在不久的将来也是这个情况。

上周，我专程到宁波去看我们在2003年规划并设计的55万平方米的宁波BOBO城。这个楼盘Ⅱ期20万平方米开盘后，在宁波卖得很火。虽然经济不景气，销售代表却告诉我，他们在三天内仍然取得了2亿元的傲人成绩。并且入住已经一年的Ⅰ期（20万平方米）居民都很满意，觉得设计非常好，空间与户型的设计都很人性化，日常起居特别方便。作为建筑师，听到使用者的良好反馈，我非常欣慰。

以后的中国和美国一样，只有两种开发商，一种是追求产品质量、有责任的开发商，另外一种就是卖完就跑的开发商。设计师也有两种，一种是成熟的设计师，他的设计考虑得很成熟，五年之后仍然不落伍；另外一种是考虑得不成熟的生涩设计师，五年之后，回头看自己的设计，深深觉得遗憾，因为许多地方可以做得更好。

还是老话一句，市场也许千变万化，我们控制不了，只能凭自己去判断。但是我们从业人员的功力却是自己可以培养的。希望中国房地产从业人员都能过这个关口。

●龙安项目：北京八达岭孔雀城鸟瞰图，2012年设计

城市规划发展要切忌“制服”化

——从天津的意义看中国第三次城市规划发展期

原文发表于 2010 年 3 月 20 日

中国正经历着第三次发展期，第三次发展期的城市规划应该是中国城市奠定未来发展，以及促进中国从大国走向强国的一个重要支柱。

◉龙安项目：天津滨海圣光皇冠假日酒店内院实景，2006年设计

日前，我接受了《京华时报》的采访，对大家关注的天津机会问题做了解答。天津也是我们美国龙安集团关注的重点区域之一，一些项目正在酝酿之中，让我们一起分析看看这一环渤海城市群中非常重要的一个城市未来有哪些发展机遇。

问：您如何看待中国城市未来发展的机遇和格局？

答：中国经历了三次发展期，第一次是改革开放，大家都开始了城市建设。第二次是 20 世纪 90 年代末、21 世纪初开始，为了迎合一些世界性的盛大活动，很多大城市均华丽变身，包括深圳已经愈加走向成熟，上海浦东进入了稳步营运阶段，北京则是成功举办了奥运盛会，很多专家曾参与其中，给予发展建议；现在，中国正经历着第三次发展期，在以往几个城市发展的成熟经验之下再寻找自己的出路。如今中国的一些从业人员都已基本具备了实战经验，从中吸取了众多教训，也做了经验总结。第三次城市规划应该是中国城市奠定未来发展，以及中国从大国走向强国的一个重要支柱。

问：您觉得天津有机会吗？

答：对天津而言，现在的机会很多，而且远远比以前都要好。过去曾经有这样一句话，“不到天津不知道中国的社会主义好”，虽然过去天津的发展有些相对滞后，但在戴相龙出任市长以后，引进了不少资金和新的理念，天津整个领导阶层对外来事物的接受能力也逐步加强，尤其发展滨海新区是“十一五”计划中最重要的城市建设机会之一。如果能够抓住时机，将滨海新区的建设构想彻底执行，天津将会真正“麻雀变凤凰”。未来京津唐一体化是必然的趋势，天津作为环渤海城市群中最重要的港口城市，塘沽区、响螺湾等又作为滨海新区的重点建设带，将为天津创建北方大港与金融中心，助力整个天津城成为北京未来的“辅导者”，并且其地位在中国北方也是无可取代的。

C02 专题

ADVERTISEMENT

京华时报

中国时代到来　天津机会引发全民关注

View 专家观点

问：您觉得五大中心城市定位下，天津将获得哪些利好？

答：北京、天津、上海、广州、重庆，这五大中心城市各有定位、也各有特色，我曾提出，城市规划不应该“制服”化，应突出鲜明特色，同时要遵循“四因二应”理论——城市规划要因地制宜、因人而异、因山而起、因水而回，要响应历史、呼应未来。每个城市群里的中心城市都应该有一个自己准确的定位。中国是一个大国，每个区域发展都有其独特性，所以在五大中心城市中要突出各自的优点，同时要善于利用其他城市群来弥补自身的缺点，能节约资源并充分使资源取得最大发展。

对于天津而言，虽然技术进步使生产的区位约束条件日益宽松，但海运仍然是实现国际贸易物资交流的最有效手段，因此，临海地区在利用全球资源和拓展国际市场方面具有极大的比较优势。这也是全球临海工业带普遍兴起的主要原因，同时沿海口岸还可以发挥“桥头堡”的作用，利用发达国家的先进技术，承接国际产业转移。因而天津作为沿海地区主要的港口城市，将会迅速发展成为带动区域经济发展的中心，并且以其巨大的技术经济能量向腹地进行辐射和扩散，形成大规模的产业集聚和城市绵延。此外，高科技产业和研究机构、高校在这些沿海城市群聚集，将增强城市的科技创新能力和孵化功能，为城市群经济的持续发展提供了强大的后劲。

中国房地产：浮华之后的沉思

——就 2008 年中国房地产涨跌争论接受《消费日报》采访

原文刊载于 2008 年 11 月 10 日《消费日报》(记者叶梓)

中国房地产的发展应该进入创新时期。这个创新时期的标志之一就是开发商应该开发房地产产品而不是依旧做房地产商品。如果继续以商品带路，而不注意产品带路，将走进死胡同。

◉龙安项目：乐清行政管理中心实景，2003年设计

2008 年的房地产话题显然是一个充满了戏剧化冲突的话题。年初开始，"挺涨"派与"挺跌"派的争论就一直在针锋相对中持续，经济学家与业界观察家之间为此引发了"打赌"新闻事件。率先降价的万科老总王石和逆势涨价的潘石屹两位地产界大亨更是在硝烟弥漫中各领风骚。"拐点"、"严冬"成为地产业 2008 年的热门词汇，而"抛售"、"降价"等词汇的出现使得 2006 年以来在暴涨的房价面前望洋兴叹的百姓们，在观望中开始有了期盼的兴奋。房地产价格的泡沫到底有多大？开发商们的"严冬"是否真的已经来临，中国房地产业的暴利时代是否将彻底结束？政府当前推出的一系列房贷新政的救市举措是救开发商，使高房价得以持续，还是普惠于老百姓，刺激内需，并促进房价回

归理性？目前，这些问题仍然是举国瞩目，万民关心的焦点问题。

为此，记者最近采访了国家外专局特聘美籍规划专家、美国龙安集团总裁、全国房地产设计联盟CEO饶及人。近几年来，伴随着中国房地产的迅猛发展，饶及人领导的美国龙安集团一直致力于在中国推广以人为本，结合中西方文化精髓的房地产理念和城市化进程中的规划理念。在中国地产界的许多重要论坛上，针对中国房地产发展中的一些焦点问题，饶及人先生发表的演讲，总是因其一针见血的评论或前瞻性的建言以及准确的预测，屡屡引起整个业界的特别关注与反响。

记者：记得您曾在2007年底不止一次在一些重要的房地产业界会议上作出推测，中国房地产商暴利时代已经结束。这一预言在当时无疑非常超前，因为整个房地产业界当时还都在期盼着“奥运”带来的好运。而你在当时甚至提出，2008年买房不如租房，房地产资金链会出现问题，原来捂盘的开发商会后悔，2008年的房地产商日子会不好过。金九银十不会再现。当前中国房地产的销售萎缩的现状，印证了您当时的推测。您认为是什么引起房价当前的下降趋势？

饶及人：回头看看我2007年年底的预测，今天都还成立。目前房地产开发商遇到资金链紧张的问题，同时全球金融风暴，美国消费减弱，世界经济萧条，外资对中国的信心在下降等，加上中央推出廉租房、限价房，房价供求关系改变，盲目跟买的羊群效应已经没有，致使中国房地产商正面临有史以来最严重的萎缩时期。

以国外的发展而言，一般来说，导致房价下降的原因是多方面的。主要是因为产业的转移，环境污染，经济萧条、失业率升高，土地政策放松，政府干预房价，遭遇全球危机等。我们可以看看目前中国的房价遇到了以上哪几个因素。譬如说珠江三角洲的房地产，就是因为产业转移而受到影响。再如全球性的经济衰退，中国的经济不可能不受影响。政府即使对市场进行干预，碰到这种情况也没办法。

据许多分析报告显示，当前房产降价抛售的原因有五类。第一类是投资客在新房开盘时即购入的房产，由于开盘价较低，即使让利，利润空间仍然足以让其满意。第二类房屋供应量大且日后仍有建新房的楼盘，由于供需比有增大趋势，同时新房会分流部分二手房购买需求，从而制约二手房价格上涨的速度和幅度，同时降低二手房转让的出手速度。第三类是投资者进驻较集中的楼盘。由于投资者集中的楼盘存在同一时间大量抛售的风险，这会贻误投资者择机撤出的时间，潜在竞争激烈的楼盘将对投资者获取高额利润埋下隐患。第四类是配套设施尚不完善、相对升值潜力弱的楼盘。由于北京城的开发呈现遍地开花的空前繁荣之势，因此早前认为潜力巨大的楼盘经过一定时间的发展，有被其他区域潜力赶越的现象，从而竞争力有所下降。第五类是位于未来保障性住房和两限房供应集中地的楼盘。保障性住房和两限房的定向购买人群和指导价格都会在一定程度上拉低区域市场的总体档次。同时也会在结构上缓解当地的部分购房需求，而这些都与投资者追求低于供给稀缺性和地区居住的高档次相悖。

记者：对于中国房地产的暴利问题，一直备受社会关注，您认为中国的房地产是一个暴利行业吗？

饶及人：中国过去的房地产确实太过暴利。在美国，这样的暴利行业会有立法加上开征暴利税。此外，我一直认为，中国是以一个有中国特色的市场经济的社会主义国家，在这个制度下，不能允许少数人占有大多数人的利益。许多开发商往往忘记这一点。我们都知道，十七大的精神强调了住房、就业、就医、就学、安全环境等，民生问题是执政党和本届政府任期内最重要的大事。目前随着房屋价格的下降，这种暴利时代将会结束。但暴利时代的结束并不等于开发商就会不赚钱或赔钱。我认为，2008年中国开发商并没有赔钱，而是有人赚大钱，有人比起以前少赚了。

记者：现在许多业内人士都在探讨关于中国房地产的所谓“拐点”论。您认为目前中国的房地产面临的到底是危机，还是转机，或者依然存在新的商机？中国房地产的前途在那里？您本人前不久在一次房地产讨论会上，提出房地产创新的观点。尤其是提出了房地产应该从做“商品”转向做“产品”这一非常新颖的理念。您能否详细阐述一下这方面的观点？

饶及人：首先，我认为，当前中国房地产发展既面临危机也充满着商机，懂得利用商机的人就会有转机。比如，随着保障性住房政策的逐步实施，京城的房地产市场也将趋于两极化，低收入人群的住房由保障房解决，而相当多的高端消费者会涌向商品房市场，开发高档住宅产品成为开发商发展的方向。另外，随着能源消耗费用的不断增加，绿色建筑是未来的发展趋势，目前全世界还没有一个主宰绿色建造产品的厂商。中国政府的“十一五”规划中，最重视节能环保，谁能抢占这个市场，谁就能赢得大商机。这也是推动市场的最大诱因。

所以，我提出，中国房地产的发展应该进入创新时期。这个创新时期的标志之一就是开发商应该开发房地产产品而不是依旧做房地产商品。如果继续以商品带路，而不注意产品带路，将走进死胡同。

◉ 龙安项目：乐清行政管理中心效果图，2003年设计

那么，什么是商品？什么是产品？马克思说商品是用来交换的产品，在现在的社会和价值观下大家还同意这个定义吗？现代商品是什么？商品是为指定对象生产的物品，它可以批量生产。现代商品要卖得好，商人就会大量的生产以便迎合市场销售，生产速度肯定超过生产质量，销售广告里的吹嘘成分大于实际效果，销售上也比较倾向夸大其辞。对房地产商品而言，它的生命力有限，如果地价不涨，那么所购买的商品房就可能降价。

而产品是为了带领市场而设计出来的物品，做产品的人非常钟爱自己的行业，对自己的要求很高，也很挑剔。他希望产品带领市场，而不是符合市场，因此产品必须有一定的超前性。不过，在市场饱和情况下，房地产的产品不能太超前，否则曲高和寡，容易被牺牲，成为先烈物品。产品与商品还有一个主要的区别：做商品，开发商主导设计师；做产品，设计师可以引导开发商。

记者：针对当前房地产市场销售萎缩的现状，最近政府开始采取一系列被称为房地产新政的举措，鼓励和刺激百姓的购房需求。但对此社会反响和评论不一。焦点集中在政府的举措到底是救开发商还是为了刺激内需，能够抑制房价的暴利，真正给需要住房的百姓带来实惠。您怎么看中国房地产经济今后的发展对于中国经济的意义？

饶及人：记得十多年前刚到中国的时候，我就说过房地产业是拉动中国经济的支柱产业。房地产业既是中国重要的支柱产业，也是扩大内需的重要拉动力之一，是中国走向现代化的重要工具；房地产对经济的拉动作用是非常重要的。它的拉动系数在中国是一块钱产生两块八的利益。房地产投资 100 亿元，那么建筑业产出 90.76 亿元，制造业产出 123.61 亿元，采矿业产出 16.64 亿元，商业产出 11.16 亿元，电力、煤气、自来水产出 6.59 亿元，货物运输与仓储产出 5.86 亿元，社会服务业产出 4.98 亿元，农业产出 4.55 亿元，金融保险业产出 4.08 亿元，邮电业产出 3.05 亿元，饮食业产出 1.57 亿元，金属矿物制品业产出 31.45 亿元，金属冶炼及压延产出 18.81 亿元，化学工业产出 14.49 亿元，金属制品产出 9.82 亿元，机械工业产出 8.79 亿元，电器机械和器材制造产出 7.58 亿元，综合服务产出 1.18 亿元，等等。这些数据不是我发明的，是国家统计局统计出来的。

因此，中国经济要保持稳定发展，中国房地产业就必须要有一个健康的发展。而健康的产业需要锻炼。我们现在提出房地产业的创新就是为了走更长远的路。我建议中国房地产商面对当前的危机，必须做好公关，启动自保运动，改变行业唯利是图、为富不仁的形象；迎接挑战，变危机为转机，那么，中国房地产业就将在危机过后迎来一个新的发展阶段。

我对中国房地产的总结是：2007 年房地产的浮华将带来 2008 年房地产的沉思和 2009 年的健康发展。

从韦尔奇看中国房地产开发商的社会责任

原文发表于 2008 年 1 月 16 日

只有当一个公司非常成功的时候，企业才能缴纳赋税，才能培养下一代，才能去帮助贫困地区。只有获胜的、杰出的公司才能回报社会。

2012年6月1日及人教育旗舰项目在北京启动，饶及人向及人教育捐赠20万元

这几年，我曾参加过许多中国的房地产的论坛，其主题不约而同的都是房地产开发商的社会责任问题，但是我个人认为许多人并没有清楚地知道社会责任的本质核心。在此，我将通用电气(General Electric，GE)的风云人物，Jack Welch(杰克·韦尔奇)所提出的企业家社会责任定义整理出来，供中国的有关人士参考。

韦尔奇说，把企业经营好是最大的社会责任，企业最大的社会责任是把公司做成功。

只有当一个公司非常成功的时候，也就

是人们感到安全、对工作有安全感的时候，企业才能回报社会，才能缴纳赋税，才能培养下一代，才能去帮助贫困地区进行。只有获胜的、杰出的公司才能回报社会。

他还说："社会责任感是一种竞争力。"

具有社会责任感是决定企业能否在全球化运作中取得成功的决定性因素之一，可帮助公司在诸多领域获益。主要体现在以下方面：

（1）对于具有社会责任的公司而言，营销是其能够获益的重要领域之一。第一，注重社会责任的公司，更容易获得顾客的忠诚度；第二，勇于参加各种公益活动，积极承担社会责任，可以使企业获得良好的企业形象，而良好的企业形象正是企业赢得顾客的基础和顺利进行各种活动的保障；第三，企业在社会责任方面所做的努力，往往为其构建销售网络提供支持。

2007年饶及人捐钱给青田老家的学校

（2）削减成本，提高企业运营效率是社会责任感带给企业的又一益处。

（3）吸引和留住优秀员工也是企业能够大受裨益的领域之一。

（4）对于想参与国际市场竞争的企业来说，社会责任感会使它们遭遇更少的阻力，实现更好的发展。

中国的房地产商是否也是企业家呢？如果是，那么中国房地产商的社会责任与韦尔奇所提出的看法，有多少不同？

在中国，房地产行业蓬勃发展，2000年至今，房价也是在节节飙升，很多开发商赚取了大量利润，这一方面跟韦尔奇提到的"把企业经营好是最大的社会责任"倒是相符。尽可能多地赚取利润，无论是规划、设计、建造还是营销，都为建筑人才、农民工及其他相关行业提供了大量的就业岗位，也为中国的财政收入做了大量贡献。其实，建房本身也是对社会的一种贡献，在美化城市形象的同时为居民提供住房。

在中国现阶段，开发商赚取暴利是不争的事实，在任何地方，权利和义务应该都是并存的。所以，盈了大利的开发商们应该承担更多的社会责任。在美国第三次科技革命浪潮中，造就了微软、谷歌这样的霸主企业，他们赚取了巨额利润，而后必然是回馈给社会。比尔·盖茨富可敌国的财富"裸捐"正是社会责任的体现。城市化和市场化造就了开发商的财富，而对于一个企业来说，将更多的财富关注和关心整个社会最需要的部分，也是企业承担社会责任的最大表现之一。

近年来，我们能看到越来越多的房地产开发商出现在公益慈善活动中，或者出现在各种慈善榜单中。这是很好的现象，说明开

2011年，参加“中国贫困山区优秀校长国际领导力奖学金”项目的校长们参观龙安集团。饶及人向他们介绍自己获得的美国建筑奖青铜做的奖牌。

来自四川省的中学校长邓惠茹正和饶及人交谈

发商们正逐渐意识到社会责任的重要性，并逐步回馈给民众。假如能力有限，起码也能在力所能及的范围内，多开发中小户型的住宅产品，提供给有需求的消费者。或是响应国家号召，多参与保障房的建设，帮助弱势群体住上房。

作为企业来说，社会责任本来就是不能推卸的，中国的房地产开发商们，多回馈社会，多关心关怀需要帮助的群体并施以援手，对企业，百利而无一害。

链接

及人教育公益机构（简称“及人教育”），是由美国龙安集团行政总裁饶及人和《中国日报》资深记者付敬联合发起，由中国光华科技基金会支持成立的由志愿者贡献业余时间运营的立足于改变中国贫困山区教育现状的种子型志愿组织。

汇聚爱心摆脱贫困，发展教育融入世界。及人教育秉持“仁爱、互助、成长”的理念，致力于改善贫困山区教育事业落后面貌。2010年4月，及人教育精心推出“中国贫困山区优秀校长国际领导力奖学金项目”，并致力于将其建设成孕育贫困山区教育领袖的摇篮。

安项目：神华集团华南总部效果图，
1年设计

“虚胖”城市不宜居

——从城市无限制扩张看“虚胖城市”病

原文发表于 2010 年 3 月 11 日

无限扩张带来的问题使得北京确实算不得“宜居城市”，谁都将这里作为一个扩展事业的城市，却没有把这当做一座生活的城市。

对于城乡一体化的话题，早在几年前我们关注中国快速城市化进程时就已经被提及，至今天城市化率已经非常高之时，我们再来探讨城乡一体化，希望能有所启示。由于各国国情不同，文化背景不同。所以，最终的“城乡一体化”的模式也不同。作为一个建筑师和设计师，在中国和美国的经历使我有第一手的信息，那就是良好的规划和建设城市对人民的健康和福利、经济和环境起着关键作用。

由于改革开放政策，中国经济的快速发展带动了住房在城镇的增长。中国现在需要每年补充约 5 亿平方米的新建住宅楼以应付从目前的 39% 增长到 2020 年的 50% 城市化速度。

◉龙安项目：河北廊坊CBD效果图，2012年设计

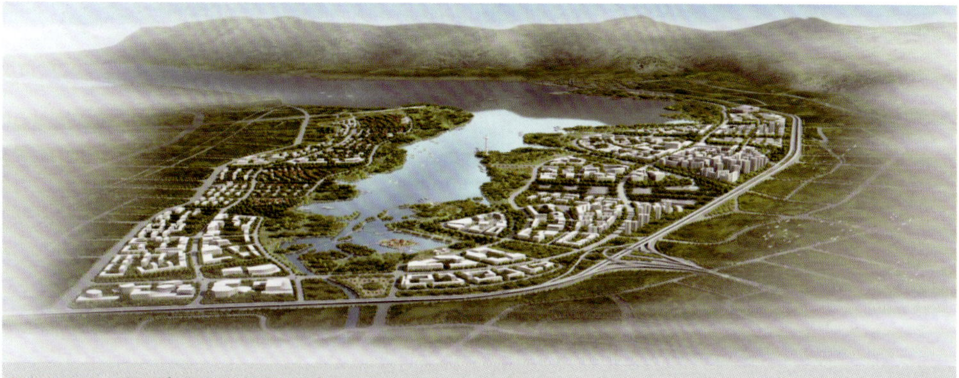

◉龙安项目：昆明草海片区控制性详细规划效果图，2009年设计

城市不能无限制地扩张

为了容纳更多的人口，城市的面积正在无限制地扩大。我们的城市在不断地盖新房子，因为农村的人口进到城市来以后，更多的是想得到更方便、舒适的生活，这是必然的追求。

但是我反对城市无限制地扩张。其实城市化并不一定表示要搬到城市里面来，很多的城市化问题有些地方可以就地解决。所以城乡一体化最关键的部分是让乡下人的生活与城市人一样舒适方便，这就不需要搬到城里来住，这才有了卫星城市等形式的出现。

但是中国的乡下和城市与美国完全不一样。目前中国的农村缺乏很多基础设施，厕所、供水设备、供暖设备都不完备，住起来很不舒服，一些人春节回家时会感觉到越来越不方便。这些都决定了中国实现城市化的过程将非常具有挑战性。

无限制扩容带来“虚胖”的问题

中国城市化进程带来的大量人口使得城市膨胀，边界无限增长，居住者的生活体验并不愉悦。城市发展并不是没有上限的，一个城市就像是饭店一样，只能接待 50 个人，你一下子来了 300 个人，你能说是饭店不好吗？

一个城市要有容量限制，城市无限制地成长是“虚胖”的，很容易出问题，“血液”不够输送到那里，不够支撑这么大的身体。学校、医院、垃圾、水厂都有容量限制，如果无限制地扩张，怎么招架得住？

城市不能总是向外盖房子，它也应该更新，要秩序化、有条理地综合成长。

美国龙安建筑规划设计顾问有限公司进入中国之初，在比较了几个城市后，选择了北京作为中国总部的所在城市，因此我个人对这座城市也更为关注。北京最主要的是交通问题，我们最怕晚上到西边去吃饭，四点走了，六点才能到。北京的大街块，环形线，缺少放射形道路向外疏导车辆，最后的结果就是望不见头的长龙车队。

无限扩张带来的问题使得北京确实算不得“宜居城市”，谁都将这里作为一个扩展事业的城市，却没有把这当做一座生活的城市。对许多在北京奋斗的人来说，北京像是我们人生的一个债，大家都会到这里来还这个债，然后再离开。

政府疯狂卖地、房地产商疯狂赚钱的时代已结束

——我对 2008 年中国房地产发展的看法

原文发表于 2007 年 12 月 21 日

中国政府已经注意到，政府垄断土地是造成房地产价格高涨的主要原因。因此，政府税收暴增，房地产商疯狂赚钱，这一切的疯狂事件将告一个段落。

我常常说，由于中西方文化的不同，造成思维方式与看法的不同。以我这么一个在美国长大、美国注册的建筑师，在美国已经经营了 28 年了，同时我在我的职业生涯中，做过一阵子的城市管理工作，我的思维方式与论点是非常西方的。另外，我已经基本移居中国近 11 年，来中国后，也做了不少的城市规划，教授城市规划课程，并且已经出版了两本中文书：《十年规划中国情》和《寻找中国城市魂》，所以我可能对中国的情况有一定程度的了解。不过我还是强调，我对房地产的看法，主要还是从一个外国的城市规划杂家（非专家）角度，基于了解中国政府政策和与中国政府官员的交谈，以及对过去的立法的了解来推测的，与一般经济学者、政府官员、或是房地产商应该是不一样的。

供求关系决定市场产品的价格。新中国建立以来，在 1950 年到 1990 年之间，没有造太多的房，而改革开放后，随着老百姓对生活和家庭住房面积要求的提高，造成房地产市场供求失调。另外，由于中国政府垄断土地资源，地方官员为了争取自己的城市形象，通过使自己城市的 GDP 大幅增长来获得升迁的机会，而将拍卖土地变成了“政绩”竞价场所，导致房地产价格水涨船高；老百姓担心今天不买房，明天就会买不起房；而且人民币对外币的升值是一定的，因此透过任何管道都要将外币带回中国，造成房价像海鲜一样的暴涨。在这种环境下，老百姓

不顾房地产的品质、户型、房地产商的信誉，以及小区管理素质，只要有房开盘，就盲目买房，这种现象使得中国政府的税收暴增，中国房地产商也疯狂地赚钱。不过这一切的疯狂事件，将随着2007年的结束而逐渐告一个段落。

我很同意前建设部杨慎部长所说的，大清王朝建了50亿平方米的房子，中华人民共和国成立后，已经建了505亿平方米的住房，而且人均面积已经达到28平方米，中国住房严重短缺的时代已经过去了，虽然中国的房地产市场还有10～15年的好时期，但是中国政府已经注意到垄断土地是造成房地产价格高涨的主要原因。所以我认为，中国房地产的疯狂时期已经过了，剩下来的就是要理性地思考，提出理性的国家政策，将房地产回归到一个“带有中国特色社会主义”的，老百姓与政府可以接受的“置产”模式。我认为中国的一线与二线城市中，能买得起第一套住房的人，基本已经买了，因此随着金融政策的紧缩，政府推出第二套住房贷款政策，增加贷款难度，将会造成2008年冬天房地产市场逐渐有行无市，房地产交易将大幅度地萎缩，许多原来惜售、捂盘的房地产开发商将透过其他的促销方式降低房地产价格，同时2009年许多新开盘的房子价格将会比2008年的价格低。我认为从今年冬天起，一些手上现金不足的房地产商的日子将越来越不好过，这将会造成一些房地产商为了存活，必须进行合并或是被并购，中国房地产开发商的数量将大幅度地减少。其实市场上的楼盘由一些知名开发集团开发，对市场没有坏处，至少他们的质量可以信赖。但是太少的开发商，将会造成他们另一种形式的市场垄断，这是中国政府必须非常留意的。在美国，政府利用反托拉斯法牵制。

此外，温总理已经明确地提出他未来几年将成为一个大量提供低收入住房的总理，因此未来他将会要求有关部委陆续出台更多刺激低收入房地产的政策，这会造成在未来2～3年之间，政府即将大量推出廉租房以及低收入住宅的房子，中国一线城市中低收入的房地产价格将会逐渐下降，一般的工薪阶层将会逐渐

买到价格比较合适的房子。在这个论点的基础上，我个人认为中国的低收入住宅到了拐点的时候。不过，中等收入与高收入的住宅却还是会稳中有升。

我也必须再次强调，房地产价格合理地随着CPI的增长而提高是健康的，而且是对的，因为这是置产保值。但是房地产的暴涨，需要政府及时干涉。

至于珠江三角洲的房地产情况，我个人看法可能比较悲观。我认为在过去的快速发展中，珠江三角洲的繁荣其实是建立在牺牲农民利益以及环境的代价上。大家目前已经知道珠江三角洲居民的癌症发病率是中国最高的地区之一，而且随着中国农民工就业的选择越来越多，珠江三角洲有许多工厂已经面临招募工人的短缺，所以最近已经有调查，在珠江三角洲有超过53%的工厂希望转移基地，这将造成就业机会萎缩，住房会逐渐供大于求，房地产价格是往下的趋势。

我一直鼓吹中国提供保障住房政策，我们要知道目前中国政府的外汇储蓄是全世界最高的，这一届的政府也是中华民族5000年来最有钱的政府，同时中国是一个社会主义国家，中国照顾低收入老百姓的福利是责无旁贷的。

我认为，市场上必须有两种房地产，一种是为能买得起房子的老百姓盖的，这些产品因为地点位置、豪华程度的不同而有价位的不同。所以，我认为经济适用房的字眼可以变一下，因为只要是中高档房子，都应该是又经济又适用的。房地产价格应该像车子一样，有高档豪宅房（Luxury Housing）、中高房（Upper Middle Income Housing）、中等房（Middle Income Housing）、中低档房（Affordable Housing），以及低收入房（Low Income Housing）。另外就是政府给买不起房的老百姓提供低收入廉租房或是补价房（Subsidized Housing），这是政府无法推卸的责任之一。美国的联邦政府会提供Subsidized Housing，值得中国借鉴。

另外，小户型不一定就是低收入住房，大户型也不一定是中等收入住房。一家只有一个人，要住小户型不一定是找一个便宜的地方，一些高级住宅区内也可以有。一些祖孙三代要住在一起的房子，无须规定只能有50～60平方米。美国一些低收入住宅的三房也有120～180平方米的。

最后，我认为2007年最重要的房地产政策是中央政府提出的廉租房以及保障住房政策，我认为2007年影响中国房地产人物应该是温家宝总理，因为他已经清楚地认识到房地产政策是全国政策，而且必须由总理亲自推行。2007年12月19日，美国总统布什签署美国新的能源法，除了要求汽车的排放减少外，其中很主要的就是要求美国政府投资的建筑都必须是节能绿色建筑，我希望中国政府也能够命令2008年起，凡是使用政府经费的建筑物，都必须达到中国绿色建筑法的要求。

我们中国人有钱了，就必须想到下一代的生活，想到明天的需求，想到我们旁边人的看法，这才是可持续发展（Sustainable Development）的基本原则，也是中国从大国成为强国的做法。

地王，够了吧

——中国的房价与“地王”

原文写于 2009 年 12 月 13 日(星期日)从德国回北京的飞机上

我从来不赞成仇富，但是当一个体制过快地造就富人时，就好像人体发烧一样，一定有地方出了问题。

◉曾经的地王，如今的国贸三期

最近中国的地王不断，老百姓看得眼花缭乱，他们不敢相信也没有想到，一年前(2008 年)，还可能因为国际金融海啸而发生资金断裂、导致房价大跌的房地产市场，到了 2009 年下半年时，房价涨幅甚至超过了 2007 年的疯狂期，老百姓又开始抢着买房。而且许多开发商又开始私下告诉我，他们赚钱赚得都有些“不好意思”……看到这些情况，听了这些话，让我这个外来和尚不得不替生活在具有中国特色的社会主义新中国的老百姓说句话了。美国有一句话：Enough is Enough.(够了吧！)Where is our government?(我们的中央政府到哪里去了?)

造成一个又一个地王出现的原因与中国内地学习香港地区的土地拍卖政策有关：当时英国政府为了将香港的钱财合法地运回英国，将政府拍卖土地用到了极限。但是目前中国的体制显然与当年英国殖民香港不同，而且中国政府应该知道，在决定房地产价格的对比体制下(Comparative

Land Price Evaluation)，只要开发商故意提高他附近已经囤积的土地价值，则原来的土地就能从银行获得更高的评估，进而在宽松的货币政策下，因为土地价格提高，就能从银行取得更多的信贷。此外，如果这个开发商事先在新地王周边故意囤积了房子，这些房子便会因为地王的出现而价格连夜翻倍……这种做法的结果，倒霉的依然会是想买房子结婚的年轻老百姓，他们将越来越买不起房子。虽然说有政府的廉租房可以等着去租，但话又说回来，目前鱼翅比猪肉多，而且提供鱼翅的餐厅远远多过提供猪肉的餐厅十几倍……我认为这个现象如果再不引起中央政府的注意，中低收入阶层的老百姓将会非常不安。

不难看出，供求关系会深度影响房地产的价值，因此开发商哄抬物价、故意囤积等行为将造成房价的大幅上涨，中国政府十分有必要严查是否有这种故意影响市场的行为，尽早避免情况进一步恶化，房价进一步丧失理性地疯涨。

在此，我除了建议两会代表尽快地履行监督职能外，更要建议中央政府借鉴美国联邦政府颁出一个 Moratorium（禁令）：禁止在未来一年内再拍卖高档商品用房的土地，让飞涨的房价有一个恢复理性的机会。其次，中国政府拍卖土地，还应该采用封顶政策，一些土地甚至应该采用福利房制度，在限定时间完成建设，否则予以高额罚款；并让央企和一些声誉比较好的开发商拍得这些土地，建设廉租房与限价房，以提高两限房与廉政房的供应率。此外，美国会经常征收暴利税（Windfall Taxes），中国政府可以借鉴此法，让产生暴利的房地产商回馈社会低收入者以住房？其实，开发商的利润多少很容易获取，毕竟当时他们的土地成本已是公开的秘密。我从来不赞成仇富，但是当一个体制过快地造就富人时，就好像人体发烧一样，一定有地方出了问题。（Something is going wrong.）

我建议政府尤其是住建部，要广纳贤才，广招有益的思路，狠抓解决房价高涨问题，让广大百姓受益，而不是少数房地产商受益。

最后要说明一点，我并不是反对出现地王，只是在社会主义追求共富的制度下，其弊大于利。

聪明的开发商应该选择尽快降价

原文发表于2010年8月31日

开发商不能忘了中国还是一个发展中国家，即便是在2010年第二季度超过日本成为世界第二大经济体，中国也还有1.5亿人未达到联合国每天一美元收入的脱贫线标准，有超过三分之二(68%)的老百姓买不起自己的住房……

想到中国的房价，我脑中浮现了一些关键词——老子曰：治大国如烹小鲜；水能载舟，亦能覆舟，民意不可违；愤青可以经常上网；中国是具有社会主义特色的国家……

治大国如烹小鲜，不能操之过急，要用文火，而且哪里汤太沸，就浇上一点凉水。中国的体制决定它的发展，但中国的愤青经常上网，宣造舆论，进而影响政策。

●饶及人(右三)参加2010年中国地产新视角品质地产高峰论坛

一般市场的价格虽然都是由供给决定，但是在具有社会主义特色的新中国，在中国刚性市场供不应求的情况下，市场的价格是否应该由自由市场决定，到目前还有争议。

众所周知，过去的体制不完善，一些权贵人士靠着关系，拿着条子，就可以靠着政策发大财。但是，中国的房地产户型到建筑环境，能在十年左右赶上日本、新加坡，是靠着不少开发商兢兢业业地做事业得来的，可惜中国房地产商的公关做得太少，没有多少人感激。此外，其中也有少数的开发商本身的本事并不高，做的产品并不好，但靠着市场供不应求，卖得还是非常好，赚钱并且爱炫耀，让老百姓很仇富，造成公愤。而且有极少数开发商操守不高、不识时务、官商勾结，是许多贪污腐败案件的源头，让国家必须狠狠出手打击他们。

今年初，我这个外来和尚在搜狐网的年会上说，房地产市场热过头了，一个星期一个地王价，如果再不调控，垃圾都卖得掉。随后，国家出台调控房价政策，但是在经过了过去几个考验后，不可思议的竟是，房地产商敢拿着丰富的资金和政府对峙，而且僵持不下。我记得在2008年初的搜狐年会上，主持人问台上来宾有关“色与戒”的看法，当时，我在白板上写着“色就是要多过自己需要的房产，而戒则是忘了自己是生活在中国”。

◉ 饶及人在中国地产新视角品质地产高峰论坛上接受采访

我虽是美国的少数民族（华人在美国只有1%），但由于我规划设计过瑞金的旅游，又是瑞金的顾问，对中国共产党、对中华苏维埃政权当时的起家以及历史有少许研究，因此我常常对我的好友说：“邓小平是中国的伟人。”改革开放30多年后，目前中国的确是机会比美国多得多，尤其是过去十多年，从事房地产开发，好像闭着眼睛都赚钱。

可是，大家不能忘了，中国共产党可是从土地改革起家的。从事房地产开发的企业，不能因为过去钱太好赚了，或者是富有的日子过多了，就让私利蒙骗自己的前途，夸大自己的资金储备，认为自己随时可以应付资金短缺。开发商不能忘了中国还是一个发展中国家，即便是在2010年第二季度超过日本成为世界第二大经济体，中国也还有1.5亿人未达到联合国每天一美元收入的脱贫线标准，而且中国有超过三分之二（68%）的老百姓买不起自己的住房……

“衣、食、住、行、娱、游”，是目前老百姓的六大追求，安居才能乐业！而打开目前的网站，网友最为关心的却是买不起住房。孔子在2600年前就说：民意可以载舟也可以覆舟。面对网友们从上到下的抱怨，亲民的温家宝总理就得回应，李克强副总理也有两次代表中央讲话，希望继续打压房价，同时扩大保障性住房的建设。

也许是旁观者清，我认为在中国，跟着政策走，机会才会有；跟着党的路线走，才能走得久。

这次的打压房价，我觉得不会在十一前结束。中国的房地产商应该学聪明些，响应政府的号召，主动配合政府的政策，否则下场可能不会太如意。我觉得一些开始降价的开发商是聪明的开发商，至少他们已经开始从舆论上响应中央政府的号召。

在此，我呼吁聪明的开发商应该选择尽快降价。

住房开发要建设“社区”而非“住区”

——如何为北京建设一个真正的国际生活区

原义发表于 2009 年 9 年 14 日

与传统豪宅有独特性、排他性、显露奢华不同，国际社区中的居所更应是精神内涵高端化，居住环境温馨而生活化。

《楼市》杂志特刊曾经就有关《给北京，一个真正的国际生活区》对我进行了采访。说到国际化社区，虽然我未必是最有发言权的一个，但至少这么多年海外生活的经历及专业的建筑规划设计经验让我对国际化社区有一些不同的理解，在此也分享给大家，给大家一些思路和参考。

纽约长岛的社区

“住区”与“社区”存在本质上的差别，住区只提供回家睡觉之地，却不必在乎与邻里的交往；而社区除了让人回家睡觉之外，它更多鼓励邻里交往，它是“走动”的，给居民“生活”使用的。

经历了过去十年，加上2008 年奥运会的洗练，北京已日益成为国际大都市的典范，成为越来越多国际人群的聚集地。由于这类人群在中国工作生活的时间相对短暂，大多数都是特聘专家或是短期来华工作人员，尤其假日时更是因回国而使其居住社区成为“空城”。这正是这种“候鸟”族群的习性，到了寒暑两假便会飞走，回到原来的国家生活，加上本身中西方文化与习俗的差异，决定了国际化社区与国外一些中国城是不同的——中国人是离开本国到国外打工、入籍以致长期定居，同时，也与中国人传统的住区不同。

在中国本土，住区是围合的概念，人们生活于被院子围着的住宅中，甚少与隔壁邻舍间的交往，在居所布置上也布帘重重，阻隔外界视线。而国外的住区则更多呈现社区的形式，充满着人与人之间的交流互动，所有居民都主动地在社区里自由交游，在生活习性上和个人居所布置上也更倾向于外露，喜欢热闹欢迎新邻居，喜欢露天烤肉、喝咖啡、吃饭，喜欢夜晚灯火通明，甚至可以让路人从屋外看到室内的摆设。这就是中国人住区的内庭院和西方人社区的外庭院的差异。此外，国际化社区也应避免陷入与豪宅混淆的误区，与传统豪宅有独特性、排他性、显露奢华不同，国际社区中的居所更应是精神内涵高端化；提供其他家庭成员的日常生活安排，让居住环境温馨而生活化。简单地说，当先生上班、孩子上学后，太太们也可以有生活的安排，而不是锁在家里，深居简出；同时，也要让他们在中国驻扎期间，能够感受到中国的文化。

国际化的社区最关键的要素在于让居住在这里的外国人感受到生活的便利，营造国际化氛围，这包括从衣食住行、孩子教育、购物、娱乐，甚至宠物饲养等方面。事实上目前国内很多“国际社区”并不国际，里面究竟有多少外国人居住还有待商榷，更重要的是它们往往只是形似，具备相应的硬件设施，却缺少国际化社区应有的氛围，内涵不足。

以上是开发建设国际化社区所应掌握的最基础的脉络与常识，随着北京日益向国际化大都市演变，未来会有更多国际化的社区涌现，从特定人群需求来看，使馆区周边及机场附近仍然会是国际社区的热门版块，但我们需要的不是四不像的住区，而是真正具备国际化氛围的、内涵深厚的国际社区。

最后要注意，给欧美人的国际社区与给日韩或非洲裔、拉美裔的社区截然不同，以上建议是针对以西欧与美加为主的国际社区。

◉龙安项目：四川成都华阳新城城市设计鸟瞰夜景，2005年设计

别墅是一种“住”的经验

原文发表于 2011 年 7 月 12 日

别墅不仅仅是一种建筑的类型，它更重要是一种被选择的生活经验和被选择的生活方式。

◉饶及人（左四）参加第八届中国别墅节论坛

前不久第八届中国别墅节在北京国贸大酒店圆满落幕，这是中国别墅节举办以来最精彩的一次盛会，汇集了全国百个城市包括龙湖、保利、远洋、中海、绿城、中信、中粮、金科在内的数百家优秀开发商参与其中，来自全国各地的千余优秀别墅作品参与盛会，竞相争辉，共耀中国别墅节高端峰会。我有幸应邀出席盛会，并就“未来的中国别墅”这一主题进行演讲，向参会人员充分阐述了“别墅是一种‘住’的经验”这一经典论断。

定制式别墅：中国别墅设计发展新趋势

未来的中国别墅到底是什么个东西，我跟大家分享一下。

别墅不仅仅是一种建筑的类型，它更重要的是一种被选择的生活经验和生活方式，我们的住宅有很多种，并不都是用来遮风挡雨的。虽然都是住宅，但有显著的不同。如同中国人买衣服，打工仔从地摊上买衣服，有钱的到百货公司买衣服，再有钱的到名牌专柜买衣服，最后是找知名的师傅做衣服。

我们中国人从吃得饱到吃得好，到吃得精，到吃得健康，吃得有个性，这些阶段有着不同的哲学。从照搬西方的别墅小区，到中国风味的别墅小区；从联体、叠拼、前院后厅，到混合开发的别墅小区，每个阶段都不一样，所以我觉得从大量的房子中挑选房子，到找个好建筑师设计的房子，中国的别墅设计也跟刚才我讲的衣服一样，每一个阶段，都是一次演进。中国别墅演进到最后是定制屋，这是在西方最高档的别墅。

我们在做别墅的时候常常有误差，所有独门独院的房子是不是就可以称为“别墅”？别墅在英文上分得很清楚，有好几个等级，第一是独立住宅，第二是私人大院，第三是高级别墅，最高档的就是定制。你去到国外就要说明要哪种。

图 1 中这种别墅算不算是高档别墅？图 2 也许是高档别墅，但不是定制屋。图 3 中的别墅就是定制屋，它在设计上是非常个性化的，就像我们穿衣服一样，要求个性化。目前中国人越来越有钱，中国人的品位也越来越高了，所以我觉得现在应该是讨论下一代中国别墅类型的时候了。

以前在中国，私人飞机、游艇都是可望不可即的奢侈品，但是现在对中国富人来讲，买个游艇、买个飞机已经是很容易了，跑车、养马也不是奢侈品了，对于一些富裕起来的人群来说，以上都是非常容易达成的。定制别墅，有如一道菜，它必须有好的材料，好的摆设，好的氛围，更重要的是好的厨师。同样的，没有经过仔细设计、仔细监工和建设的房子不可能是豪宅，它只是一个大众产品，就像在名牌专柜买的衣服一样。

图1

图2

图3

有品位的客户吃到有品位的菜，有品位的客户才能住到有品位的房子，所以找一个有经验的设计师设计你未来的房子是非常重要的。在这种定制屋里面，客户必须将他的需求说得很清楚。就是你的要求是什么？而这个要求每个人都不一样，同样的三房两厅，或者是四房两厅，每个人的生活方式、生活节奏都不一样，风格也不仅仅是地中海风格、法式风格、土耳其风格而已。很多高级住宅，最后能够长期地留存下来，大多都是定制屋。建筑学里说得很清楚，定制屋是一个无法复制的作品，像图 4 的这栋房子，基本上无法复制，也没有必要复制。

图4

定制别墅设计讲究的是个性化品味

定制别墅源自于你到底要求什么。它必须有很好的位置、风景、光线，以及它旁边的草地、花园等条件。另外，别墅花园特别重要，别墅花园的设计必须小心谨慎，必须将建筑和自然环境有关的全部经验结合在一起。我们到国外可以看到，所有别墅中的花园都非常的讲究，有的花园是屋主自己整理，有的花园是有专人整理，但是每个别墅的花园都是这套别墅中的精品。它每个地方设计都会非常的巧，非常的妙，品质也非常高。所以别墅不仅仅是繁忙的退却，也是社会联络的工具。

为什么比尔·盖茨最高的享受是请你到他家住一宿？在美国，最高的礼节不是去高档餐馆吃饭，而是在家里宴请。在家里宴请，一方面看你的实力，最重要的是看你的品位，以及你这个人的个性是什么样的。所以美国人的高级社交场所，都是最后请到家里来。

但是在家请客有几个重要要点。第一，必须有温馨漂亮的客人房；第二，必须有佣人的服务，客人和主人的停车服务也不一样。在美国，别墅是主人通过爱好释放感情的地方，最重要的是他希望让来访者有难以忘怀的居住体验，到好别墅住一宿，应该让你的客人像游人一样，留下一个非常难忘且美好的回忆。

定制别墅需要很多的条件，除了外形以外，内部还必须有安全的网络，内装修的设计、风景的设计、材料的使用都要下很多功夫。它不但是很多新的材料引用，新的景观方式处理，而且非常讲究细节。有如任何好的艺术品都是经得起把玩的，可以把在手上慢慢看、慢慢欣赏，高级别墅也是一样的，它每个细节都花很多时间设计，让用户感到设计师确实花了很多心血，而非一般工厂流水线能造出来的。图 5 是在美国的定制屋，没有一栋是一样的。刚才讲住别墅是经验，没有人一辈子都住在别墅里面，也没有人在别墅里面住一辈子。别墅存在目的就是请客人在家里吃饭，在家里有最好的红酒，最好的雪茄，最好的灯光设计，最新的科技运用，而且我们希望非常温馨，让客人在你家做客留下深刻的印象，让客人觉得在这里是不一样的，这就是住在定制屋的经验。图 5 中的每栋房子的设计和建造都花了很多时间。

图5

图 6 中的房子是我刚替自己浙江青田的老家设计的，这也是个定制别墅，这是为了堂表兄弟与饶氏宗亲清明节回家乡扫祖坟的时候住的。

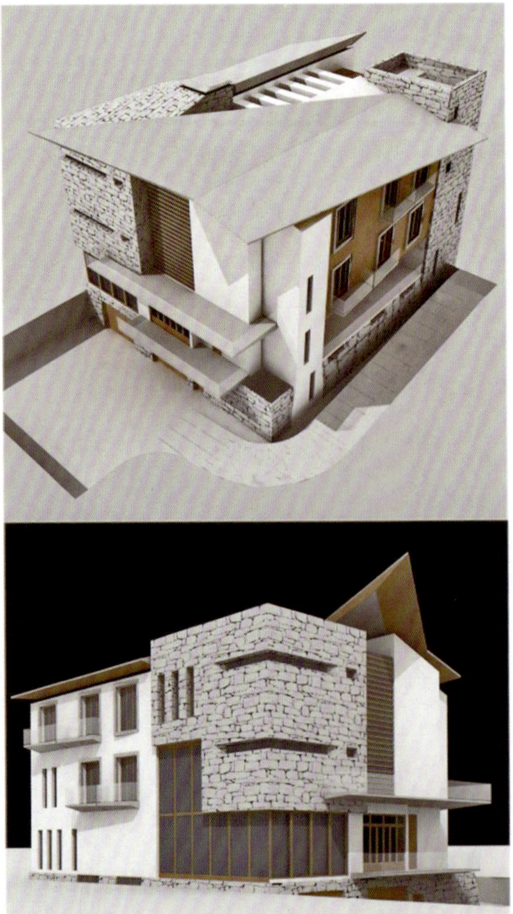
图6

龙安项目：杭州私人别墅效果图，2002年设计

上边的组图展示了我们在中国做的几个定制屋，这是替一个非常有名的企业家在杭州做的，2000 平方米。我们最近在通州做了一个非常有名的艺术家的私人别墅，1500 平方米，完全定制符合他生活的方式。当然像杭州富春山居这种大型的定制别墅区也是我们在2004年设计的，由于每栋房

杭州富春山居凌云居
总平面图、效果图和实景图
2002年设计

子都不一样，这些房子当时是在杭州卖的最贵的，那个时候就能卖到四万块钱一平方米，因为每一栋房子给屋主客人的经验都不一样。

对别墅可以曾经拥有，而不必天长地久

别墅是一种生活的方式，是生活的经验，我觉得买别墅的人应该是很有家庭观念的人群，因为他喜欢的是生活方式，住这种大房子的人都是亲子的人，他希望多点时间跟孩子在一起，能够一家人在大院子里边活动，这群人士对自己住的地方有很大感情，希望有很多空间场所让他跟孩子多接触。所以我认为，买别墅的男人都是好男人，因为他是顾家的人。但是买别墅一定要认清楚是自用、是投资，还是收藏，这是三个层次，有三个层次不同的取舍。前面讲有人是追风，觉得自己有钱，非要住别墅，但是发现住了别墅以后麻烦事非常多，因为物业管理打理院子等，各方面都需要自己出力。另外开发商做别墅的时候，一定要考虑到置换性和扩展性，就像北京东山墅，目前的东山墅没有一个房子是一样的，因为随着人有钱以后，他就开始加减、翻修，但是地点是无法改变的，所以别墅的地点是别墅最重要的资源。如果你没有资源，只能做低端的产品，越普遍的产品，越容易受到市场的波动，所以为了赚钱去做房地产的话，别墅应该是你最后的考虑。

另外一点，中国城市发展从沿海到内地也是不一样的，北京的情况不一定在山西或者在西部地区适用，我觉得中国每个城市都有追求别墅生活方式的人群，就看你怎么能抓住这些人群的喜好，所以我一直建议找我们设计别墅的开发商，不要像做高层住宅一样把容积率都填满，别墅不应该按平方米卖，应该是按一栋一栋卖。

我计划设计一个十栋面积不限，但是每一栋是一亿元人民币起价的高级别墅区。价位高是因为我们设计的是一种生活方式、

生活的体验，是与住户身份与身价相匹配的一些配件与装饰。中国人因为刚刚开始富有，许多人不晓得国外怎么样生活。所以这么一个生活方式，与其现在的年龄段跟他的收入，是相匹配的。住别墅很重要是跟你目前的经济条件和生活方式是否匹配。

最后要说的是，别墅不是你一辈子需要拥有的，我觉得应该是曾经拥有，而不是天长地久。美国人住别墅也是曾经拥有，我现在又住回自己的别墅，我把我在朝阳公园旁的公寓卖掉了，虽然我儿女都已离家上大学，虽然是360平方米，但对我来讲不够住了。我的别墅花了七个半月时间重新装修，每个地方我打造得非常精致，因为我不想把这个地方在未来五年再出售，所以我觉得每个阶段、每个产品、每个地点都有不同的做法。最后每个开发商对每个城市一定要仔细推敲。随着中国人眼界的开阔，越来越多的人追求的不是量产的别墅，而是少却新奇的别墅，买别墅的人最终追求的是充满他的个性，只适合他用，不适合其他人使用的别墅。

中国未来别墅市场的变化

美国有一句俗语，绝对不要跟成功去狡辩。用中国话来说，成功了就是硬道理，失败了就是没道理。中国别墅在之前是非常稀缺的产品，但现在是广泛的产品，未来怎么样不知道。但是从规划上来讲，咱们逆向思维，如果你到美国买一个高档别墅会看什么东西？同样的，将来中国的这些别墅，它有一个不同的价位升级。一般的美国别墅在设计上不看太多的装潢，而是当成艺术品收藏。所以一般美国高档别墅的开发商注重的是厕所的空间，厨房的空间，其他的空间就合理布局，最后留下空间让业主去做第二次的布置。另外，现在美国越来越流行绿色建筑。

2011年5月我在美国主持了一个建筑开发商大会，我问美国的主流开发商，你们为什么要做绿色建筑？他们说我们在商言商，谁要买什么样的房子，我们就盖什么房子。以前绿色建筑多为五六十岁的买主，他认为我已经到一个程度了，也许我应该为社会担一点责任。现在三四十岁甚至二三十岁的买房者会说，我应该买绿色房子，我不希望我买了房子但因为资源枯竭了，我必须搬离这个地方，所以这种趋势，我觉得值得中国借鉴。今年的“金九银十”是房地产战国春秋时代，杀价绝对杀得非常厉害，很多的开发商这次可能会真的面临资金断裂的危机，所以我觉得做开发商的人一定要未雨绸缪，这是我作为旁观者的看法。

龙安项目：赵氏私人美术馆效果图，2010年设计

宜居城市：你我他的居住感受

原文发表于 2008 年 9 月 1 日

判断一个城市是否宜居，并不仅仅在于某项量化的指标，也不在于某个人说了算，而在于你我他，在于居住在这个城市中大多数人的生活感受。

法国南部Cassis小镇，人不用多，房子不用新，但是干净的水、清新的空气，就能成为大都市居民周末度假的首选之地

宜居，是一个复杂概念，涵盖了从自然环境到交通状况、社区文明、医疗保健、市政建设等多方面内容。但它也可以很简单，我给“宜居城市”下的定义：“‘宜居城市(livable city)’是适于居住的城市，它能让人健康、快乐地生活，使‘衣食住行’能够和谐地得到满足。”因此，判断是否宜居，并不仅在于某项量化的指标，也不在于某个人说了算，而在于你我他，在于这个城市中大多数人居住的感受。

宜居，不能脱离本质

1933 年 8 月，国际现代建筑协会在希腊雅典召开第四次会议时提出了关于城市规划的全球纲领性文件《雅典宪章》。该大纲第一次明确提出了城市的四大功能——“居住、工作、游憩与交通四大活动是研究及分析现代城市设计时住是城市的第一活动”，所以“住宅区应是最基本的分类”。“居该占用最好的地区”，“应该计划成安全舒适方便的邻里单位”。关于工作，大纲认为工业应按其性质分类，布置在不同的地带里，“工作地点与居住地点之间的距离应该在最少时间内可以到达”，“工业区与居住区应以绿色地带或缓冲地带隔离”；在游憩方面，应在新建区预留空地、在旧区清除毁坏建筑以腾出空地来作为绿化与活动场地，并保留市郊的风景带；关于交通，“需要一个新的街道系统以适应现代交通工具的需要”，“各种街道应根据不同的功能分成交通要道、住宅区街道、商业区街道、工业区街道等”。

谈“宜居”，居住、工作、游憩与交通这四项基本城市功能是基础，更是城市的本质。“‘宜居’是我们所应当追求的，但绝不能脱离本质。”我认为，“更短的往返时间、一个有效率的交通系统、有吸引力的公众场所、更多的有趣味的文化娱乐活动，这些都是创建一个宜居城市所必需的。”

宜居，以人为本

2005 年中国城市论坛北京峰会开幕首日发布的国内第一份《中国城市生活质量报告》中，首次用“城市生活质量指数”替代 GDP 指标。该指数包含 12 个方面，正是老百姓日常生活最熟悉的词：衣、食、住、行、生、老、病、死、安、居、乐、业。这在《雅典宪章》的基础上进一步充实了“宜居”的内涵。新指标的出台，表明人们越来越认识到宜居

◉斯德哥尔摩，人们在屋顶下国际象棋

应该因地而异、因时而异、因人而异。物质层次上的生活质量仅是“宜居”的一个方面，而政策、医疗、养老、保险、人文关怀等软环境的建设逐渐被人们所重视。

在我的眼中，瑞典的斯德哥尔摩堪称“宜居城市”典范。这里的城市设计皆是以人为本，一切建筑以人为参照系，尽可能设计得贴近生活、贴近自然。马路不太宽，楼宇不太高，当你走累了的时候，随处便可找到松软的草坪和木制长椅，绝不用担心周围的建筑会遮蔽灿烂的阳光。“在这个城市里，空气清新，水质没有污染，自然环境优美，交通便利，市政建设完善，医疗保险让人们没有后顾之忧，大家都非常文明诚实，没有欺诈，没有假货，相处友善热情，生活非常愉悦”，我常常说：“生活品质胜于一切……人，才是最重要的因素。”

在纽约的城市规划中，“以人为本”的建筑理念是贯穿始终的。任何市政建设都要广泛地征求居民的意见，要先说服公众，再去说服政府，一切都是自下而上的，这与中国情况不

同。例如，北京的马路都非常宽阔，但不方便行人穿越，尤其是对老年人，这样的设计怎么能称为“宜居”呢？“在规划的时候，应该充分考虑各种居民的需求与感受，这才是宜居。”

宜居，因文化而异

无论中西方，人们对于舒适生活的需要基本一致，如空气、水质、绿化、交通、公共设施等。但是由于发展阶段与程度的不同，特别是历史文化的不同，对宜居的标准也会产生一些差异。

传统的中国人习惯群居，一个大家族尽量要住在一起，对私人空间不太敢要求，例如四合院，它的院落是内院，强调的是“围合”，对公共空间没有大概念，同时因为中国文化讲究中庸，凡事不过分，不爱对外张扬，所以不注重公共空间的建设和维护。而西方人喜欢开阔的花园，他们寻求的是“外居”，看重的是私人空间，“所谓的‘美国梦’，就是拥有自己的房子、车子、花园。”同时也认为：“公共空间是属于大家使用的，爱惜公物等于自己也可以长期使用……为了留多点空间享受自然，从私家花园、社区公园、市公园、州立公园、国家公园、自然保护区，应有尽有。及时享受，及时行乐，同时又留给下一位使用者享用，成为大家的信念。如此，自然不随手破坏，公德心也强。”

宜居城市与户外广告

大型商贸城市都应该有户外广告。户外广告的形式有很多，最简单的就是我们商铺外面的招牌、霓虹灯，或者是贴在建筑物墙面上的广告，还有就是包括我们的一些电话亭、公交站广告、沿着高速路旁边的大牌，等等。我认为这些广告业务都必须纳入到城市的管理范围之内，而且要有专人去管理。否则就会发生像香港前一个月发生的

◉香港虽然大楼林立，但是城市中心小公园不少，让市民能够享受城市

一个广告牌砸下来砸死一个人的事情。对于宜居城市来说，户外广告关乎一个城市的形象，因此必须要有一个格式，绝不能太乱，太乱了以后会给人以违章建筑的感觉，反而影响一个城市的形象。当然也有特例的，比如香港有些街道户外广告非常多，乱了以后反而变成一个特色，但是这仅仅是一个特例，必须要在街道不是很宽的情况之下才能达到这种非常聚集商业感的效果，一般的城市里面都应该有比较好的一个规划。

比如高速公路旁边的一些广告招牌，一方面要吸引人们的视线，但另一方面又不能弄得太张扬，从而影响驾驶员的注意力。户外广告主要是吸引人们几秒钟的一个注意力，而不是让人们的眼睛盯在广告牌上超过10秒钟，那就很容易发生车祸。另外，广告设施里面是不是有夜间照明，还是有荧光的反射，每个城市都有规划，应该按照城市的性质不一样进行不同的规划，有的城市要求亮起来，有的城市却不允许灯箱照明。比如有的老街，有古老韵味的街道就特别不需要灯箱照明，但有些闹的地方又希望霓虹灯多一点，包括我们现在有很多大型液晶屏幕广告，目前也是一种趋势了。

从城市形象来讲，我一直提倡中国必须进行分区。必须把住宅区跟商业区划分开来，不能像现在一样商住混合。因为商住混合首先会造成广告的效果减弱，其次会使整个城市的管理部门很难执法。另外对于一个宜居城市而言，给人的感觉不是美，而是乱。

香港城市有轨电车除了给市民提供方便快捷的交通工具外，也是城市一个特色

宜居城市：户外广告应重视规划管理

谈一谈我眼中美国的户外广告管理。美国不是每个城市都有关于户外广告的立法，美国的城市一般都是大城市的广告立法比较完善，有很多中小城市对于户外广告要不然就是禁止，要不然就是规定几条街允许有广告，其他的街都不许有广告。这是和中国最大的差别。因为美国人认为广告太多了会侵犯他们住宅的安静性。很多人认为住宅区就不应该有任何的广告出现，包括公交站的广告他们也是希望比较含蓄为好，而不能过于张扬。因为美国的城市度比较成熟，所以在这个上面的取舍点是不一样的。我建议中国的户外广告借鉴美国的方法，进行一些分区规划。

但是中国面临一个执法和管理问题，到底是谁来负责管理这些广告。是规划部门，是城管部门还是城建部门？这也是中国户外广告现在面临的必须要解决的一个问题。我建议有关执法、立法和设计还是应该由规划部门来规定，由建委来执行并管理，而不应该由城管部门介入。因为建委系统按照一个安全性来执行，而规划部门按照整个城市的分区、城市街道的功能以及我们的户外广告对整个城市形象的影响来做设计，户外广告不属于建筑法管理的范畴，它应该包括在城市规划法里面。美国纽约把户外广告划入了建筑安全法管理的范畴，所以这个里面就有更大的一个细分了，他们认为户外广告应该包括建筑安全这个类别。户外广告必须被当作一个建筑结构来处理，所以安全

◉香港的户外广告

性很重要。所以纽约市要求户外广告的结构，包括它的灯箱、音箱，以及它的大小，都要符合规划法，至于安装则必须由建委批准以后取得开工许可。他们每年要求有注册的建筑师，或注册的工程人员进行安检。如果发现任何安全上的问题，就吊销当初提出安全报告的建筑师或者是工程师的资格。所以这些措施就防范了户外广告有的时候受到来自于强风的影响，另外一方面也避免有些零件、设备随着时间的推移和天气的变化发生锈坏，防范了一些电线接头可能产生的安全隐患。由此可见，在纽约往往会把户外广告的安全性置于商贸行为之上。但是香港却是另外一个极端，完全没有人管这些东西。在香港户外广告想挂多大就挂多大，只要业主不讲话你就可以挂。但最近发生问题之后，香港立委已开始考虑对于户外广告的管理。所以我觉得中国内地现在应该未雨绸缪，考虑对于户外广告进行一些系统的规划和管理。但往往政府部门并没有把户外广告的管理放到一个比较重要的位置上，可能因为户外广告一般对于城市税收没有很大的一个帮助，而且对于领导的政绩、升迁也没有非常举足轻重的地位，所以政府部门在这个上面往往都是很放任的一个态度。但我觉得一些比较重要的城市，也就是所谓的一线城市，像上海、北京、深圳都应该重视这方面的事情。而二、三线城市应该随着自己城市里面的一些需要来进行规划，我建议对几个主要的大街上的户外广告立法，住宅区里面的户外广告应该是以低调、安全系数高为基础。因为一个城市里面如果全部都是户外广告其实也并非一件好事，从广告本身来讲也会失去它作为广告的目的和效果。

结语

“宜居永远是一个乌托邦。”我也常常如此感慨。人对于完美的追求是无止境的，对于“宜居”的探讨也将是无止境的，对于像中国这样的发展中国家来说，如何借鉴外国城市规划与发展过程中的经验与教训，并在不伤害自己城市个性的基础上，理性地运用于我们的城市规划中，这才是最重要的。

◉美国加州公园里供老人玩球的场地

导读

我们的城市应该追求均衡性和幸福指数，而不是只追求发展速度。提升全市老百姓的生活质量、让城市有秩序的成长、创造出鲜明的城市形象、保持稳定的土地架构，这四个宗旨基本涵盖了城市建设中的所有问题。

龙安项目：呼和浩特禾华旅游项目效果图，2011年设计

第二章
政府的角色：“以人为本”还是“以GDP为本”

执政一时，建设一世

——Build to last!

原文发表于 2009 年 8 月 14 日

一个负责建设的官员务必要树立起一个正确的取舍，好的执政意识——知道自己虽然只是“执政一时”，但负责的却是“建设一世”的丰功伟业。

在中国经济的快速发展过程中，一个城市的建设水平代表着该城市官员的管理水平。许多用心从事建设的官员，对其城市快速发展功不可没。但是一个负责建设的官员如何真正让城市现在的发展得以长久持续，并让每一代生活在这个城市里的市民都能感受它的更新与活力？这务必要树立起一个正确的取舍，好的执政意识——知道自己虽然只是“执政一

◉饶及人（右二）在联合国人居署论坛上发言

时”，但负责的却是“建设一世”的丰功伟业。这其中重要的一点是，负责城市建设的官员要知道 Build to last（为了持久而建设）！从一开始领导城市规划建设就要站在专业的角度宏观把握如何将“一张蓝图”做好，并能使之坚持到底，以致后续接任的官员也能很好地接手完善下去。而这种专业角度要求他们首先要正确面对“城市化”进程。

对于中国目前正经历的人类文明史上前所未有的“城市化”运动，已造成中国商品房价高涨的现象，不少学者和老百姓开始提出“反对城市化”的言论。在此，我提供一份我在新加坡举办的第三届世界城市论坛上，对城市化所做的官方宣言：

Cities are engines of growth for the rapidly growing economies of the world. Unplanned and unmanaged urbanization will pose serious threats to the environment, quality of life for the city dwellers and the economic well being of the city. Air, water, and soil pollution, water and energy shortages, traffic congestion, environmental health problems, limited green spaces, poverty and malnutrition, social security and public safety problems place many burdens and restrictions on people.

译文：城市是世界上经济快速成长的引擎，没有规划没有管理的城市化，将会对城市居民的生活环境和质量，以及该城市的经济结构与发展带来非常严重的威胁。空气、用水和土地污染，水和能源短缺，交通拥挤，环境健康问题，不充足的绿色空间，贫穷与营养不良，社会福利制度与公共安全问题，都在压迫与限制着人的生活。

只要政府能够提供自来水、网线、电话、路灯、学校、警察保护、医院、垃圾处理、方便的购物环境……大家还是会选择搬到城市

饶及人（左一）在联合国人居署中国之夜颁奖酒会上发言

居住。不过，就像我们的住房有容量限制一样，二居室的房子两个人住很好，但是 5 个人同时住就会很拥挤了。同样地，城市也有它的容量限制，一定规模的城市需要一定数量的城市配套，也就只能满足相应数量人群的使用，这样才能使他们的生活更方便，居住的环境更舒适。假如人口数量得不到控制，规划再好的城市也应付不了突增的人口。此外，我们欣赏一个城市的漂亮形象，与欣赏一个漂亮时尚的女士的感觉是一样的——城市规划就是以先天的资源再结合后天的智慧来建设，为老百姓提供更好的生活空间。

按照中国国家统计局与住建部 2007 年

9月的统计数据，中国在1990年有3亿多人住在463个城市中；到2007年，中国有5.77亿人住在661个城市中，其中171个城市人口超过100万人，279个城市人口在50万～100万之间，210个城市人口在20万～50万之间。中国的城市化率东部为54.6%，中部为40.4%，西部为35.7%。其中上海最高，为88.7%；北京第二，为84.3%；天津第三，为75.7%。中国城市的GDP占GDP总值的63.2%，为中国财政贡献了80%的收入。这些数字见证了中国不可阻挡的快速城市化的事实。所以我们没有必要刻意避免或否定城市化，而应该正确地对待它，正确地处理好它的成长与发展。

城市的规划与开发管理必须全面地去应对种种已出现的和未出现的挑战，才能保障我们的未来。

作为一个在海外长大的华人，我觉得中国人的字与词句很强大，往往一个复杂的观念，用简单的词句来表达就能让人明白。例如，最近美国奥巴马总统非常强调的新能源政策，实现可持续发展（Sustainable Development），这“可持续”的规划简单地说就是“可以坚持，可以继续”的规划。在中国，要可持续，就要有制度，不能光靠人，没有法律基础。一个没有法律基础的规划，只能靠人，没有共识，这必然会难以坚持。毕竟人的感觉与看法会有不同，更何况是一群来自不同背景的人。中国目前的规划制度没有经过立法程序，因此要求“一张蓝图干到底”，就好比“缘木求鱼”，非常困难。只有理性的、有共识的、有法律权威的并被大家认可的规划，才有可能“一张蓝图干到底”，否则将会很轻易地被推翻。

在我以往的讲课中，常说到“行上谓之道，行下谓之术”。因为我喜欢从根本上去探求问题的答案。我也常常会向领导们提问，什么是装潢？什么是设计？什么是空间？装潢是有表面，没有深度的；设计是有目的，有意图的；空间则是要让人使用，让人自动地驻留，让人享受的。而且，成熟的设计是考虑周到，生涩的设计会有许多缺失。

日内瓦湖东岸蒙特旅山城“因山而起”的规划

我们作为从事城市建设的一份子，要努力让自己的城市健康化。一个健康的城市，可以避免“先拆后建”、“农民失业、企业被套、政府失信”等社会乱象；一个拥有共识与法律地位的城市规划可以避免“有法不依”、“有规不划”、“领导随意干涉”的尴尬局面。

一个健康的城市化要避免城市化不健康的五病状。

1. 土地没有得到节约和集约的利用

2. 被征地的农民变得贫穷或返贫

3. 政府背负沉重的债务

4. 市民特别是新增市民不能比较充分地就业

5. 社会管理和服务不能与之相适应

在美国，从事城市规划人员的第一堂课，就是要背以下的内容：Planning is the process to distribute public goods and services fairly and as efficiently as possible according to the people’s will with regard to the future. A sound planning process is to improve the quality of life today and in the future.

译文：城市规划就是要从人们的意愿出发，尽可能高效而公平地分配公共物品和服务的过程。好的规划是改善现在和将来生活质量的过程。

我是一名建筑师，也是一名规划师，在我看来，优秀的建筑师是一个让你享受三维单体的开创者，而优秀的城市规划师是一个让城市老百姓生活空间能变得更好的贤人。

当前中国的经济与政治环境越来越成熟，作为一名参与中国建设的海外华人，我希望中国负责城市建设的官员能有“执政一时”，并有“负责一世建设”的意识，同时我希望“一张蓝图干到底”能在中国尽快实现。让负责规划的官员真正地为建设中华大盛世，献出一份心力。

中国宋庄(龙安设计)荣获联合国人居署最佳城市范例奖

城市规划须杜绝“一届领导一个规划”

原文发表于 2010 年 9 月 14 日

中西方国家在城市规划上的最大差别，是中国有规划的意识，缺乏规划的共识，尤其是缺乏一个以法律的依据、基础来巩固的共识，这让中国的规划领导说了算，人为性较大，也直接导致“一届领导一个规划”的现象很普遍。大家都知道罗马不是一天建成的，但许多城市领导还是抱有任内就把城市全部建成的想法。如果中国不在规划立法上有所改变，“一张蓝图干到底”就很难实现。

◉饶及人在2009年中国消费经济高层论坛上演讲

中国近十年来把规划的制定跟城市形象的建设作为领导提升最重要的一个打分基数，这在全世界都是少有的，也说明中国的领导越来越清楚地认识到，城市要发展，同时为了避免资源的浪费，且能够尽快赶上西方社会，就必须要把规划这个“龙头”先做好。中国的规划从中央开始，就定位成最高战略，因而每遇到规划，书记、市长、重要官员都要参与，令人鼓舞。

立法缺失导致“一届领导一个规划”

我常常给官员讲，规划是现代社会、文明社会的产品，可以说，越民主的社会，越讲究规划。在封建社会、帝王社会里，规划不是为老百姓服务的，而是为贵族服务的。

探究中西方国家在城市规划上的最大差别，是中国有规划的意识，缺乏规划的共识，尤其是缺乏一个以法律的依据、基础来巩固的共识，这让中国的规划领导说了算，人为性较大，也直接导致“一届领导一个规划”的现象很普遍。

◉饶及人在昆明市禄劝彝族苗族自治县做城市规划专题讲座

要知道，规划是一个取舍的过程。之所以要做规划，因为资源是有限的，不仅城市要做规划，我们每个人也应该做规划，有了计划就不会急，有了方法就不会乱，有了规划资源才能够平均分配，生活各方面的比例才能够更好。这也是要赋予规划法律地位的根源所在。

比如在纽约，规划一定严格按照健全的立法程序进行，审批规划有时间限制。凡是牵涉到任何市政府用地改变、分区改变、旧城改造等都要经过都市规划局立项、区长办公室审核、市议会评审三个程序，并且每个程序都有市民的参与。严格的法律程序不仅保证了审批的各个环节重视体现市民的意志，也让纽约在城市规划上成为美国乃至全世界的典范，我认为这一点值得全世界借鉴。

在西方金融海啸的影响下，目前有许多人在研究中国特色的经济体制。具有中国特色的社会主义制度下，决策的制定是由上而下的。作为中国的外商，了解政府的政策与运行体制是首要任务。我在给中国领导讲课时，经常建议中国各级政府应该好好掌握目前城市化带来的发展机遇，了解政策导向，切实贯彻执行，做出“流芳百世”的城市建设成果。这也是我为什么说，中国城市的书记与市长的素质，决定了该城市建设的品味与品质。

中国实行官员委派制度，推诿现象严重，简单问题复杂化，责权利不清，政府办事效率较低，需要很多的协调。而国外通常靠制度去衡量，而不是靠人去制衡。比如，美国一般采取合约制度，新任领导上台后，所有部门换成自己的人，以便领导的想法能够执行下去。即便总统上台，也是如此。因此，如果中国不在规划立法上有所改变，一张蓝图干到底很难实现。

没有文化的城市建设就像有体无魂的人

一个城市没有历史，不会有文化；一个人不懂历史，不会有涵养。现在是全球化的时代，中国的进步和自由开放是无可阻挡的趋势，城市建设要与时俱进，但也要看到，城市建设是一个硬件，是一个形象，精神文明建设是它的软体，是它的灵魂，一个有体没魂的人是一个没有用的人。城市建设只有形象，没有精神、没有文化去支撑，就会显得空洞、乏味。

我们的城市应该追求均衡性和幸福指数，而不是追求发展速度。大家都知道罗马不是一天建成的，但许多城市领导还是抱有任内就把城市全部建成的想法。实际上，我们需要更多像丽江这样以特色文化给人驻留空间、良好环境的城市，因为空间氛围的营造也是提升居住品质的一个手段。文化要能够让人去品位，中国的文化很丰富，北京文化、上海文化、闽南文化、海外文化……数不胜数。那么，城市文化也应该海纳百川，做到西为中用，古为今用，中为西传。

我曾说过城市的建设“过度的开发是肤浅，过度的保护是迂腐”。一个城市没有建设、没有形象、没有税收是不可持续的，可过度开发又会造成城市没有文化，没有历史。城市需要一些历史，但不能全是历史，可以说这是从古到今需要平衡的问题。在罗马、巴黎，古城是古城，新城是新城。北京应该有古城，还应该有新城，而不是全部是新城，或者全部是古城。

城市规划的宗旨是提升全市老百姓的生活质量

鉴于中国城市已经进入高速发展阶段，与纽约在20世纪的发展非常相似，我建议中国的规划部门不妨借鉴一下纽约的城市规划宗旨，即“提升全市老百姓的生活质量、让城市有秩序的成长、创造出鲜明的城市形象、保持稳定的土地架构”，这四个宗旨基本涵盖了城市建设中的所有问题。

瑞士Zug小镇

我不久前到瑞士去感触颇深，他们的环境保护得非常好，每天都是蓝天、白云。据他们介绍，污染的产业全部迁移到城市甚至国家外面，这样保证了市民最好的生活品质。从中可以看出，规划实际上是人生充满快乐的一个抉择。相比之下，如果中国只以GDP考察政绩，而非环境保护、居民幸福指数，会造成许多城市污染较为严重。

中国的城市要有次序地成长，涉及农民工问题和户籍问题。中国的城市化率每年以一个百分点在增长，这意味着每年有1200多万名农民工进城。由于城市空间有限，对农民工进城要做到容量控制，避免教育、医疗等设施无法满足需要的矛盾，以及农民工流出后公共设施又会空置的问题。我建议农民工要么当作移民进城，要么乘公交车进出，或者通过城乡一体化让乡下和城市一样舒适方便，这样就不用搬到城市里了。

现代社会，资源应该合理分配，自由选择，城乡二元户籍制度直接带来社会分配不公，不仅造成城乡差别大，大城市与普通城市之间也存在福利差距。取消户籍制度，城市的产业结构、人口结构才会随之改变，城市才可能健康生长。户籍制度越早打破，中国的城市化才能越快进入正常的运转，否则问题会越来越多。

◉饶及人给地方官员的培训总是座无虚席，而且听众基本都是全神贯注地听讲(2012年)

迅猛推进的城市化将使最近10年到未来的20年，迎来中国历史发展上难得一遇的规划设计契机。中国人做不了国外的规划，国外也做不了中国的规划。因此，在中国做城市规划设计，虽然体力很累，但能够参与中国的改革开放与城市化，让我得到一种无法形容的民族满足感。作为一个华裔子弟，能够对我们的社会，对我们自己的祖国报效，万分荣幸。规划师要做到“上知天文，下知地理，博学中外，言之有理”，善于沟通交流，有很强的说服力，否则没人和你合作。这也是我的观点、理念和规划设计受到许多地方政府欢迎的秘诀所在。

不是每个人都有机会创造历史，也不是每个人都有机会改变历史。作为规划师，我们今天画的每一条线，都会影响人们未来的生活品质。因此，要通过良好的规划让城市受益，使城市繁荣发展，进而提升城市的竞争力。当你为了昨天的作品感到骄傲的时候，还要为今天的工作负责，对明天有敏感度。只有不断成为“升级版”，才不会被时代淘汰，也才能成为一个合格的规划师。

中国地方领导应该是职业经理人

城市规划的黄金准则是：一个从人们的意愿出发，尽可能高效而公平地分配公共物品和服务的过程，是一个改善现在和将来生活质量的过程，而这里面的“分配公共物品和服务的过程”是重点。我一直强调，官员是公共物品和服务的托管人，不是持有人。持有人是老百姓，所以中国的官员应该是“职业经理人”，职业经理人在五年一任的任期内，能做出有益于当地老百姓及地方发展的建设，如此才会被历史记住。

上个周末(2012年5月5号)，我被邀请到昆明郊区的一个国家贫困县——禄劝彝族苗族自治县，做了有关生态城市发展与规划理念的报告。当地的领导非常重视，县委书记段俐娟(女)特别召集了近700个(包括当地26个少数民族)干部，于周六早上在当地的大礼堂，聆听了我近四小时的演讲。当天会场秩序非常的好，四个小时全场鸦雀无声，全体干部非常认真地听取我的报告。对他们这种渴望学习的态度，我很感动，我也说，禄劝的城市建设将会迈向更好的明天。

在会上，我很感动地说，作为一个地方干部，我们应该持有“职业经理人”的态度，在五年有限的任期内，将组织对我们的信任用到实处，日后离开这个岗位再回来的时候，能够受到老百姓的欢迎与怀念。我说，历史上，凡是对地方有作为的领导，当地老百姓是不会忘记他们的，西湖的白堤与苏堤，就是当时著名文人白居易与苏东坡当年在杭州任地方领导的业绩，而我们今天的干部，更要有这种对当地老百姓负责，对历史有交代的使命感，如此我们才不会对我们的工作感到疲累。

我原本以为这么说，他们会不同意。令我感到意外的是，我说完后，得到听课干部的掌声，尤其是许多“80后”的年轻干部向我表示，他们本来有很多的迷茫，但是今天听我这番说法，非常赞同，而且找到了他们未来努力的方向，我听了很欣慰。

在此，我建议在基层干部中大力推广“职业经理人”的理念，这会树立很多官员对地方资源的正确认知，从而更会珍惜自己的服务。我所接触的地方基层干部，其实对于目前中国的稳定、老百姓从温饱达到小康，心中都是充满了感激。而推广这种理念，会为中国的振兴与盛世的缔造，培养更多高水平的人才。

我常常在课程中说，中华人民共和国有300年的大运，而且中国国家领导人，非常开放，希望中国强大，才会鼓励我多到各地培训地方官员。我衷心希望大家能够珍惜历史给我们的机缘，上下共同努力，共筹中华盛世大业。我身为华裔后代，能参与这个过程，感到莫大的荣焉！

饶及人在昆明市禄劝彝族苗族自治县的城市规划专题讲座现场

2011年中国房市：火山爆发前的地震

原文发表于2010年12月6日

房价只有太平盛世才会涨，价格的稳定成长是健康的，政府的职能是调控，充分挤掉夹杂在其中的水分，进而避免房价的大跌大涨。

◉饶及人(右一)参加CCTV9庆祝澳门回归十周年访谈节目

临近年底，网民们又习惯性地开始房地产走向的推测“游戏”。我习惯于称之为“游戏”而非“惯例”，是因为中国老百姓在房价问题上绝对可以称之为“走火入魔”，大有超乎所有、高于一切的趋势。

之前我曾撰文《影响中国未来的六大问题》，里面对影响中国未来十年的六大方面陈述了我自己的观点。我认为，规划问题、环保问题、未来能源战略问题、房地产金融问题、人才问题和台海局势(国际局势)问题是重要的六大方面，并在当时就曾写过，在外交上，以后对中国发展影响最大的是中美关系。

事实上，由于美国美联储重启量化宽松政策(QE2)，已经造成了大量热钱的流入，进而导致物价上涨，中国政府开始非常头痛，因为即便不炒热钱也还有许多其他东西被炒，从之前红木家具、黄花梨木，到现在的绿豆、生姜和大蒜等日用品，只要能够被想到、有人需要的东西就可以被炒，造成世界其他地方经济大部分仍然在萎缩，而中国却是面临通货膨胀的强大威胁。

大家知道，炒房价所造成的民生问题相对集中，直接的影响也相对少而小一点，而炒大众物品则非常容易造成通货膨胀问题，造成的生活困难也是影响深远。

房价只有在太平盛世才会涨，价格的稳定成长是健康的，政府的职能是调控，充分挤掉夹杂在其中的水分，进而避免房价的大跌大涨，这是我一直强调的观点。之前面对中国经济的过热发展，中央和银行收紧银根的政策是对的，结果也很显著，经济也回归到有秩序的发展状态。

在中国，若没有政府的调控，房价的飞涨趋势是不可能有大改观的，包括法律制度相对完善、国土面积小的新加坡等诸多国家也逃不出此套路。过去几个月，大家也可以看到，房地产整体情况是量降价不降，这是因为2009年的4万亿经济刺激计划给房地产商带来了本质利益。

我曾在2007年6月6日就中国房地产价格居高不下写了《中国政府降低房价的八大药方》一文。文中提出的八大药方如下：

1. 在2008年1月1日后取消期房，新房只有现房，而且购买方式像美国一样，在房子没有完成的时候，买方只用给10%的定金，而且这个定金是放在一个托管户头中，等房子盖好，能够过户的时候，买方验收后，才交付余款。有办理房子按揭的购买者则是和银行一起验收房子。如果验收不合格，购买者有权退房，同时要求开发商赔偿双倍的定金。

2. 借鉴美国纽约市的“房屋使用证”制度(Certificate of Occupancy)，让每一栋建筑物都有使用证，如果有违规的房子，不但不能做按揭，同时必须在改正后才能买卖。

3. 开放二手房80%的按揭，让买不起新房的人，能够像买新房一样地买二手房。至于房子的价格，由银行与政府税收单位联合评估。

4. 在大都市，立即建立Zoning(区域规划细则)，要求在轻轨沿线两侧300米内，用TOD(Transit Oriented Development)法则，让开发商只能盖小于70平方米的住宅，提高给第一次购买者的供应量。

5. 在两年内，取消高考户口政策，全国统一分数，避免大家到低分城市抢户口与房子。

6. 政府成立住房部或是将建设部改成住房部，然后在通过各地规划局的论证后，在全国合适的地点，利用中央政府提供的无偿贷款，在低于市价或是无偿的土地上，兴建低于目前市场平均价格40%～50%的低收入居民住宅。争取在未来十年之中，每年兴建一亿平方米限价与低收入住宅，平衡供求关系，彻底解决第一次购买房的供应量。这个部委也负责这些房子日后的维修与保安。由于执行的是国策，这个部委，应该直接向国务院总理负责。美国的联邦政府住房与城市开发部(HUD)主要负责的就是这个任务。

7. 政府强制没收违规兴建的房子，然后公开进行分配给有排号的老百姓做廉租房，同时要求这些老百姓日后收入达到一定的程度时，必须在提出报税表格半年内，搬出这个廉租房，让后来的人有机会入住。这个做法，有如我国香港与新加坡的公屋政策，它鼓励老百姓求富，而不是鼓励老百姓仇富。

8. 政府要求开发商在2008中期后建成的房子中，30%的房子不能卖，只能出租，强制开发商有时代使命，限制其利润，而且让开发商管理自己建的房子，可以保证品质。这个方式也会逐渐让老百姓知道租赁房屋其实是不会没有面子的。

对于2011年的房市，我认为政府的首要任务是继续防止近乎6500亿元热钱进入房地产市场，并且这次应该将不健康的房地产开发商彻底淘汰。至于房价是否能压得住，我认为至少会持续到两会，所以近期内房地产界的地震无可避免。但是因为中国百姓的投资渠道有限，而且热情持续高涨，所以我估计，如果国际形势不发生大震荡，中国经济的整体发展不受外界影响，地震之后的火山爆发恐怕在所难免，而且释放的能量恐怕是巨大的。

至于火山爆发是摧毁一片净土，还是带来未来种植的沃土，就看中国政府与老百姓的大智了。

龙安项目：苏州国际教育园区艺术学院，2004年设计

央企不宜参与商品房地产开发

原文发表于 2009 年 7 月 26 日

央企应凭着高涨的国力，协助国家在外交、军事、民生问题上有所作为，主要从事中央政府要负责的低收入群体的住宅和福利住房开发，用政府的钱造福百姓的生活。

我在 2008 年与 2009 年初，多次表示，2009 年的五一是商品房价的分水岭，五一之后，中国大部分城市的房价将上涨。但我也没有料到，最近房价与股市涨的速度快到连我以及许多房地产销售人员都觉得意外。

房价高涨的原因有几个。第一个是随着中国城市化的深入，进城的农民数量仍然在增加，所以对住房的刚性需求没有减少是主要原因。2008 年，由于国际经济形势与外贸萎缩，农民工提前返乡，影响了买气，但是没有影响民间财富的减少。中国人很容易见怪不怪，习以为常，久而久之，也就麻木了，所以，当中央政府的内需刺激政策力量在 2009 年第二季度发挥后，买气随着股价就飙升起来。由于 2008 年不景气，市场上的供应量相对的少，所以，房价在供不应求的情况下，自然在涨。

第二个是中央政府加柴添火，让银根松了，几十万亿资金流入到股市与房市，刺激了股市与房市的繁荣。

第三个原因是央企挟持着庞大的资金优势，在房地产乱世进场，造就了新一轮的地王，造成地王周边地块的楼盘价值一夜攀高，促动老百姓竞相买房，造成市场价格攀高。

第四个造成房价高涨的原因是外商与外资的元气在逐渐的复原中，而且他们认识到必须将“目光从欧美转向中国”。许多外商已经深刻体会到，中国的崛起是一个无法阻挡的趋势（其实，中国在 200 多年前本来就很强，这次应该说是“中国复兴”或是“中国中兴”），而且这次的国际金融危机让大家对资本市场、资本主义以及美元逐渐地失去了信心。在美国大量的失业率下，在美国联邦政府大量的印制美元下，他们认为美元已经是日本船“迟早丸(完)”了。而中国的人民币必将如我在2004年所说的，在未来十年中，从周边国家贸易互换开始，逐渐成为国际货币之一。此外，外商普遍认为人民币还会在不久的将来升值。在商言商，在投资的保值与回报概念下，外商投资中国的不动产市场，是一个不错的选择，而且中国政府即将开放房地产信托基金(REIT)。在这个情况下，有钱的外商，没有被国际金融风暴击倒的外资，已经陆续通过各种渠道进入中国购买地产，这也推动了一些房地产价格的回升。

我认为，央企更应该从事中央政府要负责的低收入住宅，以及社会福利住房开发，用政府的钱造福老百姓的生活质量。

另外，土地价格、材料和人工费用是构成房价的三大要素。供求关系将决定房地产的价格。房价在去年因为地价降低，土地拍卖流产，工人失业率高，造成短暂的价格下降，但是随着买气的增加，股价的增高，房地产价格自然也是水涨船高。我估计，从目前到2009年年底，房地产价格与股票价格都会涨。我认为2009年房地产行业的“金九银十”将会十分精彩。此外，外商的住宅也会回升走俏，尤其是外商的家庭会陆续增加，有完善配套的外商别墅小区价格也会涨。

在以上的分析下，对于许多朋友问我目前买房是否合适，我的答复是：如果你急着买房自己住，那么早买比晚买划算，不过地点、品质、开发商的信誉，以及小区管理仍然是四大关键。如果不急，那么2010年的春节前后，房地产的价格会比现在下降一些。如果你是买来投资，要有租金不会涨太多的心理准备。有办法买商品房的年轻人可以考虑置产，否则选择政府的低收入住宅，仍是一个好选择。还有，租房不一定不划算。

2009年中国经济整体的成长我认为保8还是困难。2010年，欧美的经济复苏情势不乐观，中国出口外贸仍然受到影响。因此房价与股价最迟在2010年春节时候会有调整，春节后房价会回降，然后2010年的五一再高起来。

最后，我认为中国的商品住房房价在未来的一段时间内，将随着中国经济的整体发展，在有健康下调的情况下，持续攀高。不过任何的快涨急落都不健康，我建议政府利用宏观政策，调控健康的房地产以每年6%左右的速度成长。让设计好、建材好、管理好的小区物业，成为老百姓置产投资保值的工具。

沙漠中的拉斯维加斯城市群

对中国廉租房的6个补充建议

原文发表于2007年11月27日

廉租房绝对不是建造品质比较差，或是设计比较差的房子，它只是一些没有豪华细节的住房。住廉租房的人不是次等公民，他们有与全国的公民一样的权利享受生活，虽然住的地方小，但是“麻雀虽小，五脏齐全”。

看了以下的新闻，我的第一反应是“Bravo！要得！”利用政府财政提供廉租房，低收入居民和中低收入住房用计划经济，高收入住房利用市场经济的双轨政策，城市不能无限制的扩张，城市必须不断的更新……这些是我来到中国后，一直在建议中央政府采取的做法，作为一个中国国务院外专局的美籍专家，我很高兴看到中国政府将要采取的政策。

以下附新闻摘录：

（新华网新加坡11月19日电记者张永兴　李涛）中国国务院总理温家宝19日在这里说：“如果提起人民生活，我最为关注的是住房问题。”

他在新加坡国立大学发表演讲后回答提问时说，应该说，中国改革开放30年来居民住房的条件有很大的改善，现在城乡居民住房面积人均超过20平方米，但是分布不均，特别是近些年来房价上涨较快，人民有很大的意见。

解决房地产问题，温家宝谈了四点考虑。

他说，首先，政府的职责最重要的是要搞好廉租房，让那些买不起房或者进城打工的农民工能够租得起房、住得上房。为此，中国政府今年将安排49亿元用于廉租房建设，再加上地方财政，投入将达到几百亿。他说，明年我们将加大廉租房建设的力度。

其次，是建设经济适用房。他说，经济适用房大多数是面向中产阶级的，他们中有许多工资也不是很高。在中国，经济适用房户均面积90平方米是比较适当的，因为中国人多地少，“对廉租房和经济适用房，政府应提供和保障土地的需要，当然（这些）土地也要节约和集约使用”

他说，对于高档住房，主要靠市场调节，“但是也必须有国家的宏观调控，防止利用房地产进行炒作造成市场混乱”。

温家宝指出，要让全国人民懂得中国的国情，中国是有13亿人口的国家，要守住18亿亩耕地的“红线”才能养活中国人。中国每年新生人口要超过1000万，每年由农村进入城市需要解决住房的进城人员达到1800万，还有2100万流动农民工，也需要居住条件。所有这些问题，政府都要统筹兼顾。

温家宝说，这次来新加坡会有机会再看看新加坡的组屋。他说：“几年前，我曾经专门考察过，受到不少启发。”

几天以后，我又读到了下面的新闻：九部委联合发布了《廉租房保障方法》。

建设部、发展改革委、监察部、民政部、财政部、国土资源部、人民银行、税务总局和统计局九部门日前联合发布《廉租住房保障办法》（以下简称《办法》），对廉租住房制度的受惠群体、保障方式、保障资金及房屋来源、监督管理等问题做出了明确规定。根据规定，《办法》将于12月1日起正式实施，2004年起实施至今的《城镇最低收入家庭廉租住房管理办法》同时废止。

业内普遍认为，《办法》较为详尽地规定了对于城市低收入住房困难家庭的保障，特别是在保障资金和房屋来源方面规定多种渠道，将大大促进国内住房保障制度体系的完善。

■ 住房公积金增值收益余额全部用于廉租住房建设

根据规定，市、县人民政府应当在解决城市低收入家庭住房困难的发展规划及年度计划中，明确廉租住房保障工作目标、措施，并纳入本级国民经济与社会发展规划和住房建设规划。

廉租住房保障方式实行货币补贴和实物配租等相结合的方式，即或者向申请廉租住房保障的城市低收入住房困难家庭发放租赁住房补贴，由其自行承租住房，或者向申请廉租住房保障的城市低收入住房困难家庭提供住房，并按照规定标准收取租金。二者之中，发放租赁补贴的方式为主，用以增强城市低收入住房困难家庭承租住房的能力。廉租住房紧缺的城市，应当通过新建和收购等方式，增加廉租住房实物配租的房源。

同时，《办法》中还明确表示，年度财政预算安排的廉租住房保障资金、提取贷款风险准备金和管理费用后的住房公积金增值收益余额、土地出让净收益中安排的廉租住房保障资金、政府的廉租住房租金收入、社会捐赠及其他方式筹集的资金等都是廉租住房保障资金的来源。其中，提取贷款风险准备金和管理费用后的住房公积金增值收益余额，应当全部用于廉租住房建设。据财政部有关负责人透露，截至2006年，各地账上住房公积金增值收益就约有80亿元，这部分资金将全部用于廉租住房保障，将极大促进廉租住房保障工作的开展。

不仅如此，《办法》还将土地出让净收益用于廉租住房保障资金的比例，由过去的5%左右明确提高到"不得低于10%"。对于政府的廉租住房租金收入实行收支两条线管理，专项用于廉租住房的维护和管理。廉租住房建设用地，应当在土地供应计划中优先安排，并在申报年度用地指标时单独列出，采取划拨方式保证供应。

■持续半年不住或不交租金需退回廉租房

《办法》明确规定，新建廉租住房，应当将单套的建筑面积控制在50平方米以内。廉租住房建设应当按照发展节能省地环保型住宅的要求，推广新材料、新技术、新工艺，符合国家质量安全标准，主要在经济适用住房、普通商品住房项目中配套建设。

配套建设廉租住房的经济适用住房或者普通商品住房项目，应当在用地规划、国

有土地划拨决定书或者国有土地使用权出让合同中，明确配套建设的廉租住房总建筑面积、套数、布局、套型以及建成后的移交或回购等事项。

《办法》不仅严格规定了申请廉租住房的审核程序，更对廉租住房的监督管理做出明确规定，指出城市低收入住房困难家庭不得将所承租的廉租住房转借、转租或者改变用途。无正当理由连续6个月以上未在所承租的廉租住房居住或无正当理由累计6个月以上未交纳廉租住房租金，均应按照合同约定退回廉租住房。未按照合同约定退回廉租住房的，建设（住房保障）主管部门应当责令其限期退回；逾期未退回的，可以按照合同约定，采取调整为市价租金等方式处理。

对此，业内人士普遍认为，《办法》对于廉租住房保障制度中很多民众关心的问题做出明确规定，对于完善住房保障制度非常必要，同时政府加大住房保障力度的工作思

路也进一步得到落实。

来源:《参考消息—北京参考》,2007 年 12 月 4 日。

看到一些我曾经提出的大胆建议,能被中国政府有关方面采用,那种心情,是无法用笔墨来形容的。不过仔细读完新闻之后,我有 6 个补充建议供参考。

1. 廉租房绝对不是建造品质比较差,或是设计比较差的房子。它只是一些没有豪华细节的住房,建材的选择,设计外形、建筑布局的考究,一些必须的小区基本配套还是要有,如公园绿地、空调位置、公交车的停车,等等。廉租房就像衣服,价格便宜但还是有扣子有口袋,可能是材料朴实,没有花边和蕾丝,但是不能穿不出去。住廉租房的人不是次等公民,他们有与全国的公民一样的权利享受生活。虽然住的地方小,但是“麻雀虽小,五脏齐全”。在西方发达国家中,就有许多漂亮的小区是政府的廉租房,而且建筑设计界还常常举行廉租房设计比赛。

2. 廉租房应该考虑工厂模式建房(Modular Housing System),将中国的住宅由农业时代的利用大量的劳力和材料生产制式,向工厂批发制式转变,如此,不但保证工程品质,节省材料,节省能源,而且利用大量的兴建廉租房,可以提高中国住宅的产业化政策,让中国的造房技术由19世纪的劳力造房,进入 21 世纪的产业建房。另外,大量的复制模式,也可以节省非常多的材料与资源。

3. 这些廉租房,必须严格执行中国住建部所采用的绿色建筑法规,不但是兴建廉租房,而且是带头做出节约、节能、节地的“绿色环保三节房”。

4. 政府在执行廉租房建设与管理的时候,能够设置合适的监督机构,监督这个政策的执行与贯彻,避免有人滥用职权,滥用公共资源,谋取个人私利。我建议政府成立跨部门的廉租房监督小组,定期向总理汇报。

5. 日后建设好的廉租房,应该像美国一样,交给专门的部门进行物业管理,并接受当地人大与政协的监督。

6. 廉租房不是将来的贫民窟,更不是犯罪的温床。廉租房住户中,个别家庭生活水平提高后,必须由政府收回,应建立进行第二次分配的机制。提供廉租房是政府的福利政策,鼓励大家求富,而不是注定要吃政府一辈子,不想上进(这也是新加坡政府的公房政策之一)。

最后,中国的媒体也要发挥监督的作用,让中央政府的美意落实到各个地方,使得中央的善意成为能够真正让老百姓享受的福祉。

开发商应与政府真诚沟通

原文发表于 2008 年 12 月 2 日

在开放的经济体制中，开发商必须真诚地与中央政府沟通，利用商会等非政府组织，协助政府出谋划策，同心协力，通过制定更好的房地产政策，让大家共渡危机与难关。

◉饶及人在住交会上接受记者采访

受 2008 年国际金融海啸影响，加上沿海地区的实体经济受到伤害，以及 2007 年一年中央宏观经济政策的调控，造成 2008 年下半年开始，房地产交易量大幅萎缩。而这次在北京举行的 2008 年住交会，也是中央政府发布 4 万亿元扩大内需后的首个盛会，因此它的论坛言论令业界瞩目。遗憾的是由于新国展中心的地理位置比较偏远，尚无较好的大众捷运交通配套，同时老百姓持币观望气氛仍然浓厚，使得参加这次活动的楼盘与消费者数量不如往年。不过，我认为在本届住交会上的许多论坛与言论还是有非常好的指标意义。

在现在的时段里，不管你是政府、开发商、媒体，还是老百姓，对于房地产行业目前遭遇到了空前危机是没有疑义的。很有意思的是，我在这次住交会中特别注意到，这四个群体对未来房地产的走势有着截然不同的反应。

也许是旁观者清，我在几年前就说过，由于中国一些房地产商自身本事并不高，有些是靠着政策与官商勾结致富，还有不少房地产开发商公共形象太差，造成中国老百姓非常仇视这个群体。一些基本不参加公益活动以及公益形象太差的开发商，更是媒体与网民经常咒骂的对象。

中国的房地产开发商一定要明白，不管你喜欢还是不喜欢，愿意还是不愿意，你就是一个公众机构。而身为公众机构，你必须知道 Perception is everything！这是西方社会的一句名言，意为“对你的直觉就是一切”。中国老百姓对你若有不好的直觉，你应该及时调整自己的形象，利用相关活动来提升自己的企业品牌价值。而目前许多中国的开发商仍旧生活在自己的小圈圈中，认为自己很有个性，不太留意自己的公众形象。我觉得这个现象很危险，他们忘了中国与美国的社会制度是不一样的。虽然目前美国经济萧条，但是你如果问中西部的传统美国老百姓，他们仍然认为有钱人的存在是有必要的，因为这些有钱人比较容易开工厂，创办企业，创造就业机会。而中国是一个社会主义国家，老百姓痛恨“为富不仁”，希望政府“杀富济贫”。

其实中国的老百姓应该知道，并不是政府给老百姓建造了比较好、能够超过亚洲许

◉ 龙安项目：海南酒店大堂效果图，2012年设计

多国家的住宅小区，而是中国房地产商的功劳。中国许多房地产商非常敬业，经常派员工出国考察最好的设计、最好的景观、最好的材料，然后组织团队落实执行，如果没有他们，中国的住宅水平不会在过去十年中，由落后到普通进而超前，到今天让许多国外人士都愿意在中国定居。如果你有机会出国走走，你就可以知道目前中国许多住宅小区的居住环境已经超过韩国、日本、新加坡以及中国的台湾地区和香港地区部分住宅的水平。如果你有机会问问住在北京望京小区的韩国人，他一定会告诉你，望京的生活空间比他们在首尔的好。

另外，开发商是交付税金最多的企业之一。如果没有他们大胆购买土地，地方政府

的税收就会减少，而地方政府税收减少，就会带来对地方市政配套以及市政福利措施的投入的减少，造成个别城市居民的生活品质下降。同时，个别建筑工程队伍的收入与民工就业机会也会减少，反而会增加社会问题，造成政府负担。许多媒体也忘记了，如果房地产企业倒闭，房地产业不好，少了房地产广告，媒体的收入也将大幅减少。当然许多网民代表的是老百姓的声音，希望房地产降价，让百姓能够买得起房。但是我们也真的不能期待宝马车在中国的价格就应该和夏利一样。这也是为什么我提出商品房与福利房应该分开，福利房是政府无法推卸的责任，而商品房则是开发商的主业。此外，老百姓也要知道，任何国家，不管是美国还是中国，像廉租房这样的政府建房与商品性建房是不同的，所以，买福利房与买商品房的心态是不一样的，期待值也要不同。

目前中国的开发商没有直接的民意代表，使得他们的声音与立场无法及时有效地让政策制定者知道。所以在本届住交会中，仍然见到许多开发商利用论坛现场作秀，表达他们对政府与政策的不满。我认为这个现象也应该尽早改进。有时候我很纳闷，中国有完善的人大与政协监督体制，为什么改革开放都30多年了，大家还认为政协只是拍手，而人大只是举手呢？其实我所认识的中国中央政府官员是非常希望听取“真言”的。

◉龙安项目：呼和浩特市伊斯兰特色景观街九鹏商厦改造现场，2006年设计

2008年11月，中华金石奖在台北举行的第16届年会活动上，我公司报送的三个在中国大陆的建筑项目都获得了国际组金牌奖，国民党荣誉主席连战先生亲自给我们颁发了奖牌。公司同事回来说，除了马英九外，很多台湾地区的地方官员都出席了这个在我国台湾已连续举办了16年的开发商盛会。而且据台湾《联合报》报导，台湾希望利用房地产业来振兴台湾的经济。我建议中国的官民企业朋友们多借鉴这种和谐的官民合作态度。

我认为，在开放的经济体制中，开发商必须真诚地与中央政府沟通，协助政府出谋划策，同心协力，通过制定更好的房地产政策，让大家共渡国际金融危机的难关。就像美国红十字会这样的非政府组织（NGO）一样，利用NGO的功能，协助美国救灾抢险，美国的开发商协会（Builder Association）与住房部（HUD）经常开会，谋求对策，共同提供好的资源，让老百姓生活得更好，这才是互惠互利的好出路。

我们必须知道，中国不像美国有了第

11 章的破产重组保护法之后才是第 7 章宣布破产法，所以美国的企业一旦有问题就可以立即提出破产保护法，然后设法恢复正常营业。在中国每天都有班机的美国联合航空(United Airlines)曾在几年前宣布破产重组，到去年才宣布解除。这个美国的破产体制是中国没有的。中国的企业负责人往往为了面子问题，不会因为经营不好宣布破产，而是悄悄地卷款走人，留下烂摊子让政府处理，这种方式对公司雇员和城市发展都是非常不利的。在目前的形势下，我很担心在春节前后，会有不少中国房地产商倒闭，中国政府必须未雨绸缪。

我个人建议，中国政府和房地产商应该齐心协力，共商良策，共同渡过这个“年关”。

以下是我对中国这次振兴内需的资金中，对房地产行业的七个不成熟建议，供有关方面指正：

1. 尽快取消没有必要的房地产增值税，鼓励居民进场趁低价买房。

2. 投资无罪，政府要鼓励投资多元化。房地产与股票、古董一样，都是好的投资工具。政府应该尽快放松对第二套住宅按揭的限制，让有心的投资者购买第二套房，甚至第三套房，使得民间的资金能够更有效地释放。

3. 让外商购买房地产。许多人不知道，外国人跟你做生意是先有贸易，之后开工厂，将赚来的钱运回去，最后对你的政治体系及未来的经济发展都有信心后，才会将赚来的钱或是本国的钱，在你的国家买物业置产。中国要从大国发展成强国，人民币成为开放式货币是迟早的事情，中国政府没有必要阻止只占总投资额不到1.5%的外商

龙安项目：
四川省遂宁行政中心实景，
2005年设计
获第16届国际组金石奖

购买房地产。这些外商也不会与普通老百姓抢房子，同时他们将物业改善好了后，还是中国的“不动产”。

4. 对一些卖不掉的房子，政府可以与持有者商量，以他的营造成本(不包括利息与利润)，而不是应得的价格，或是低于营造成本10%的价格进行团购，然后整理用来做福利房，减少土地资源与建设的浪费。这可以让开发商用所得的资金，重新拍卖土地，使得一些资金能够尽快回到地方政府的财政中。

中华金石奖大陆地区的评委，左起栗德祥教授，曾德贤执行长，饶及人，陆金雄教授，秦佑国教授

5. 对质量不过关的开发商与建筑，立即清盘拍卖产品，不能像过去的海口一样，动作太慢，反而让城市中充满了烂尾楼，大大破坏了城市整体形象。

6. 对于福利房的兴建，可以采用美国很成功的官民合伙制度(Public Private Partnership，PPP)，结合官方的资源与私企的效率，在人大、政协及媒体的监督下，做到资源不浪费，产品质量更好。

7. 对于失业人士，尽快着手进行再就业辅导。

所有国家的老百姓是买涨不买跌，但是政府可以鼓励购买的氛围。香港回归后的房地产危机最后还是由政府出面给予老百姓信心后解除。我希望中国的房地产不会像过去的日本一样，即便利息降到1个百分点，老百姓还是不敢买房，造成日本持续十年的经济衰退。中国的老百姓虽然手中有钱，但目前信心极为不足，他们放心投资才会带动经济成长，创造就业机会，达到和谐社会。

龙安获得第16届国际组金石奖“最佳华人建筑设计公司”

央企应率先支持中央的房地产政策

原文发表于 2010 年 9 月 6 日

央企是以国家纳税人成立的公司，主要义务是保护国家利益，增强国家实力。国家的目的是保障全民的利益，因此赚了钱，应该首先照顾弱势群。

在美国，大部分人喜欢看橄榄球比赛，而不是足球比赛，这两者最大的差别在于观众可以猜测橄榄球比赛的策略，有参与感。美国人认为足球比赛主要靠球员的传球和踢球的技术取胜，而美式橄榄球除了球员外，战术很重要。第一个球必须用传球或者是带球跑，先攻下十码，将球陆续跑入或者传入球门，取得 6 分，然后踢球入门，再赢 1 分，一共 7 分。或者也可以选择在靠近球门的时候，直接踢球过球门，赢得 3 分。而赢得十码有三次机会，同时只能利用三种方式，一种是传球给两个接球员，或者是将球给两个可以带球跑步的球员，或者是四分卫自己跑。通常在开球之前，四分卫依据对手的情况，决定战术，

而对方的人就必须猜测他会用哪一种策略去做防范。所以橄榄球的虚招很多，经常有人故意装作带球跑，让对手去围追，结果露

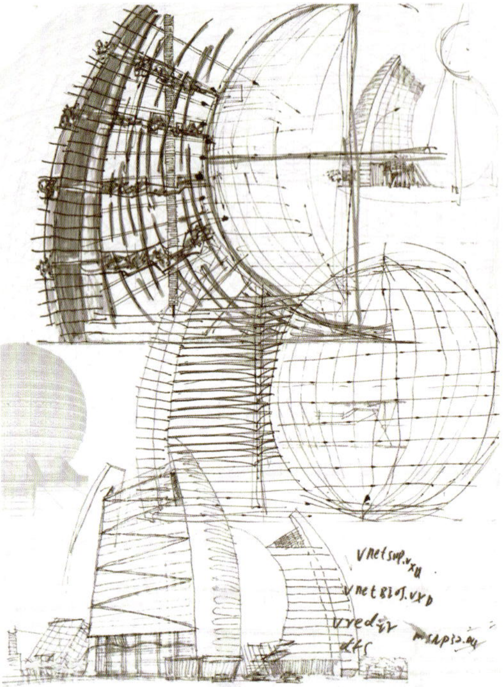

⊙龙安项目：上海南阳时尚广场设计构思手绘草图，2002年设计

⊙龙安项目：上海南阳时尚广场模型，2002年设计

出空间，让四分卫将球传给接球跑步的球员得分。

看橄榄球比赛的时候，观众都会猜四分卫的下一步战术是什么，有的时候猜对了，传球成功了，大家都很兴奋；有时候猜错了，对方却成功了，大家也觉得真了不起，认为这个策略出奇制胜；如果遇到策略被识破，或者是四分卫失策而导致失败，观众则很失望。

我觉得在中国，看房地产商跟政府“对弈”也非常有意思。

通常情况下，世界上任何一个大公司，先是股东出资成立公司，他们在股东大会上选出能够保护股东利益的董事，由这些董事们组成董事会；董事会高薪聘请有能力的职业人士，出任总经理，执行董事会的决定；总经理会在社会上广招贤才，完成董事会制定的营业目标，努力完成业务指标。如果一个公司决定分红，或者是让利，也是董事会报请股东大会决定。所有公司的总经理都是职业经理，托管公司财产，如果非法动用公款，在世界上任何国家，都是犯罪行为，要受到严厉的处罚。

在中国，有民营企业、地方国企、中央企业三种类型的公司（非营利并且从事公益事业的公司还很少）。民营企业与上市公司由老百姓或者是单位法人投资，目的就是在不违反社会道德底线的前提下，谋取最大的利益，而且上市公司追求业绩，要想尽办法拉高市值。这类型的公司在商言商，除非是利益趋动，否则它不会从事非营利性的商业行为。

地方国企则多为地方政府所拥有，它的股东是保护人民利益的政府，是地方纳税人成立的公司，它的目的是赚钱来替地方老百姓造桥修路，造福一方老百姓。它可以选择，而且也应该选择从事一些非营利性的事业。

而央企是以国家纳税人成立的公司，主要义务是保护国家利益，增强国家实力。国家的目的是保障全民的利益，因此赚了钱，必须首先照顾弱势族群。央企既然是用国家纳税人的钱成立的，可以赚外国人的钱，但是在国库充沛时，应该积极投身于本国人民福利事业。

由此分析，政府和房地产商本是不一样的利益团体，对于企业来说，在商言商是必然的，为股东创造商业利益也是基本义务之一，而且财务增长也是上市公司的基本条件之一。而政府的目的则不在于盈利，更多地应该是保护老百姓，尤其是弱势群体的利益，所以这两者应该是迥然不同的。但这两者的关系在中国却常常处于模棱两可的状态中，甚至常常渴望进行角色置换，所以让我这个外来和尚觉得看中国的房地产政策比看美国的橄榄球比赛还有意思。

中国在改革开放后，摸着石头过河，学习西方的经验，为自己找到合适的制度，动机非常好，也在各方面取得了显著的成就。但是在房地产公司的期待值或本职定位上，我觉得各方的认识都还有点模糊和紊乱，有理清的必要。

我认为国家一直喊降低房价，动用八大部委，或者将来十八大部委，还不如劝劝或者指示它所持有的公司，率先表态，支持这个政策？

在此我建议，中央所拥有的央企应该做表率，率先做市场的领头羊，全力配合中央政府的政策。央企的董事们也许应该问问股东们，是否现在应该是站出来公开支持中央政府政策的时候了？我想，央企的领导都是中国的精英，他们知道如何主动配合中央的政策。

龙安项目：上海南阳时尚广场效果图，2002年设计

为对城市建设有贡献的地方官员立碑

原文发表于2011年1月15日

作为城市建设的一员，必须要有历史使命感，如果仅追求GDP增长，就很容易只是在浪费纳税人的钱、践踏环境、浪费资源。立碑就是提倡让中国官员在任内就要考虑历史将如何记载他任内的功与过。

◉负责呼和浩特伊斯兰特色一条街的功臣们合影（左二李岳清主任，左四吕慧生副市长，左五韩志然书记，左六饶及人，左七汤爱军市长）

按：这是一篇难产的文章，写作时逾半年。这期间，从主题的确立到语言的斟酌，每项内容都耗费了许多心力。文章写完后，首先在公司内部掀起了一阵热论，大多数人持反对意见，认为在中国宣扬树碑立传是封建思想，不了解中国国情，不仅不能讨好地方官员，还可能会得罪一大批人。

不过，我就是我，评说只能任由他人了，我虽然"身"为中国人，但并不在中国大陆出生和成长，所接受的教育、生活和工作的经验都在美国，因而看法是从美式观点出发。

我不能说我对，但是我非常希望许多参与中国现代化建设、默默奉献的基层地方官员能够被大家感激和铭记。虽然目前官员腐败现象屡屡出现，尤其在房地产开发领域，官商勾结的新闻也屡见报端，导致百姓对官员的信任大打折扣。但是，还是有不少官员在地方一线踏踏实实地为百姓做事，政府应该给这些官员以鼓励。

作为一个被邀请回国的的美籍华人,我热爱规划设计事业,并且经常被国家各个部门邀请到中国各地区,向建设官员讲解规划理念。当我看到中国从大国迈向强国,我由衷地感到高兴。很早以前,中国曾提出过“两手都要硬”的方针,鲜明地指出了中国必须而且应该尽快加强物质和精神文明建设。在我看来,加强精神文明建设其实和建筑一样,都要重视基础工作,更要讲究责任。在目前的体制下,最重要的是让官员以身作则,端正风气,才能从上而下地贯彻实施政策,否则就容易“上梁不正下梁歪”。

我在讲课的时候,经常告诉听课的学员,一个企业家除了照顾员工的福利,也要对社会尽责任;一个官员,除了造福一方老百姓,还必须对历史有交代;一个老百姓除了守法,更要懂得遵守法律之外的道德底线。如此,社会风气才能良性循环,国家的整体运行才得以健康、顺畅。

注:这张照片是我 2010 年 12 月在阳朔的一座大桥旁拍的,照片中的小女孩是这条道路的受益者,她目前虽然不了解这块碑文的内容,但是她长大后,希望她会效仿碑文中所刻录的行为。

众所周知,中华民族是勤劳、俭朴的民族,但是在组织部考察城市建设的时候,发现很多城市存在急功近利的现象。更有一些城市由于对自身的规划定位不准,造成城市建设资源的浪费,甚至有一些地方官员为了升迁而不惜在任内“过度烧火”,破坏了城市环境与资源。

因此我常提,作为城市建设的一员,必须要有历史使命感,因为唯有我们今天建设得体,老百姓使用方便,才能谈及将来的流芳百世;反之,如果仅追求 GDP 增长,就很容易只是在浪费纳税人的钱、践踏环境、浪费资源,妨碍城市发展空间,对不起使用者,对不起老百姓,对不起后代子孙,那么也就容易遗臭万年了。

中国人不提倡官员在“任”内树碑立传,认为立碑是封建思想。但是时代不同,思想观念上必然需要与时俱进,目前包括美国在内的许多国家的领导人,在世时就已经开始拟写自传,这应该也值得成为中国官员借鉴的一个好传统。我个人建议,应该提倡让中国官员在任内就要考虑历史将如何记载他任内的功过。

我并不提倡个人崇拜,但是我很希望老

●景观街石碑背面

百姓对一些有贡献的官员给予褒奖，不要等他们牺牲了才列入“历史的丰碑”，应该就这些官员对城市的建设与贡献给予掌声，甚至立碑，以此作为对他们工作的支持，从而给予他们机会与动力，激发他们用更多的智慧做出更大的贡献。我认为，对于一些在地方默默耕耘的基层干部，这是对他们最大的鼓励，这种做法有利于社会风气的端正。我想面对碑文上自己的名字，每一位当事人都会感受到自己肩膀上的责任是巨大的，进而以身作则，甚至可以在需要的时刻挺身而出，为正义而战，避免死后“人走茶凉、人死情了”，这与后人缅怀先烈时的树碑立传，其实也并不矛盾。

中国自古便有树碑立传之说，意指把某人生平事迹刻在石碑上或写成传记，使他的名声世代流传下去。即使在现在，这依然是一个树立个人威信、抬高个人声望的不错选择。我知道，在中国很多地方，依然会在一座桥的桥头或者交通要道的一隅立上石碑，上面或刻或写上那些捐了财物、劳力的人们的名字，以示对这些人的感谢。

在历史上，同样不乏这样的故事，这其中比较有名的当属苏堤和白堤的故事：苏堤是后人为了纪念苏东坡治理西湖的功绩命名而成，“白沙堤”是杭州人民缅怀对杭州做出杰出贡献的“老市长”白居易而名。

历任的美国总统都要写回忆录，目的是对历史有一个交代。小布什总统著有一书，名为《抉择时刻》（*Decision Points*）。奥巴马总统也在任内积极促进医疗健康保障改革，他知道争议必然存在，但在他看来，对历史有个交代、推动改革是必要的，我认为这是在物质泛滥的社会之下所缺乏的一种正气。

其实，有不少官员和他们一样拥有正气，大家应该勇于突破。我们已经不再是信息闭塞的封建社会，现代的社会信息开放，我们也应该与时俱进，与世界接轨。

2010 年 6 月，我应邀参加呼和浩特市（后称“呼市”）通南北路回民区特色一条街的石碑揭碑仪式，看到碑文中这样写着：“伊斯兰建筑特色景观街由美国龙安建筑规划设计顾问有限公司饶及人先生牵头设计……改造后的通道南路，以高耸的柱式塔楼、望月楼，半月尖顶的穹窿，浑厚饱满的球形殿顶，绿白黄相间的色调，流光溢彩的夜景，营造了多姿多彩的伊斯兰情调，体现了呼市多元文化交融的特点，令中外游人流连忘返。”（原文见附录1）我非常感动。这条街也得到老百姓的喜欢，被选为十大特色街，并荣获联合国人居署迪拜国际最佳范例（中国）设计推动奖。作为设计方，能够得到大家的认可，并被他们将自己的名字刻在上面，对我和参与此项工作的同事们来说，是一个莫大的荣誉与鼓励。想当初，当时的呼市领导班子亲自挂帅，为建设工程提供了组织保障，这个项目的成功与地方政府官员的承担与决心是分不开的。

我记得在2006年3月，刚接到任务的时候，为了让设计更贴切，我要求有关人员带我去呼市迁移复建的归绥老城内考察。在这里看到一块碑，其中的内容，让我感触颇深（碑文内容详见附录2）。我认为这条街道的改造必须得到区内被影响的居民的支持，因此改造之初，我建议区政府采用美国公听会的形式先取得老百姓的共识，给予支持，同时我自告奋勇，提出我可以主持这个活动。后来，我们在回民区白云区长和其他领导的协调下召开了三次与当地回民首领（阿訇）的公听会，以向大家宣导旧城改造的意义以及日后他们会得到的利益。

回想当时曾有一个不愿意参与政治活动的学校领导，不愿意改建，区政府领导曾经做了不少工作，但是不成功，他们告诉我，打算放弃改建那个学校。后来，我与这位校长经行了长达三小时的恳谈，我提到作为美国的少数民族，我非常清楚他个人面对此类问题的矛盾心态，并且非常理解他作为教育工作者不愿参与政治活动的苦衷，但是，作为一个以蒙古族为主的自治区首府，当届的蒙古族领导能够在旧城改造上率先把破旧的回民区通道南路做出来是非常不容易的。后来这位校长同意我的观点，并答应全心配合改建工作，让我很欣慰。

饶及人与现任回民区区委书记白云在石碑前合影

这个工程于2006年7月12日竣工，整个“建筑拉皮手术”仅用了五十多天，速度之快创造了呼市城建史上的奇迹。我还记得，在工程尚未进行时，区政府组织城建单位，挨家挨户地送牛奶与水果，希望住户能够理解未来几周会产生的“骚扰”。这个过程中，工程分为八个标段日夜施工，但没有发生过一次上访，也没有发生任何意外，从而有效地保证了改造工程取得成功。

这个结果也说明，成功的工程，往往是尊重地方百姓，先取得大家的理解，进而得到他们的信任与支持。这个项目的成功，首先要感谢参与工作的地方基层官员，没有他们的日夜打拼，是不可能完成的。所以我常说，中国有许多地方官员是敬业的，尤其是基层官员，这些人值得老百姓多给他们一些掌声和鼓励，不要以为他们在做建设就是在谋私利。城市，是让老百姓的生活越来越方便，才能让老百姓生活得越来越好。科技在进步，城市旧区不改造，老旧房子不更新，破旧的街道不重整，配套不足的基础设施不补充，不维修，老百姓的生活是不会越来越便利的。

声誉对一个人是至关重要的。事实上，在我看来，每一块碑上，刻着的与其说是当事人的名字，不如说是当事人的责任感和使命感。与其日后推倒重来，对当初的建设感到遗憾，倒不如当初就心怀历史责任，做出真正的丰功伟绩。

附录1　呼和浩特市伊斯兰特色景观街简介

呼和浩特市伊斯兰特色景观街即原通道南路，南起旧城北门，北接新华大街，全长约一千一百五十米，是首府南北黄金旅游带重要组成部分，这里聚居两万余名回族群众，具有浓郁的伊斯兰文化氛围。

二零零六年为迎接内蒙古自治区成立六十周年，呼和浩特市和回民区两级党委政府决定对通道南路进行改造，打造伊斯兰建筑特色景观街。呼市市委书记韩志然、原市长汤爱军亲自把关，回民区区委书记云挨厚、区长白云亲自挂帅，为建设工程提供了组织保障。工程于二零零六年七月十二日竣工，仅用了五十多天，速度之快创造了呼市城建史上的奇迹。

伊斯兰建筑特色景观街由美国龙安建筑规划设计顾问有限公司饶及人先生牵头设计，总投资陆仟伍佰万元，对通道南路二十八组、三十五栋建筑单体进行改造。改造后的通道南路，以高耸的柱式塔楼、望月楼，半月尖顶的穹窿，浑厚饱满的球形殿顶，绿白黄相间的色调，流光溢彩的夜景，营造了多姿多彩的伊斯兰情调，体现了呼市多元文化交融的特点，令中外游人流连忘返。

伊斯兰建筑特色景观街于二零零八年荣获联合国人居署迪拜国际范例（中国）设计推动奖，现成为呼和浩特市标志性街区。

中共呼和浩特市回民区委员会

呼和浩特回民区人民政府

二零一零年八月五日立

附录 2　归绥老城绿化碑记

归绥老城乃旧城改造中
众多有代表性的明清古建筑
按旧物利用保持原貌方法
异地迁建而成
为企业家牧林先生
出巨资保护文物古建
延续历史文化
福荫子孙后代之善举
此举得到自治区及呼市诸多领导
并有识之士的鼓励支持
并亲力亲为者
首推杨仁选刘润民先生两公
于城建规划领域浸润数十载
深知文物古建
对传承文脉之必须
亦深明建筑与生态风水之要义
倾真知灼见为老城建设
出谋划策慷慨拨款
对老城绿化鼎力支持
又有古建专家
李应龙刘贵恒先生
创意布局精心设计
并现场独到逐项落实
今归绥老城春来鲜花飘香
夏至青草漫地
秋深浓绿成荫
冬归松柏苍翠
建筑灵性之光
生命之气匠意之巧顿现
植物藏风聚气调温
吸尘祛病益人亦然
绿化之妙
敢忘上述诸君之功乎
梁思成先生云
任何建筑艺术均为自然形态
与人类智慧创造的结晶
望归绥老城建筑与环境
层次感尽收眼底
再现历史之建城初衷
跃然而出善哉
有德者之功 智者之见
能者之力
归绥老城幸矣
情景勒石于此永志纪念
乙酉年仲春谷旦赵文耀撰文

导读

城市更新是一门大学问，任何城市都面临理性与感性的抉择。中国在努力追求GDP的增长、追求城市形象的同时，也应对旧城拆迁问题予以重视。文化是中国人的传统，越富裕就越应该尊重文化。

城市规划中对文化的取舍应该是：适当地保留、合适地利用、很好地发挥。

——饶及人

龙安项目：新疆巴州广电大厦，2003年设计

第三章

更新与改造：“拆”与“建”的辩证法

一个健康的城市应避免先拆后建

原文发表于 2009 年 12 月 8 日

过度开发会影响城市的肌理和过去的历史，过度保留会影响城市的形象和老百姓的生活质量。

◉饶及人在新加坡第三届世界国际城市论坛上做演讲

建筑师是一个让人享受三维单体的开创者，而城市规划师是一个让城市老百姓生活空间能变得更好的贤人。规划可以有两种取舍，一是将过去的资源在这一代花完，让儿孙自有儿孙福；二是为儿孙规划并创造一个更美好的明天。因此，我在中国提出了要“百年住屋千年城市”，一个住宅只有百年的使用时间，但是一座城市却是上千年的存在。

过去有人质疑，“城市化”真有必要吗？《桃花源记》里面写到：“土地平旷、屋舍俨然，有良田美池桑竹之属……”我在新加坡参加第三届世界国际城市论坛时，其城市化宣言尤其值得借鉴——“城市是世界上任何一个经济快速发展的引擎，一个没有规划、没有管理的城市化将会对环境、城市居民的生活质量，以及城市的经济结构与发展带来非常严重的威胁，空气、用水和土地污染，交通拥挤、环境问题，缺少充足绿色空间，贫穷与营养不良，社会公共福利制度与安全问题都在压迫和限制人的生活，城市的规划与开发管理必须面面俱到地应付这些挑战，以保证我们的未来”。

因此，为了这最重要的“我们的未来”，必须进行“城市化”。中国的城市土地越来越少，但城市人口却越来越多。英国的城市化率从 20%到 40%花了 120 年，法国花了 100 年，德国花了 80 年，美国花了 40 年，而中国只花了不到 20 年，到 2007 年时，中国城市化率已经是 43.9%。

在城市规划中，英文只有两个专有名词：Urban Design 与 City Planning，两个词的意思与规划手法基本一样；但是在旧城改建中，有不少英文专用名词，包括城市更新(Urban Renewal)，城市重建(Urban Redevelopment)，城市振兴(Urban Rejuvenation)，城市复兴(Urban Revitalization)，城市革新(Urban Regeneration)。为什么会有那么多的不同英文专用名词呢？归根究底就是因为城市更新的学问非常深奥，要面对的问题很多，而且每一城市更新的规划手法与取舍都不一样，才需要更进一步的阐述。

有许多的原理最后都集中到了旧城改建与城市更新上，城市更新是一门大学问，任何城市都面临理性与感性的抉择。我们感性的想做，但理性上未必能够做到。过度的开发会影响一个城市的肌理和过去的历史。而过度的保留会影响一个城市的形象以及老百姓的生活质量。所以我常说，过分的开发是“肤浅”，过分的保留是“迂腐”，如何能协调与平衡这对怨家的确是一门“艺术”。一般越有钱的政府，越成熟的社会，才会越重视城市更新的问题，但是越是有钱与民主的社会，城市更新越难做，因为大家对保留历史旧区与开发新建之间的矛盾、取舍和“度”的把握，都会有非常大的争执，但同时也只有有钱的政府才能做得起、做得好城市更新……

做好城市更新包括几个重要因素：被认可的愿景，真正的伙伴，市政领导，“一定能做”的文化，正面的规划，杰出的设计，对地方(最终使用者)有利的措施等。而且需要整体思考，有效使用资源，能够应付变化，随时追踪与报导，而且用最好的方法去实施。

◉曼哈顿岛

以美国纽约的曼哈顿岛为例，这是一个高容积率的城市。中国必须学曼哈顿的土地集约使用，否则中国的城市会生病的，但由于中国的土地并没有真正得到集约化管理，被征地的农民变得贫困或返贫，社会管理与社会服务不相适应。一个健康的城市应避免先拆后建，一个拥有共识与法律地位的城市规划则可以避免有法不依。

美国的城市更新（旧城改建）已经从大拆大建的“城市形象”改为以小区为主的比较小的项目，以便增进小区价值。虽然利用城市更新的项目来创造城市形象是重要的，但是它不是唯一的重要因素。政府应该考虑这个地区需要什么适用的项目，并与当地居民共同工作和生活，保证这些项目受欢迎。

◉纽约的建筑喜欢新旧交叉，相映成辉

城市更新不能只让一群人满意，它必须有全面的功能让整个城市受益。良好的规划与建筑设计是城市繁荣最重要的元素，为了解决城市衰退问题或是试图加强城市竞争力、多元化，城市都必须有一个非常清楚与强有力的策略，在这个国际化与全球化的世界里，每个城市必须知道自己不同于其他城市的竞争力所在，同时城市必须集中精力专注做一件事情，而不是同时应付一堆事。

◉在2011年第八届精瑞奖颁奖典礼上，饶及人与首开志信副总经理纪宏武一起领奖

人越有钱会越怀旧，而越有文化也会越念旧，所以那些文化底蕴厚重的老城要改进非常不容易。目前中国政府在努力追求GDP的增长、追求城市形象的同时，对旧城拆迁问题上也应该予以重视，文化是中国人的传统，越富裕就越应该尊重文化。

中国，一定要看到后天

原文发表于 2011 年 11 月 14 日

中国人经常说“富不过三代”。为什么富不过三代？是因为大家都没有想过后天怎样。所以我希望中国能够瞄准后天，为明天做好准备，干好今天的活，才能为昨天的成就感到骄傲。

纽约的中央公园，围绕公园的都是世界上最贵的豪宅

这张图片是我月初回美国，在纽约 57 街 Central Park South 一处豪宅内拍的纽约中央公园。坐落于摩天大楼耸立的曼哈顿正中的纽约中央公园，占地 843 英亩(约 5000 多亩)，里面除了有绿植，还有运动场、小动物园、露天剧场、美术馆等。1857 年，纽约市的决策者为这座城市预留了公众使用的绿地，这一决定使一百多年后甚至几百年后的美国人，都能受益于这一决策。1858 年，Frederick Law Olmsted 和 Calbert Vaux 两位设计师作为负责人开始建造中央公园，15 年后，在曼哈顿岛中央，美国人有了一个能在紧张工作之余，悠闲、养神的好去处。

在中央公园酝酿出现的 19 世纪 50 年代，纽约等美国的大城市正经历着前所未有的城市化，大量人口涌入城市，可利用土地不断被压缩。但当时的决策者却愿意放弃最有价值的一块土地所带来的经济收益，并将它造福于子孙后代。这仅仅是美国保护资源的一个例子。再如石油，美国石油储量丰富，是石油生产大国。据美国能源部情报局公布的统计数字，美国已探明石油储量超过 209 亿桶，居世界第 11 位，但出于长远能源战略和环境保护等多种原因，石油被明令禁止开采。

虽然美国资源丰富，但并不急于使用，而是去国外购买所需资源。因为美国当局看得很清楚，美国是要成为持续发展且不断强大的国家，可利用资源如果在这一代就用尽了，后面的子孙就没有资源可利用了。持续发展就是要把能源发展置于可持续的战略状态中，处理好近期能源需求与长远能源保障、当代人能源消费与后代人能源权利的关系。美国的做法使我联想到中国的一些现状。中国现在的很多做法都好像只看到今天，一部分人会看到明天，但几乎没有任何人看到后天是怎么样。

中华民族拥有五千年的古老历史和文明，也出现过文景之治、汉唐盛世。时至今日，中华人民共和国已成立 62 年，每一届政府都希望打造国泰民安、繁荣和谐的盛世中华，能够在世界强国之林占领一席之地。成为强国，不能靠穷兵黩武，也不能只靠经济。以人为例，没有人会尊敬一个武夫，他空有一身蛮力；也没有人会尊敬一个暴发户，他有钱无脑。值得尊敬的是那些能够称之为智者、领袖的人物。

中国，若想成为这么一位大人物，需要长远规划和发展，最重要是眼里不能只有今天，要能看得到后天。中国人经常说“富不过三代”，但洛克菲勒家族发展到现在已经是第六代了，依然如日中天。《货币战争》中讲犹太人罗斯柴尔德家族，控制世界黄金市场长达两百年，可以富十代，为什么中国富不过三代？是因为大家都没有想过后天怎样，急于这一代享乐，没有考虑儿孙将来的生存之道。我希望中华民族能够在这一代的中国人手上更加强大，但如果现在很多的政策和做法都没有考虑到后天的话，令人堪忧。所以我希望中国能够瞄准后天，为明天做好准备，干好今天的活，才能为昨天的成就感到骄傲。

《左传》有云：居安思危，思则有备，有备无患。春秋时期的先人们就已经明了要为后天做好准备的重要性，几千年后的我们一样看得到！

曼哈顿中心占地约5400亩的中央公园

百年住屋千年城

原文发表于2008年2月13日

中国在快速发展中，最大的浪费往往是城市建设的浪费。我们不可能现在就预知未来的产业模式、交通模式，以及人们的生活模式，因此留下空地、留下空间，为子孙后代留住绿水青山，是人类最起码的良知。

⊙人民大会堂

一个人是否能干大事，主要是看他所站的高度。一个人高度站对了，角度自然不一样，同时取舍也不一样。同样地，一个城市是否规划得好，主要看领导的眼界。

中国的经济随着改革开放不断地高速成长，老百姓的收入急剧增加，加之中国综合国力增强，人民币不断升值，使得中国老百姓出门旅游，不再是奢求，出国看看，不再是梦想。我认为，大家出去看看的机会越多，国民素质提高速度的就会越快。因为读万卷书与行万里路，对增长见识、提高品位是非常有意义的。

不知大家是否留意到，在外地游览的时候，当地导游除了会安排大家参观当地的风俗文化、品尝当地的特色饮食，一定还会让大家参观当地有名的建筑物，或是城市广场、空间，而且当地的向导也会非常自豪地向大家介绍这些房子多么多么好……这些建筑物，也许是乔家大院，也许是客家土楼，也许是丽江的广场，也许是人民大会堂或博物馆……它们的存在的确为当地增添了不少特色。

在中国，我们常常被要求对某一个建筑物的设计要百年不落伍。其实，天下没有不落伍的建筑，只有不落伍的绿地。建筑的设计是一个美学的设计，越时髦的设计，越能够吸引大家的眼球，但是时髦的东西，生命力极为短暂，很快就会让人厌倦。我想，每个人都有这么一个感觉，自己穿着一件时髦的衣服，头几天大家非常地赞美，但是过了几周，大家就不会再赞美，而且会有人开始厌烦了。

我们可以追求时髦的公共建筑，因为我们要让这些建筑物吸引到大家的眼球，但是我们的住宅应该追求的是舒适度、安全度，以及生态的可持续性。一栋住家的建筑物，如果当时的设计只是为了喊口号、喊概念，为了抢进度不给设计人员时间，为了省钱用非常一般的建筑材料，为了抢工期节省费用，也不讲究施工队伍的素质，而且施工工艺很差，日后使用时，也不注重保养与维修。你想想，这栋建筑会 50 年不落伍吗？

任何一栋讲究的建筑物，首先业主一定要有好的品位，知道聘用好的设计人员，愿意给设计人员时间进行设计细节的研究，并且舍得使用好的建材。业主舍得花钱，舍得花时间，设计人员能够对细节进行推敲；同时，开发商给施工人员足够的时间施工，而且业主日后注重维护保养，如此，这栋建筑物才经得起用，经得起看，日后才有可能成为一栋经典建筑。在百年后，仍会百看不厌！

其实要做到这样，并不复杂，只要在建造这栋房子的时候，是抱着将这栋房子父传子、子传孙，流芳百世的打算，那就有机会成为“百年住屋”，能够让子孙后代，一代一代地使用下去。

一个城市也是一样。

一般人的寿命很少超过百年，但是一个城市的寿命可以持续上千年，承载着数十代、甚至上百代人的生活，在规划的时候，能够不小心吗？在做基础建设的时候，能够大意吗？

在中国的快速发展中，最大的浪费往往是城市建设的浪费。一个城市建设不可能拆掉重来，城市在规划建设的时候，一定要留住充分的绿地，要留白，不能见缝插针地盖满房子。我们不可能在现在就预知未来的产业模式、交通模式，以及人们的生活模式，因此留下空地、留下空间、留住绿水青山，是人类最起码的良知。所以，我认为 18 亿亩的资源用地不拿来发展城市，是这届政府在城市建设中最明智的决策。

以往中国很怕天灾，因为会闹瘟疫，闹饥荒。2008 年春运的大雪成灾，虽然给大家带来了很多不方便，但中国政府有钱了，中国的老百姓有钱了，没有一个人会认为中国在这次雪灾后，会闹饥荒、闹瘟疫。在此，我很期盼政府在灾后重建的时候，将中国的城市规划眼界，再拔一个高度，让地方领导在规划与建设城市的时候，一定要秉持建“千年城市”的理念。我想，如果地方管理规划建设的领导，能够逐渐持有这个信念做建设，这将是中国老百姓的福气。

祝福每一个中国人，都能享受到“百年住屋千年城”的福分。

北京水患，谁该负责

原文发表于 2011 年 7 月 1 日

如果中国领导考核政绩时，只看 GDP 和城市形象，却不考核地下管道建设，地下的一团糟当然就不会被看到。五年一任，负责建设的人根本无须费力做“地下工程”。

◉饶及人参加赣州城市规划会议

2010 年，江西赣州市部分地区降水近百毫米，市区却没有出现明显内涝，甚至“没有一辆汽车泡水”。此时，离赣州不远的广州、南宁、南昌等诸多城市却惨遭水浸，一时间，效率低下、吞吐不灵的城市排水系统成了众矢之的。

这一切的不同，都得益于赣州市至今仍发挥作用的，以宋代福寿沟为代表的城市排水系统。至今，全长 12.6 公里的福寿沟仍承载着赣州近 10 万旧城区居民的排污功能。有专家评价，以现在集水区域人口的雨水和污水处理量，即使再增加三四倍流量都可以应付，也不会发生内涝，“古人的前瞻性真令人赞叹”。

为什么宋朝建立的管道工程至今仍能保证赣州不被水淹？而近几年，北京却频频上演水城之患？到底谁该出面负责此事？

《三字经》有言：子不教，父之过，教不严，师之惰。北京再遭水患，到底应该怪谁？依我看，这与中国的考核制度不无关系。与中国的中、高考制度一样，学生考试大都是为了“科举”，为了有朝一日能够光宗耀祖、升官发财。对于很多官员来说，为了升迁，通过考试的标准和老百姓福利关系不大，只是为了迎合领导的品味。

纽约曼哈顿最让世人瞩目且让其自身引以为傲的，不是地面以上的工程，而是其地下建设，维护着这个城市24小时运转顺畅，并不断完善着这个城市的功能使用。而如果中国领导考核政绩，只看GDP和城市形象，却不考核地下管道建设，地下的一团糟当然就不会被看到。五年一任，负责建设的人根本无须费力做“地下工程”，也因此，即便所有的人都费尽口舌，依旧是收效甚微。

城市的作用，是使大量人口聚在一起，取得共同的服务，而不造成资源浪费。最初的城市雏形是赶集，初一、十五各色人等带着自己想要出售或兑换的货物，聚集在一起。后来一些人在下集后不愿把未出售的货物带回，就把货囤积在一起形成商铺，慢慢就形成了商业街。商业街又为其他赶集的人，提供食宿、票号等服务，这些商贸行为越来越多，聚集了大量人气。

这个时候就必须考虑到，地下的排水问题。因为人聚集在一起，第一个需要是补给，第二个需要就是排放。这里的排放，主要是指人畜的排泄物及其他垃圾。这些排泄物及垃圾必须得到妥善的处理，否则

容易滋生细菌从而导致疾病蔓延。中古时期黑死病的出现，就是因为在人类聚居处，下水道系统设计不够科学完善，导致细菌滋生蔓延，黑死病爆发的时候，大量感染者死亡。

现代城市也一样，人们聚在一起，吃喝拉撒必须有个出处，城市地下管道的设计和治理至关重要。地下管道的建设，包括电网电线、光纤光缆都必须在地下解决。纽约的地下管道我去参观过，三米宽的直径，都可以开卡车进来，这样才能保证从200公里外引水进来，解决纽约地区700万人的用水问题。同时，也能很好地解决排水问题。

在中国，大家反而没有注意地下管网的建设。我们常常讲，一个房子，地基没有建设好，不管地上建筑物多么精美，都很容易垮掉。在城市建设中，地下管道的建设就像建筑物的地基，必须牢靠且完善，否则无法支持这个城市的运行。

我建议中国政府在“十二五”规划中，一定要关注地下工程，而不能只关注地面建设，要从内里把城市建设好。

城市综合体不要一味追求“大场面”

原文发表于2009年5月22日

规划城市综合体要避免“千体一面”，一味地追求“大场面”不一定能够获得大的投资回报。采用绿色建筑科技、再生能源和材料，达到节能、节材、节地，是城市综合体未来的发展方向。

◉纽约洛克菲勒中心

最新统计数据显示，北京国际化程度排名全世界第九，整个城市从基础设施投入到整体商务环境都发展迅速，这使之在城市的服务上，包括建筑物业等方面的提供应与国际逐步接轨。面对经济形势的变化，面对国际金融危机带来的空前挑战，寻求有价值多样化的开发模式——城市综合体是整合城市资源、与城市经济共繁荣的未来发展方向，也是城市标志性建筑与规划的完整诠释。

揭秘城市综合体

通常意义上将“城市综合体”定义为将城市中的商业、办公、居住、旅店、展览、餐饮、会议、文娱和交通等城市生活空间的三项以上进行组合，并在各部分之间建立一种相互依存、相互助益的能动关系，从而形成一个多功能、高效率的综合体。

城市综合体是现代城市发展进程中的必然产物，是城市功能聚合的体现。一个城市在现代化进程当中，当人口聚集、用地紧张，并上升到一定程度，就需要一个综合性很高的物业来解决这个问题，于是，城市综合体应运而生。

城市综合体的产生对一个区域产生的影响是多方面的，首先，它满足了现代人快节奏的生活需要，提高了人们的生活效率；其次，城市综合体的出现使所在区域潜在的商业价值得以实现，可以说是概念商业的实体体现。

◉芝加哥西尔斯大楼

城市综合体的投资价值

目前国外的城市综合体可以说已经发展到了一个相当高的水平，以美国为例，现代世界最早的城市综合体当属 1934 年落成的纽约的洛克菲勒中心，它的物业程度非常丰富，只要你想得到，洛克菲勒中心就会有。

中国城市综合体的发展起步较晚，以北京为例，房地产由最初单一的住宅产业，逐步向工业地产、商业地产过渡，而作为所有地产物业形态中最高的城市综合体，近年来也为人们熟知。综合体是城市景观的一个重要组成部分，代表一个城市的形象，如果人们到香港、伦敦等城市，就觉得看起来很有魄力，有看头，购物中心也成为一个参观的地方。

另外，城市综合体的选址往往是一个城市的核心地段，有一定的人气和消费基础，稀缺的中心价值为地产项目带来极大的增值潜力，其物业的增值效应也是普通单一住宅物业无法比拟的。

城市综合体的运营管理

作为开发运作城市综合体的开发商，首先要通过与有实力的顾问公司合作，做好市场调研报告和项目定位，包括建成后如何招商、运营模式及现金流因素，这关系到整个项目的成功与否。项目选址要能够使土地价值最大化是选址的关键，项目要位于城市的核心区域，人流量和消费基础是支撑大型商业及城市综合体的最重要因素。通过因地制宜的规划设计，规划城市综合体要避免“千体一面”，一味地追求“大场面”不一定能够获得大的投资回报，科学合理的规划，使功能设置和分区合理，最大地发挥土地效益，这样的规划设计才利于投资的长期回报。同时，规划设计也要注重社会责任，要有一定的预见性。

城市综合体的成败关键

导致 CBD 失败的原因是什么？纽约的帝国大厦曾经超过 20 年找不到好的租客，而芝加哥的西尔斯大楼也有 30 年的时间空荡荡。失败的原因是使用太单一，而且使用时段只在工作日。这也是当前中国很多城市在 CBD 发展中不可避免的问题。要交通方便，同时“混合”得好才会成功，要分析不同的 CBD，才能创造好的“综合体”。

对城市综合体的探讨，首先要明白，在商业消费上，世界各国人民都一样。目前国外的城市综合体可以说已经发展到了一个相当高的水平，以美国为例，现代世界最早的城市综合体当属 1934 年落成于纽约的洛克菲勒中心，它的物业非常丰富。中国城市综合体的发展起步较晚，以北京为例，房地产由最初单一的住宅产业，逐步向工业地产、商业地产过渡，而作为所有地产物业形态中最高的城市综合体，近年来也为人们熟知。

北京城市综合体项目面临的挑战

北京作为首都的经济文化中心，在中国国际地位日益提高的背景下，近年来城市综合体项目的发展态势迅猛，主要以建设规模大、档次高、占用资金量巨大、追求长期回报最大化、大量持有经营商业地产为特色。但相对于整个国内市场来说，城市综合体还算是一种新的商业地产模式，与老百姓常理上理解的建房子、卖房子不同，开发商不仅要承担开发建设的压力，还要承担未来经营的压力，所以开发商要具备很强的专业水平、科学的市场预见力和把握力，同时能够解决大量城市就业问题、增加政府税收、提升区域价值，这样才能够在经济危机的形势下求得生存。

◉纽约帝国大厦

城市综合体的未来发展趋势

未来的城市发展将走上可持续发展之路，城市综合体作为城市功能的重要载体，必将注重可持续发展性。同时，未来的城市综合体将由“千体一面”走向各具特色，能够体现城市的特色和代表城市的形象，展示区域特点。另外，城市综合体的多样性功能将更加得以体现，实现集约土地的经济效益最大化。

我认为，要利用最新的建筑技术，产生高效率的建筑空间，体现较低的能源费用和高产值的劳动力配置，这样打造出来的城市综合体才能真正提高城市整体竞争力。最后，还要采用绿色建筑科技、再生能源和材料，达到节能、节材、节地，这才是城市综合体未来的发展方向。

◉龙安项目：呼和浩特巨华世纪城综合体，2011年设计（右）
龙安项目：拜城天辰矿业综合体，2012年设计（左）

我一直提倡“做规划，先归化”。做规划的人，一定要把自己当成本地人。我认为最适合中国的规划，应该是中西结合的规划，同时，中国的规划要以人为本，走可持续发展之路，让21世纪的中国城市功能多样化，城市活动社会化，城市生产智能化，城市规划综合化，城市管理信息化，城市环境园林化。

——饶及人

现代中国建筑文化的“内核”与“外缘”

原文发表于 2007 年 12 月

中国建筑文化的未来，将是一个以科学为基础、以中西文化为底蕴、以节约能源为本的建筑。我们既要保留中华文化的特色，更不排斥外来的科技。我们不炮制唐三彩，也绝不复制另外一个四合院。

中国是一个地大物博、拥有 5000 多年未曾间断的历史与文化的国家。无论你是蒙古族人、满族人，还是传教士、回族先民，最后都会将本民族的文化与习俗，完全融入“中华民族的文化熔炉”中。在这个文明古国里，我们在建筑上，有着许多辉煌的历史，发明了斗拱、琉璃瓦，还兴建了被称为世界八大奇观之一的“万里长城”。

◉北京什刹海风景区管理处修建得古色古香

但是十分可惜，由于满清末期的闭关自守，满清政府夜郎自大不思进取，致使西方的

◉云南丽江建筑

坚船利炮兵临国门，八国列强攻入了皇帝的勤政殿和后花园，这也刺激了中国强烈的排外情绪反弹。接着内战频起，大家难得温饱，何谈对环境的讲究、建筑文化的探讨。

新中国成立后，特别是改革开放以来，中国逐渐走向富强。探索什么是适应中国主流社会的"中国建筑文化"，讨论"古为中用"、"洋为中学"，进而"中学西传"也到了最合适的时机。因此，我们在这里提出了对现代中国建筑文化的探索问题。

中国历史上没有建筑师这个职业，只有工匠。而且传统的中国建筑，基本追随一个师傅的模子，创新的速度很慢。中国传统的建筑形态，已经流行了数百年，甚至上千年。如今，是否仍以一本北宋李诫所著的《营造法式》，或是清代雍正十二年(1734 年)由工部颁布的《工程作法》，继续主宰中国未来 300 年的建筑趋势？

历史给予的机遇

众所知之，今天的中国城市化是人类文明史上从未有过的机遇。改革开放以来，中国开始了大量的城市化运动。2004 年的中国城市化率是 37.9%，目前的年成长率是 1% ，为联合国统计最高者。预计到 2050 年，城市化率将增长到 70%(美国的城市化率在 1960 年即是 72%)。2010 年，将有 1.1 亿农村人口迁往城市；预计到 2050 年时，迁移到城镇的人口将达到 5.5 亿。

中国交通部 2005 年 1 月 13 日宣布：中国在未来 30 年间，将建成 7 条首都放射线、9 条南北纵向线、18 条东西横向线，规模在 8.5 万公里，将中国超过 20 万人口的城市全部连接起来，连接面积覆盖 10 亿人口。届时，将实现城市间东部地区平均 30 分钟、中部地区平均 1 小时、西部地区平均 2 小时的客货运输网络。截至 2004 年年底，中国已经建成 3.4 万公里的高速公路，继续保持

◉北京胡同里的小院

全世界第二名。

城市的成长越快，问题也会越多，城市建设面临的挑战将更大。这是城市发展中必然存在的正效应。

建筑与规划不一样

建筑与规划不太一样。建筑物是艺术，具有时尚、时代性。它结合美学、力学、材料、科技、功能、形式与空间……

中国的近现代建筑受西方的影响很多，甚至相当多的地标性建筑是国外设计师的作品。这让很多中国建筑师产生了悲观情绪。但就像过去几千年流传到中国的外来文化一样，中国在融和了西方各个时期、各个地域的建筑思潮后，终究会主宰自己的城市建筑。只是，要发展中国自己的现代建筑，必须结合我们自己的文化与需求进行研究、学习、借鉴。一味套用西方的手法，无法解决建筑的文化问题，失却了文化和美学的建筑只是一个外壳。但一味强调国粹论也不能反映建筑的时代精神。如何在延续传统的同时又能发展创新建筑文化，是我们这一代人无可规避的历史责任。

一些建筑师的设计，往往只注重建筑本身的形式、体量、功能、构造、装饰等因素，而忽视了这些物质构件营造的空间所产生的精神力和空间场。就像设计一个杯子，很多设计师往往单纯从一个盛水的容器角度去考虑，用什么材质、造型、肌理等物理问题，很少去考虑由这些因素所构建的与杯子有关，但又超过杯子以外的三维空间，这需要我们做很多的研究。中国的功夫茶具和功夫茶，外

◉雅典卫城神殿的石头大门框

◉希腊雅典卫城遗址

国的咖啡器具和咖啡，给人的精神感受是完全不同的，文化——就是容器以外的问题。

建筑文化是指一个民族的历史、文化背景以及所属地区的地域特征等在群体或个体建筑上的反映。而此“文化”是由“内核”与“外缘”构成的。“内核文化”是指一种文化长期以来形成的本质，它是古老的、纯种的、发育完善而自生的文化；而“外缘文化”是新形成的文化，或对外来文化的吸收、包容，它是年轻的、非纯种的、发育尚不完全也非自生的文化。内核文化具有强大的持续传延能力，当我们超越一个地区建筑的表象内容，去追寻隐匿在其背后的渊源时就会发现，其本质与精髓的内涵是一脉相承的。

1. 中西文化不同

我在国外生活了40年，被许多人称为打入美国主流文化的少数华人。依据我的理解，中西文化是非常不一样的。中国人为了表示感激，经常会请人吃饭，所以中国的餐饮文化非常发达。但是，西方人表达感激的方式，以请人喝一杯为主，所以西方的酒类很多，酒吧是一个重要的社交场所。

中国人虽然爱吃，可是非常不重视厨房的布局和厕所的卫生。同时，中国人过去经历了100多年的战乱，也艰苦惯了，共同使用一个空间已经成为了生活方式之一。而欧美的生活方式，受到欧洲贵族后代的影响，非常讲究卫生，讲究生活礼节。住房里，不同的空间，不同的用途。

西方人爱晒太阳，中国人认为一白遮百丑。中国人爱谦虚，爱迂回的空间，喜欢隐秘的布置；西方人爱显，爱露，喜欢开放的大空间。在建筑上，中西的建筑文化更是不相同。

2. 正确理解与看待西方的建筑文化

古埃及的金字塔、古希腊的卫城和古罗马的角斗场，这些极具代表性的西方建筑，随着时间推移，逐渐演变成了一种民族的标志、历史文明的象征。由于有着极强的地域性，自然形成了西方的建筑文化，其特征包括以下几点。

◉古希腊雅典竞技场

◉希腊Delphi剧场遗址

（1）西方的石文化

因为西方大部分地区的建筑主要以石头为原材料，所以有人称西方的建筑文化为“石文化”，其造型讲究石头一样的坚硬与挺拔。粗犷的造型、大气的线条无不显现着西方建筑的雄壮、伟岸。古希腊的柱式建筑，无论是多立克式，还是爱奥尼式，都给人一种迎着阳光的豁达气息，正如恩格斯所说：“希腊的建筑如灿烂的阳光、照耀着的太阳。”

（2）西方建筑之美

西方建筑乃神的尺度、单体建筑、科学表征的建筑，其气质完全与东方相悖。有人说西方的建筑师都是数学家，因此建筑才会充斥着如此强烈的几何元素。以希腊雅典卫城为例，西方建筑大多是完全开放的形态。如今，走在西方国家的街头，宫廷、教堂、民居等建筑，面向开放式广场的格局可谓比比皆是。

3. 中西建筑文化比较

地域有别、民族差异、文化背景不同等因素，直接影响建筑创作思维上的变化。这些因素反映在建筑上，形成各具特色的建筑文化。中国的建筑受到中国传统的儒家“礼教”兼“阴阳论”等综合影响，强调事物的互补转化、情理的对立统一，建筑表现出临时概念。而西方建筑则更多地受宗教、神权、皇权的支配，是神权的反映、皇权的体现，在建筑上表现出强调永久的概念（中国传统建筑中重要的皇家建筑，也追求长生不老）。

（1）整体与个体

中国建筑中非常注重群体组合。几千年的建筑积淀已形成了程式化的工程法式，单体建筑几千年来没有多少变化，但群体可以无限发展、扩散，更强调个体组成的群体效果。相反，西方建筑则更注重个体的表现，即使是现代建筑，也强烈追求建筑个性的发展。所以，西方建筑对个体的关注大于整体。从柱式到古哥特教堂，从拜占庭建筑到东正教堂，都体现了这一点。

（2）曲柔与刚直

中国建筑形象反映了曲柔和谐的美。屋顶与墙的连接节点、屋顶举折曲线等都表

◉希腊卫城维纳斯神殿

◉希腊雅典卫城Patheon神殿

现了曲线之美。而西方从雅典卫城到文艺复兴,所有建筑都以严谨的理性分析、几何构图、均衡、黄金比例控制构图,缺少中间的曲线,以致到现代建筑都表示出强烈的刚直特点。中国建筑重在意象造型,着重线的表现,而西方建筑则重在模拟写实,着重体块的表现。

(3)围合与开敞

如中国的古文字倾向于视觉中心、空间感、起源于象形文字一样,中国的建筑也强调围合和中心。中国传统的思维模式是直觉顿悟、整体把握的特点。封闭性在中国的建筑中表现得很强烈,中国建筑中有空间层次围合性的存在。相对应,起源于希腊文明的西方建筑,则更多地体现为开敞性。另外,在建筑与环境的关系上,中国是以建筑围成院落,西方则是建筑独立处于环境之中。

(4)写意与写实

中国的其他艺术如书法、戏曲中程式化的意象,在中国的文化艺术中具有普遍性。中国人对写意的理解和营造也很出色,私家园林中的“山水画”式的展现,代表了东方人特有的写意象征手法。西方的建筑,从造型和建筑上的雕塑来看以写实居多,他们造就科学、理性、“模拟写实”的视觉表现模式,西方的建筑和配景也是写实之作。

(5)融合与对立

中国古代的阴阳观、自然观等都决定建筑与自然的关系是一种融合,而非对立。建筑,特别是园林,强调“随由人作,宛自天开”的效果。所以其产生、发展都归于自然,从而也就产生了一种临时而不求永久的思想。相反,西方受神权、王权的支配,以强硬的行为与柔和的自然对立,追求在人力可及的范围内重新规范自然。中国古典园林依山、理水、筑石点衬等,都依于自然;而凡尔赛宫的对称轴线、几何式的花园、修剪的树木等,均可以看出其与自然的反向依托。

(6)斗拱与柱式

几千年来,中国人一直在延续以斗拱为代表的木结构体系。单体发展的定型,使中国古建筑达到群体组合的艺术高峰。西方以写实的手法,建立在理性的逻辑思维上,以石、砖为主要材料,几千年来一直在推进柱式的比例与组合。应该说科学技术对西方建筑起了很大作用,其更倾向于科学思维;而中国则更倾向艺术思维。中国几千年的思维在当今若完全被西方所谓现代主义代替,并不可取。

4. 中国建筑文化的发展

中国传统建筑文化受“礼”和“制”的影响深远,形成了以儒家思想为核心的建筑文化和形式语言。古代大规模的建筑组群,如城市宫殿、坛庙、陵寝、皇家园林等,其建筑空间的布局处理都显现了中国传统建筑艺术的鲜明特色和卓越成就。传统风水理论上实际是地理学、气象学、景观学、生态学、城市规划学的综合性自然科学。对于建筑艺术而言,与造型艺术有关的所有中国传统文化艺术都与空间语言的“情”和“境”相关。如戏剧、音乐、绘画、书法、围棋中的“情境”表现：在京剧艺术中唱、念、做、打都在情境和空间之内；围棋盘上 361 个交叉点配合周天之数；山水画中的空间意境；书法中阴阳黑白之间的线条之美，无不反映出中国艺术中“情境”的妙处。在传统文化中，只有对情景、节奏、线条等造型和空间、时间、抽象语言进行全方位的认识，并加以认真研究，才能在精神上去理解传统，才能继承和发扬。

在建筑思潮发生变革的今天，设计思想、理论、方法及实践由以往注重单体艺术处理、注重形式美，趋向于注重群体及整体环境的处理，包括生态和自然景观；注重人与自然的和谐而不是对立；注重建筑作为文化载体及传播媒介的精神功能。不少西方学者注目于中国传统文化，用来比较西方文化，进行反思，探索未来发展趋势。有西方学者预言，中国的哲学思想更符合现代科学的发展。

道器之说源于老子。“道可道，非常道”。“道”者，物之源、哲之根，形而上；“器”者，物也，形而下；以无形之“道”运使有形之“器”，则可成器。这里的“道”所指的是思想方法、文化、空间意向，“器”便是建筑。

儒家的思想核心是中庸，过与不及都不好，中庸便是合理，合理是和谐的基础。合理地使用资源，合理地开发建设和环境保护，合理地处理空间和尺度比例关系，合理地使用材料。

“禅”虽说是佛教用语，但究其精神核心则是自然、不强求。是心是佛，是佛是心。用于比喻建筑也同其理——我是建筑，建筑是我。“我”便是创作手法、精神内涵与思想方法。

哲学是科学的世界观，它接近于“道”，所有的艺术创作都是其精神主导下的产物。对于哲学而言，建筑只是“器物”；解决了精神的问题，建筑的问题就不难解决了。这便是“道”决定了“器”。

古人未立法之前，不知古人法何法。现在，古人的各种法哲既立，则学者不能不知法，否则，便是对传统的无知。那么，什么是中国建筑的“道”？

中国的石雕以历史典故为主题

建筑的“道”有显性和隐性两种。我们以往只看重形式上的东西，但任何一种建筑形式和风格，都是跟当时的建造方式、生产力的发展、气候、环境、生活方式分不开的。这些都变了以后，虽然仍旧认同带有民族标识性的形式，但它已不具有时代精神。这样显性的复制便不会长久，或者只能在特例的建筑中出现，也代表不了文化发展的主线。而隐性的“道”则影响深远。我们今天的体系，不能脱离中国古典哲学的影响，它们对建筑的判断，对生活方式的判断，对建筑品质的追求，都会有一些或隐或显的影响。不管愿意不愿意都无法脱离，无法改变。

然而，人类对于建筑的思考从未停滞。隐性需要不断自省、自悟，使其变得带有某种明显的价值趋向、明显的设计方法和策略，以便更直接地表现出来；显性的也不只是一个外壳，因为建筑是视觉的艺术，它承载着文化精神，否则就是虚假的东西。当我们内心的"道"直接表现出来的时候，外壳就变得不重要了。古贤云："外师造化，中得心源"，才能"参乎造化"，"与造化同功"。所以，师今人，不如师古人，师古人不如师从"道"。古人说："画中笔墨情景何者为先？曰：山水不出笔墨情景，情景者，境界也。古人云：境能夺人。又云：笔能夺境。终不如笔境兼夺为上。盖笔既精工，墨既焕彩，而境界无情，何以畅观者之怀？境界入情而笔墨庸弱，何以供高雅之赏鉴？吾故谓笔墨情景，缺一不可，何分先后？今人不知其理，但取形似。笔肥墨浓者，谓之浑厚，笔瘦墨淡者谓之高逸；色艳笔嫩者，谓之明秀；而抑知皆非也。"

◉中国古建筑的细节精致之处

总之，设计之道是精神，形式应精神而生，好的作品是承载文化和时代精神的艺术。它的意义在于，在凝结的空间内诠释了宇宙的动态。于此留心，则甜邪俗赖不去而自去矣……

总结

建筑文化的根源，是与人的劳动和人的活动有关的物质生产活动。作为物质生产活动的建筑文化，它的发展与科学技术、经济条件、风俗习惯和社会人文环境有关。建筑文化在其发展的过程中，有变革创新也有延续继承。建筑文化在创新与继承的交替中不断发展，有对传统的延续——继承，也有对传统的背叛——创新。建筑文化发展的趋势，并不完全取决于它所面临的现实的建筑环境，而是取决于人们对不同的建筑文化了解的普遍程度以及人们的选择权利。几千年积淀下来的传统建筑文化，以其保守的、封闭的观念，受到了外来文化的碰撞。随着时代的进步，国际式的建筑文化一统天下的局面已被打破，多种多样的建筑流派和建筑思潮层出不穷。这同现代社会的多样化和多元化交织在一起，形成极其丰富的文化格局。随着人类跨入信息社会，社会生活方式、文化观念以及价值体系将发生很大变化，它必将影响和制约建筑的发展方向。“地域性”、“民族性”和“国际性”的建筑文化将互融共生，高技术、适宜技术与传统技术将各显其能。

随着外来建筑文化的引入，必然导致了新科技的引入，新的技术和材料、施工方法的先进，使建筑在物质、精神文化上取得了进步。我们的城市面貌正在改观，从城市中心到城市的边缘、从公共建筑到居住建筑，是焕然一新的变化，这对已有的建筑文化既是冲突也是融合。同时，科学技术的发展，新材料、新技术和新结构的运用，深刻地影响和制约着建筑文化的发展。现代社会中，建筑文化应具有较大的自我检视和更新的可能性和能力，即风格多变，趣味迥异。在这个网络时代里，随着国际交流范围的扩大，考古和史学的发达以及利用各种艺术信息资源的可能性增大，对于每个社会单元和个人来说，可供选择的建筑文化不断增加。

◉新手法处理的中式建筑细节

◉贝聿铭大师所诠释中西合壁的苏州博物馆建筑设计

同时，社会越易容纳和鼓励建筑师的不同建筑观在建筑中创造性的发挥，社会的建筑文化越易得到更新和发展。未来的建筑文化必将是创造性的。建筑师和建筑流派在同一社会中的兼容并蓄，使他们的创造性将进一步得到发挥。作为物质生产活动的建筑文化，其未来必将是数量众多、风格多变的。在世界范围内，新建筑类型和新建筑结构形式必将不断涌现；同时，一大批具有相当水平的建筑师将登上建筑舞台，载入建筑史册，成为一个新阶段的标志。建筑风格多变和更新的浪潮将加速并且更频繁。人们的兴趣日趋复杂和多元，传统的历史样式不断重演，建筑文化的时效性发生戏剧性的变化。人们在不断探索未来的过程中，创造出新的建筑风格，同时，又不断地回溯更古老的历史。总之，建筑作为社会生活的对象，在任何社会中都起着本质性的作用。

“可持续发展”作为一种发展战略，将成为建筑创作的基本原则。建筑师从“人类中心主义”的伦理观念，将转变为人类环境与自然生态环境相协调发展的生态伦理观念。出于对环境的重视，将大力发展高效、节能、无污染的绿色建筑文化。随着信息技术广泛渗透到社会生活的各个方面，信息时代的全新审美观——信息审美观，将极大影响建筑创作观念。

21 世纪是注重多元化、个性化与推崇地域性建筑创作倾向的时代。建筑也将朝着注重建筑与生态环境和谐统一的方向发展，并在传统与现代、国际性与地域性多种文化交流和共存的基础上采取适当的技术来解决人居环境问题，创造出具有新的审美价值的建筑文化。最后，我们提出：中国建筑文化的未来，将是一个以科学为基础、以中西文化为底蕴、以节约能源为本的建筑。与时俱进，我们既要中华文化的特色，更不排斥外来的科技。我们不炮制唐三彩，也绝不复制另外一个四合院。

中南海钓鱼台内的乾隆皇帝书房——清露堂的中式建筑

新城规划要避免“白天一个方向，晚上一个方向”

原文刊发于 2008 年 11 月 17 日《中国地产报》

新城发展的原则是做到职住平衡。通州目前有“睡城”之说，就是因为人们白天上班往一个方向走，晚上下班回家往另一个方向走，这对城市的中心区域及新城原来的功能都会造成很大的压力。

◉高峰期的北京地铁

一直以来，规划新城建设，都是国外大都市空间结构优化和功能配置的主要途径。北京通州新城的建设，可以借鉴国外大都市新城建设的一些经验。

通州新城的定位是滨水宜居新城。根据国外建设新城的经验，新城郊区化或者功能单一化是不可取的，一般国外发展好的新城都是功能多元化的，而且对功能的区分和使用都做了考虑。而在滨水城区的建设方面，国外一般讲究的就是“驻留”二字。我觉得中国很多的滨水区域的建设都忽略了这两个字，让人们只能观赏而无法长此驻留，通州应该在这方面多做文章。

另外，国外在一些滨水区域的设计上有

一些细节做得非常好，他们经常会在滨水空间附近做一些公共雕塑，花、草、灌、乔、水这五个元素也都能够充分利用，而且还有很多可以坐下休息的地方。国内目前许多滨水新城的规划设计都不太注重细节，不够实用。

另外，我认为新城的一些功能可以分散缓解旧城的压力，但是没有办法完全取代原来中心区的功能。因为一个城市里人们的生活方式是有习惯性的，比如他习惯固定到一个地方去买东西，而且也希望那个地方的东西够齐全，而不是跑五六个地方才能买全所需要的东西。所以原来通州定位成北京"CBD的居住区"其实也没有什么不妥的地方。

而国外的新城发展目前大部分也还是以缓解旧城的居住压力为主，并不是像发展一个城市那样来发展新城。新城所吸纳的人口有一定限度，它所承担的商业服务配套只要足够承载它的人口需求就可以了，建得过多反而容易造成新的问题。新城的发展应该是弥补而不是取代。

通州新城的产业规划定位在重点发展第三产业。在国外，发展第三产业的原则是做到职住平衡，即就业必须要能够和居住相平衡，不能只靠单一的一项。通州目前有"睡城"之说，就是因为人们白天上班往一个方向走，晚上下班回家往另一个方向走，这对城市的市中心区域及新城原来的功能都会造成很大的压力。

而目前究竟什么是第三产业在国外还有很多争议，包括美国的新泽西就一直想做曼哈顿的第三产业——分散中心，但一直都没有成功，主要就是由于曼哈顿认为适合郊区办公的才算是符合新城发展的第三产业，因为老城在原来各个方面的功能还是无法取代的。我认为新城的产业应该是满足当地需求的，根据当地的区域发展再来定适合什么样的产业、适合什么样的人才。

◉通州潞城镇天地方圆居住区效果图，2008年设计

此外，国外在新城开发上有一种比较好的方法，叫做PPP(Public Private Partnership)，也很值得借鉴。即公共部门与私人企业合作模式，就是指政府与私人组织之间，合作建设城市基础设施项目。

PPP模式可以结合市场跟政府的需要，而不用只对一方负责。政府有时候因为

◉饶及人在北京通州新区的专家评审会上发言

执行力不够，很多东西都只能是空谈，或者做起来有缺失，甚至急功近利，运用 PPP 模式就可以让这些方面都能得到大众的监督。

新城建成后，如何才能吸引购房人群也是一个很重要的问题。在这方面我觉得美国丹佛的经验可以借鉴。丹佛当初是把一个老机场和周边区域做成了一个新城。它当时提出了几个概念：一是新城里全部以绿色建筑为基础；二是以吸引新建家庭的年轻族群为主，因此它先发展学校，把一些刚结婚的人吸引到这里来住；三是布置了合适它人口数量的商业，这样一些能够自给自足的社区就形成了。

目前由于住在通州但工作在市区的人口较多，造成了交通上的巨大压力。我觉得新城建设必须要把轨道交通建设放在首位，因为多点轨道交通可以大量地疏散人群，但是它必须要跟将来的换乘系统做到无缝对接。因为我们的上班地点可以部分郊区化，但是我们没有办法全面郊区化。美国最初建设新城时认为郊区化不需要完全见面办公，可以远程遥控，现在发现好像不行，人与人的直接接触还是最重要的，通过视听会议那些手段没有办法解决衍生出来的一些问题。所以必须加大交通的投入，满足通州人口进城的需要。

我曾经给中国的众多城市提出过三个“yi 居”：一是便宜的居住，二是益民的居住，三是心旷神怡的居住。做到了这“宜居”三部曲，在任何的新城里都会让人觉得值得搬来这里居住。

◉美国犹他州盐湖城

中国城市化要避免出现“贫民窟”

原文发表于 2010 年 8 月 20 日

农民的耕地绝对不能变成可变卖的商业用地，如果农民被忽悠而把自己的房子和土地都卖掉，一旦将来农民大批进城以后找不到工作，就会失业，从而形成贫民窟，那样的场景将难以想象。

◉每年春节前夕，外出打工的人们都迫不急待地返乡

中国和印度都是世界四大文明古国，历史悠久，也是亚洲人口众多的新兴国家。凡是去过印度旅游的人，我想对这个古文明大国最大的印象之一，就是那里令人触目惊心的贫民窟（Slum）。有许多外国人问我，中国为什么没有贫民窟，我的答案是：“这是中国社会主义的功劳。”

解放前，上海曾有许多沿江兴建的贫民窟。新中国成立后，土地为国家所拥有，农民可以承包土地；改革开放后，更是取消路条限制，农民可以外出到发达城市打工，逢年过节回家探亲，是中国的传统美德，每一年的春运更是中国的一大特色。2008 年年初金融危机，当广东沿海工厂无法继续聘请民工的时候，许多农民工提前返家，而不是待在城里成了游民。于这些民工而言，至少在老家有地可耕，有亲人可见。

农民的商业知识水平不及城市居民，因此农民很容易上当。如果中国政府将农村土地商业化，那么许多商人会绞尽脑汁向农民购买土地。农民拿了钱，可能有短暂的快乐，但是钱用完后，他们只能到有散工机会的城市打工，一旦城市的经济发生变化，他们失去了工作，也无家可归，那么他们只能利用城市周边的绿地、废弃土地，盖简易棚房，暂时住下。棚房不可能有上水、下水，或者是市政配套，因此就成了贫民窟。脏乱是无法避免的，而且日后还会造成许多社会问题。到目前为止，没有任何发达国家能彻底解决贫民窟的问题。

所以，我反对中国城市的无限制扩张。在中国没有贫民区，是因为当人们失业后，有老宅可以回去，回去有田可以耕种，可以将生活继续下去。如果农民被忽悠而把自己的房子和土地都卖掉，就只能到城市里去建贫民窟。因此，我认为中国政府在这一步上坚决不能退让，农民的耕地绝对不能变成可变卖的商业用地。一旦将来大批农民进城以后找不到工作，就会失业从而形成贫民窟，那样的场景将难以想象。如果不守住农村土地的底线，中国的贫民窟将很快地在城市中出现。

联合国儿童基金会公布了2008年度照片（UNICEF－Photo of the Year 2008）评选结果，年仅21岁的比利时女摄影师Alice Smeets成为该奖项有史以来最年轻的获得者。

这一幅名为《太阳城的女孩》的获奖作品摄于海地首都太子港最大的贫民窟——Cité Soleil。照片中，一名穿着白色纱裙的女孩赤脚走在贫民窟前的积水中，周围堆满了各种各样的垃圾；不远处，两只黑猪正在觅食；蓝天白云的背景下，伫立着这一片名为“太阳之城”的贫民窟的破矮棚居。

《太阳城的女孩》

导读

城市规划发展分四个步骤。第一步是对官员的普及；第二步是对民众的普及；第三步是从业人员和民众参与制定规划；第四步是完善地监督执行。目前中国的一线城市已经进展到第三步了，二、三线城市则刚刚开始。

龙安项目：敦煌市第四中学（敦煌书院），2010年设计

在今天看来，这些理念已经成为住区规划设计的基本常识，并且正在向普通居住者普及开来，但是，在当时的情况下，这些问题鲜有人关注。他由此得出的结论是，人们的需求是不断变化的，但也是可以被引导的，设计者只要真正考虑使用者的实际需求，必然会获得认同。

也正是在此次项目中，饶及人首次提出了其"以人为本，以使用者为本"的设计理念。

User-Friendly，是国外设计领域的专有名词，其字面意义已经十分明确：对使用者友善。"设计本身就是未来让人的生活更方便，不管是设计一件衣服、一个杯子，还是一个空间，都是如此。"饶及人表示："这是规划建筑设计一个最根本的出发点。我们设计的所有空间、所有建筑，内部功能、外部环境，都是为了给使用者创造更合适、更舒适、更便利的空间。"

在其近期的一篇博客中，他在仔细观察了曼哈顿的街道改造后，提出疑问：道路到底是应该属于行人，还是属于车子？曼哈顿开放式街道、还路于人的做法令其十分触动："很多城市都想学曼哈顿，却搞不懂曼哈顿模式(Manhattan Model)到底是什么，除了车多人多外，并不清楚是谁在使用、谁才是城市的主人。以人为本，不是指官或商，而是要以使用者为本。交通规划如此，城市规划、住区规划、建筑设计亦是如此。"

知行合一。现在，在龙安集团已经形成了一条基本原则：任何一个项目都必须经过长时间的前期调研。而调研的问题一般包括：你为什么想住在这里？你现在住在什么地方？它好在哪里，不好在那里？你希望这里未来有什么，没有什么……采集样本数量必须达到500个以上，并且要求覆盖各个阶层与多种职业。"这种以使用者为出发点的设计，使我们获得了合作伙伴与市场的认可，几乎每做一个项目便交了一个朋友"，饶及人笑言。

◉龙安项目：上海浦东六里小区效果图，1994年设计

但是，这个听来简单易懂的道理在中国国情下却总是容易遭遇实施困境，"很多情况是拍脑袋决定，长官意志十分强烈。"尽管如此，饶及人依然表示，对规划建筑师而言，推己及人，回归以人为本，以使用者为中心，仍应作为所有设计行为的根本出发点。

从“闯入”到“融入”：我在美国和中国的经验

原文发表于 2010 年 2 月 8 日

◉饶及人在办公室

不要认为你做错了就可以逃避责任，诚实才是最好的策略，在全世界都行之有效。对你的朋友、客户、同事要非常地诚恳诚实，玩把戏只能暂时蒙混过关，只有你的真学识才能够持久。更深层次地说，如果受人尊敬，你就能获得更好的公平的机会，但尊敬必须是赢来的。

“你为何在中国那么出名？”

我们设计公司的一个很有才华的设计经理 Dennis，曾在我们飞往宁波的途中问了我上述这个问题。问题虽然很简单，但我觉得问得非常好，尤其对想在中国取得成功的外国人来说，应该是个借鉴。所以我把对 Dennis 问题的答案写下来，与大家分享，希望能给大家带来很多启发。

首先，要主动把自己当成一个当地人，而不是当成这个群体里的外来户。

How did you become so famous in China?

My talented in-house design manager, Dennis, asked me this question while we were traveling in Ningbo. Although it was a simple question, I think it was a good question and especially of interest to many of the foreigners who would like to make it here in China. Therefore, I am writing my answers down. I hope my sharing of it will be inspirational to others. My answers to Dennis' question were as follows.

First of all, be proactive—treat yourself as one of the locals not as an alien in this community.

第二，要非常努力地工作，在你的领域里成为圈内人之一。

我不知道其他人如何，但我一直都非常不喜欢做圈外人。因为即使圈外人再有本事，也不能得到公平的机会。最大的市场是当地的市场，而不是少数民族市场，所以要成为一个被人信任的人，你必须首先成为一个圈内人，这也是我在美国时一直非常努力工作的原因，就是为了使自己能够被当地人承认为他们中的一员。我避免被孤立，尽量主动地融入其中，并且也没有住在中国人的聚居区，努力提升说当地语言的能力，以使自己能更加融入到当地人的圈子里去。

很多人都知道我不是在中国大陆长大，所以当我来到中国之后也采用了同样的策略——我没有住在全部是美国人的小区里，也不只做国外的生意或者只参加外侨的活动。“当地人”绝对一直会是主流，因为不同的生活和文化，要与当地人结合在一起非常不容易，但是必须去试。在美国，我花了十年才不被当成一个“闯入者”；在中国，我花

◉饶及人和他的洋徒弟们

Second, work hard in order to become one of the inner circles in your field.

I don't know about others, but I have always hated to be an outsider. Outsiders don't get a fair shot no matter how big you are. The biggest market is the local market, not the minority one. So becoming a member of the inner circle is crucial to becoming an even more-trusted member. That's why I worked hard while I was in the United States of America so I could be treated as a member of the community there. I avoided being isolated. I volunteered, and got myself involved. I didn't live in Chinese congregated areas. I perfected my language skills so I could mingle with the locals.

As many of you know I did not grow up in China. Therefore, when I came to China, I deployed the same strategy. I chose not to live in the all-American town, not do foreign- based business or to at tend just expatriate functions. The mainstream is, and will always be, the "locals". Due to differences in life style and culture, it is never going to be easy mixing in with the locals. But one must try. It had taken me ten years in the US to not be treated as an interloper, and it has taken me five years here in China. Yes, being an ethnic Chinese helped. But with my big nose, I did not look Chinese to them. Many of my old friends here can attest to you that my Chinese was not good when I first came here. My vocabulary was limited and I had to mix many English words in my conversation. But I did not give myself excuses. I knew China would be my biggest market, so I have learned to adapt to the local environment and acquired local social skills. These days, I am indeed very happy when ever I hear someone say that "James Jao has little

了五年时间，当然，我本身是华人对此也有帮助。但因为我的鼻子比较大，所以对当地人来说我看起来不像中国人。我的很多在中国的老朋友可以向你作证，刚到中国的时候我的中文并不灵光，词汇量很有限，所以我必须在交谈时加入很多英文词汇，但是我并没有以此为借口。我知道中国会是我最大的市场，所以我想办法花时间学习当地的文化、社交技巧，让自己能够迅速融入当地环境。现在，当我听到别人说“饶及人在中国朋友不多，但哥们很多”的时候，我真的很高兴。不管你在哪里，也不管你是谁，只有当你成为当地的一分子后，才能够获取最大的利益，这绝对是个真理。

第三，确保让政府中意你。

不同于西方由下至上的制度，中国的制度是自上而下。在此条件之下，能取得政府的认可尤为重要，能够得到政府对你才华的认可更加重要。早在1990年年初，我就撰写了很多专业的文章，这使我得到国务院的认可，并获证书成为外籍专家。现在我已担任中国超过30多个省市的城市规划顾问，并获得了108个奖项。我曾撰写了两本广受欢迎的有关规划和生活的书，这两本书目前已在中国官员中普遍传阅。2009年10月，中国出版了一本有关我的传记，书名为《从美国梦到中国梦——城市医生饶及人》。我的个人博客也在过去三年来连续被评选为十大最具影响力的博客之一。尤为感到荣幸的是我协助创建了中国房地产设计联盟，这是目前中国设计行业内规模最大的一个

在拉萨河前，
饶及人与他的中国哥儿们白刚和才旺扎西在一起

friends in China but a lot of buddies." It is always true that no matter where you are, and who you are, you will yield and reap the benefits once you have become an inner circle member.

Third, make sure that the government likes you.

Unlike the western system, Chinese system works from the top down not from the bottom up. Subsequently, getting the necessary governmental recognition is very important here. It is very significant when the government endorse your talents. Ever since the early 1990's, I have written many papers in my field to be recognized as a certified foreign expert by the State Council. I am now a consultant to some 30 plus provinces and municipalities, and have won over 108 awards in China. I have written two very popular books on planning and life in general. These two books have been widely read by the Chinese officials. In Oct, 2009, the government published a biography about me. The title of the book is called: "From the American Dream to the Chinese Dream——James Jao, the Urban Doctor." My personal blog has been rated as one of the ten

非政府组织，同时我也在2008年被选为了该组织的第二任CEO。我的设计公司现在在中国已成为一个品牌，而且我不怕被竞争者淘汰（也有“我不担心非法竞争”的意思）。

第四，你不能假装，你必须是真正懂行。

中国人知道自己现在落后于世界，他们在寻求你的指导，让你告诉他们潮流是什么。能成为一个游戏规则的制定者，总能让你在世界上处于一个比较好的位置。同时，世界其实很小，人们都彼此认识。中国是个有13亿人口的大国，但在金字塔上的还只是一小群人，最后，每个人都互相认识。所以不要认为你做错了就可以逃避责任，诚实才是最好的策略，在全世界都行之有效。对你的朋友、客户、同事要非常地诚恳、诚实，玩把戏只能暂时蒙混过关，只有你的真学识才能够持久。更深层次地说，如果受人尊敬，你就能获得更好的公平的机会，但尊敬必须是赢来的。

第五，你不需要爱中国，但你必须喜欢中国并相信中国的未来。

●饶及人与聂梅生、陈世民和中国房地产设计联盟的理事们

most influential blogs in China in the last three years. I am especially privileged that I have helped found the China Real Estate Design League, the largest NGO of design professionals in China, and was elected as the second CEO in 2008. My firm is now a brand name entity here, and I don't worry about being left out of the competition here.

Fourth, you can not pretend. You must be good in what you do.

Chinese know they are behind in the world. They are seeking you to teach and to show them the trend. Being a rule maker and to yield profit is always the better position no matter where you are in this world. On top of that, the world is a small place and people know each other. Many people have this misconception that China is a big place with 1.3 billion people, and you can get away with anything. Not true. It is a big country alright, but it is still a small community on the top of the pyramid. In the end, everyone knows each other. Therefore, don't think you can get away with anything. Honesty is the best poli cy. This is a true doctrine across the board. Be sincere and honest to your friends, clients and colleagues. Tricks can only work temporarily. It is your true knowledge and know- how that will last. Furthermore, you will be respected and you will be given a fair share. After all, respect must be earned.

Fifth, you don't need to love China but you must like China and believe in its future.

No matter where you are, the host always hates those who have come to their house to eat yet complained a lot. Like it or not, China is on its way to becoming a top nation in the world. And I have often stated that I am indeed much honored

不管你在哪，一般地，主人都很讨厌那些来他家吃饭却抱怨一大堆的人。不管你喜不喜欢，中国正成为世界上一个最主要的国家，我也常常声明我非常荣幸并感激能成为中国繁荣兴旺过程中的一员，这里充满着商业机会。中国在1949年到1980年一直被孤立在世界之外，所以中国人知道要得到国际社会的接纳必须在自己的行为和文明上下更多的功夫。他们也知道必须多留意它的自然资源与环境。但是就像任何学校的新生一样，他或她需要的是教练和辅导员，而不是批评家。美国人不喜欢我总是抱怨他们的问题，中国也是一样，中国人也不喜欢一天到晚听到你对他们的抱怨，如果你不喜欢在中国赚钱，就应该滚出这个国家。

最后，一个人必须努力才能够成功。

在纽约，当我还是个年轻移民的时候，我必须忙得都坐不下来才可以成为现在的我。我一直相信一句老谚语，"努力不一定保证成功，但是不努力一定会失败"，所以一个人必须花时间并亲力亲为。

and very grateful to be a part of this prosperous growth in China. There are many business opportunities here. Being isolated from the outside world between 1949 and 1989, Chines people knows it needs to work hard on its internationally accepted social etiquettes. They also need to pay attention to its natural resources and environment. But just like any new student in school, he or she needs coaches and counselors rather than critics. Americans don't like me to complain about their problems. The same holds true here in China. Chinese don't like to hear you complain about them all the time. If you don't like Chinese money, get out of the country.

Finally, one must work hard in order to succeed.

As a young immigrant in New York, I had to work my butt off to become who I am. I have always believed in the old proverb that "working hard does not necessarily guarantee success, but not working hard will guarantee failure". So, put in the hours and sweat it out.

◉展示龙安历程和饶及人奖牌，位于北京CBD的美国龙安总部文化墙

迪拜印象：
国际建筑设计师展示创造力的天堂

原文发表于 2008 年 6 月 27 日

看迪拜的时候，才领会到这个国家领导人的重要作用。迪拜之所以能够蓬勃地发展，与他的领导人，Sheikh Mohammed bin Rashid Al Maktoum 这个灵魂人物是分不开的。因为 Sheikh Mohammed bin Rashid Al Maktoum 提出“迪拜要建的，要拥有的就是世界第一，因为没有人会记得世界第二！”

迪拜以前的民居，它的材料是棕榈，屋顶上的风塔可以加强自然风的流动，对室内进行通风，以降低室内温度

作为一个建筑师，除了要看许多与设计有关的书籍外，最重要的就是要“行万里路”。所以，喜欢旅游是成为好设计师的重要元素之一。大学学建筑历史的时候，我就十分向往古西方建筑，所以 1980 年从建筑系一毕业，我便计划了去罗马、希腊的旅行。最近看多了建筑时尚杂志后，也希望去迪拜看看，看看一个多年前老百姓靠潜

◉六星级运河酒店外立面的设计参考了迪拜民居的风格，设计了高高的风塔，但它只起装饰作用，没有任何实际功能

水采集珍珠、收集香料进行贸易，用棕榈树的叶子和树皮做简陋房子的小渔村，如何变成了今天只要提起“迪拜”，就想到拥有全世界最好的建筑的城市。和许多人一样，我也非常想去看看在沙漠中如何堆起世界一流的建筑，看看世界上最高的建筑物如何展现，也看看七星级酒店、八星级酒店的设计。当然最重要的是要看：如果钱不是问题，你会盖出什么样的建筑物？（What kind of building would you build if money is no objection?）

借着陪同通州宋庄与呼和浩特领导到迪拜领取联合国人居署颁发的“迪拜国际最佳范例奖”的机会，我随着全国工商联房地产商会聂梅生会长、全国设计联盟常委，以及国内一群有实力的开发商朋友，浩浩荡荡到迪拜与周边的酋长国阿布扎比等地观光考察一周，对阿联酋迪拜的建筑和城市规划有了一个粗浅的了解。

我在中国教授国外规划理念的时候，常常对我的学员解释，看一个城市的建设，与欣赏一位打扮得体的女士的感觉是一样的。我们会看女士的肌理、肤色，看她的五官，看她的气质，看她的打扮，当然也看她的行头，着装色彩搭配，闻她所擦的香水味道……白天我们看这个女士的风采，有如我们看城市白天的形象；晚上我们看这个女士的另一面，有如发现城市更婀娜多姿、风采万千的魅力，由灯光看城市所营造的氛围。当然在看城市的时候，我们必须看天际线，看建筑的摆布方式，建筑退线……我们看交通、道路、行人、过路天桥……我们看街头摆设、绿地、公园、建筑小品、商店、路牌、广告……同时也看行人过马路的走法。越是生意繁忙的城市，行人的脚步越快；越是休闲的城市，

◉图片显示了迪拜的天际线，当地很重视建筑物的顶的设计，每一栋建筑都靠着顶部来凸显个性

行人的步伐越慢。

一个设计得好的建筑，必定会展示设计师的个性。所以看建筑的时候，我们除了看建筑物的整体感，还要看不同类型的建筑所使用的不同手法。例如，酒店建筑有酒店建筑的手法，办公室建筑有办公室建筑的手法，超高楼建筑有超高楼建筑的手法，商业建筑有商业建筑的手法，住宅建筑有住宅建筑的手法，宗教建筑有宗教建筑的手法……处理这些建筑物的手法与处理博物馆、机场、会展中心等特色建筑的手法是截然不同的。好的建筑设计让你看得顺眼，百看不厌。设计得不好的建筑物，让你看得别扭，而且不愿多看两眼。

以往国内有许多专家与学者认为中国是国外建筑师设计的天堂，可以在中国体验国外无法设计的建筑。其实这个看法是错的，因为所有国外知名的建筑师事务所，都不同意这个说法。国外的建筑师认为由于西方文化与中国文化（包括语言上）的差异，国外的设计公司在中国发展很不容易，而且中国业主的品味与设计费用也不高。若要说国际建筑师设计的天堂，迪拜才是。在迪拜，国际设计师没有语言与文化的障碍，他们能够充分展现他们的设计力，创造出许多旷世的作品。

为什么迪拜在短短的几年中，能有这么出色的成就？我在看迪拜的时候，才领会到这个国家领导人的重要作用。迪拜之所以能够蓬勃地发展，与他的领导人，Sheikh Mohammed bin Rashid Al Maktoum 这个灵魂人物是分不开的。因为 Sheikh Mohammed bin Rashid Al Maktoum 提出：“迪拜要建的，要拥有的就是世界第一，因为没有人会记得世界第二！”

街头的广告牌上有迪拜的领导人，阿联酋副总理，迪拜酋长 Sheikh Mohammed bin Rashid Al Maktoum 与现任酋长的画像。我一直觉得 Sheikh Mohammed 长得像一个阿拉伯鹰，非常聪明与精明。

在他这个思想的指导下，迪拜填海造地，在沙漠的黄沙上建起高楼，淡化海水及

◉阿莱因的迪拜国王行宫，
采用沙漠黄，城门建筑做得形似蛋糕

◉阿布扎比的街头建筑，建筑间几乎没有间距，绿化很好

◉帆船酒店的内部，
内饰由不同颜色的材料组成，
营造光谱一样的效果

◉换一个角度看帆船酒店内部效果

◉帆船酒店内的喷水池，
它可以变出梦幻飘渺的水景

◉皇宫酒店里面的游泳池，
在一个缺水的地方，
需要采用海水淡化技术才能取得淡水，
另外也要解决水的快速蒸发问题，
在缺水国家内的酒店户外游泳池里有这么多的水，
可以想象，投资方在里面花了多少金钱

◉皇宫酒店的大门口，
有点像蒙古包，
很多人认为阿拉伯的建筑与蒙古族建筑有直接联系，
也许是成吉思汗当时带过去的

地下取水浇灌绿地和树林。他在迪拜的沙漠中种了许多花草树木。另外，他懂得不能全部靠石油带来财富，他懂得发展要靠着高人一等的智慧，抢先夺得商机，使金融与服务业成为迪拜的龙头产业。他有洞悉先机的能力，在"9·11"恐怖袭击事件后美国会对阿拉伯资金持怀疑态度下，鼓励阿拉伯的基金到迪拜避风头，让国际资金大举转入迪拜，利用供求，创造出非凡的人为价格升值（Artificial Price Appreciation），让这些资金尝到甜头，留下来继续投资发展。他为了吸引大家的注意力，花大钱建造了世界第一栋有着25吨黄金的7星级的Burj Al Arab，即大家熟知的"帆船酒店"。他为了让迪拜充满活力，引进人才，开放"外劳"进来协助建设。他为了吸引国际上政治不安定国家的国民带钱来投资，立法让任何在迪拜投资的人有长久居留权（目前在迪拜买房地产的国民排序是：伊朗、俄罗斯、巴基斯坦、中国、印度）。他懂得利用政府拥有的Kaheel开发公司，愿意花费用聘请国际知名建筑师打造他们的新城区，创造出世界第八奇迹的棕榈岛。虽然阿联酋的官方语言是阿拉伯语，但是他们国家却有三分之二的人口是来自80个国家的"外劳"，使得你只要会说英文，就可以在这个国家生活。为了留住人才，他将治安搞得特别好，据当地的出租车司机和华人向导说，迪拜几乎没有人抢钱，你不用担心挂在脖子上的金项链。拥有如此多的"外劳"人口，却又有如此低的犯罪率，绝对令任何国家领导人都羡慕。

著名的迪拜塔，目前已盖到了700多米的高度，
它是目前世界最高楼，
而且如果有需要，还可以继续加高

在迪拜，我们参观了全世界最高的建筑——Burj Dubai（迪拜塔），由新加坡DT设计公司设计，韩国三星建设承建，深圳中国航空集团承建玻璃幕墙。拥有流线型的造型，利用圆筒形成三角形的绑捆，从地面冒升至目前700多米的高度，而且还没有封顶。它决心要成为世界第一，而且要雄霸第一的位置，因此虽然它已经是全世界最高的

建筑物，但是只要在世界其他地方要挑战它的地位时，它的高度还可以再加高。最牛也不过如此吧？

迪拜塔的裙楼占地 34.5 公顷，有一个 36 英亩（16.4 公顷）的水面，6 英亩（2.7 公顷）的公园，120 万平方米室内面积，14000 个停车位，是号称全世界第一的 The Dubai Mall（迪拜购物中心）。

它的超五星级酒店的设计是从阿拉伯文化里面找灵感，然后将迪斯尼游乐园手法与豪华布置的结合，让访客忘记时间，忘记地点，忘记自己的出身背景，只要你有钱，你就可以好好地放松享受一流的招待。当然费用惊人，平均一晚要收 3000～8000 元人民币的费用。不过我的运气很好，住进了阿

◉从运河酒店可以看见远处帆船酒店的外形

布扎比原来由皇宫改建，号称八星级的 Emirate Palace Hotel，以及帆船酒店旁边号称超六星的 Jumeriah 酒店，推开窗子就看到沙滩和游泳池。这些酒店的景观布局非常迷人，让你佩服他们能在沙漠中，在缺乏水的环境下，居然能将花园做得鸟语花香，漂亮得让人眼花缭乱，叹为观止。

由于我 1988 年在纽约设计了纽约第二个清真寺，目前已在皇后区建成；而我们公司在 2006 年，也在呼和浩特市回民区设计了伊斯兰特色一条街的外立面改造工程与灯

◉阿布扎比即将完工的清真寺，全部用白色石材建成，它给了饶及人设计呼和浩特伊和宫的灵感

◉迪拜的清真寺很多，大小清真寺内的塔楼设计也都不同

光，所以我对清真寺的设计很有兴趣，而阿联酋的清真寺真是数量众多，隔几条街就有一个。这些清真寺的外墙材料虽然大部分是石材，但是设计与手法各有不同，几乎没有重复的。他们的礼拜塔的造型，更是各具特色，有的是单塔，有的是双塔；有的是白色顶，有的是绿色，更多的是沙漠黄。我认为这些清真寺是阿联酋的建筑精品。为了拍摄这些清真寺，我的相机存储卡几乎爆满。

另外，迪拜的历史文物博物馆也非常值得一看，它麻雀虽小，但是非常有内容。博物馆充分利用一个原来的堡垒，将它地下的空间，利用场景、蜡像、灯光，展示过去的生活、历史、地理、商贸发展，以及人文风貌，同时对日后的发展，也有着非常详尽的介绍。我记得我上次到江西南昌出差的时候，当地领导请教我小平小道博物馆的设计，我当时就曾建议江西新建县领导，保留地面上原有建筑，将博物馆的设计地下化，并且多利用场景展示邓小平过去的心路历程。如果有机会，我真的建议小平小道博物馆的有关负责人，尽快到迪拜考察当地的博物馆，借鉴它们的设计。

至于办公楼建筑和住宅建筑，我倒是觉得迪拜做得一般，没有我们目前在中国的设计好。

◉迪拜住宅小区，设计手法与中国的楼盘很接近

曼哈顿的启示：
城市的最终使用者是人

原文发表于 2010 年 11 月 29 日

如果城市交通真的变得“走自己的路，让别人无路可走”，那所谓人性、所谓以人为本也就根本无从说起。以人为本的本质所在，不是官、不是商，而是以使用者为本。因此，交通规划的重点也应该是人，是城市的居民，而不是车子。

◉2005年的纽约曼哈顿时代广场

2010 年 9 月，纽约曼哈顿时代广场退机动车道还行人道，曾经最繁华、车水马龙的广场，现在又成为行人的地盘。这引发了所有城市的管理者与建设者对城市发展的思考：什么是真正的“以人为本”？

近些年来，随着城市化速度的提升，人们会发现，许多国家的越来越多的道路被加宽。可是，这似乎并不能解决道路拥堵的问题，随着个人拥有汽车量的剧增，道路似乎变得越来越拥挤，更严重的是，人行道越来越窄，甚至有被逐渐掩盖掉的趋势。

2010年10月的曼哈顿鼓励步行，车让路给行人，行人可以坐在路中间喝咖啡

曼哈顿中心哥伦布广场，人们可以享受和驻留的空间

走在街头，随处可见停放在本就并不宽敞的人行道上的汽车，有些停放的技巧高超到足以恰好完整地占满一条道路，从而使得行人不得不走到车道中央。而且，随着越来越多的车道被划为汽车专用道。道路变成单行道，人们如果想要过马路，除了经过天桥和地下通道，就只能从一条一条斑马线上走过，或者冒险在天桥的下方闯红灯以节约时间。

我早先就曾听说过在爱心斑马线上还被撞死的案例，可见事实上，斑马线也并不专属于行人。现在，也经常能够看到红灯亮后紧急刹车，几乎占用整个斑马线的车子。

那么，行人到底该在哪里行走呢？行人的空间又在哪里呢？

道路到底是应该属于行人，还是应该属于车子呢？

2010 年的 10 月，我回了一趟美国，这一次在曼哈顿，发现他们把纽约时代广场的主街道变成了人行道，还可以看到人们坐在街中心喝咖啡。这不禁让我深有感触，我还记得 2005 年 11 月 7 日的曼哈顿，广场上塞满了车子。而这一次去，过道面积被减掉了一半，自用车都从城市中驱除，从而保证了城市中心让给行人。

在我还是纽约市规划局局长的时候，我对曼哈顿的交通模式曾有过一定的观察。我知道，曼哈顿不塞车的原因主要在于它的街道结构。当大部分城市都采用防卫性的街道设计的时候，曼哈顿采用的却是方块式、棋盘式的设计，这种开放式的设计能够帮助交通更容易得到疏通，也保证在发生灾

◉一年至少有六次时间，第五大道在特殊节日转变成大家游行欢聚的地方，如此城市才有活力

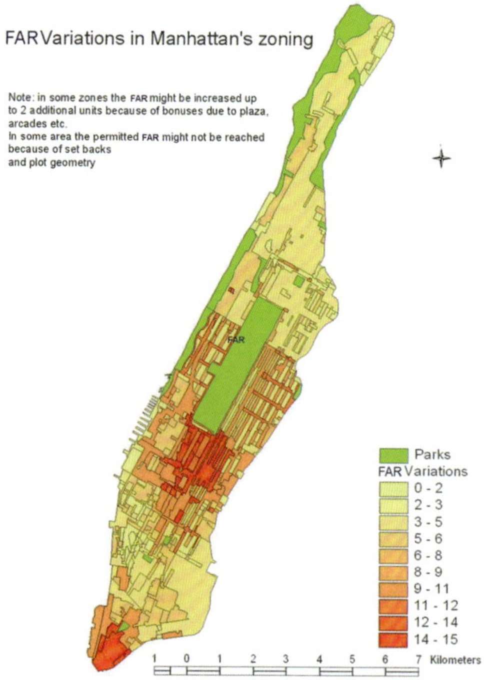

◉曼哈顿的容积率

难的时候人们能够更顺利地离开。

曼哈顿的街道系统采用中国长安式规划排解交通，借助于 TOD 安排它的容积率；利用方便的地铁交通让城市中心区的容积率更高，这就是所谓的曼哈顿发展模式（Manhattan Model）。

此模式下的曼哈顿城市中心区容积率最高高达 15，平均为 6，而北京中心城区现有的容积率是 2.8。

曼哈顿南北方向的第六道，五线单行道，道路红线包括两旁的人行道，约 24.4 米宽，这种设置不算太宽的道路，有效地鼓励了步行。

由此可见，回归到人性、把道路还给行人是多么重要。如果城市交通真的变得“走自己的路，让别人无路可走！”那所谓人性、所谓以人为本也就根本无从说起。

中国的好多城市都想做曼哈顿，却搞不懂曼哈顿模式到底是什么，除了车多人多以外，并不懂是谁在用，谁才是城市的主人。我常常说，以人为本的本质所在，不是官、不是商，而是以使用者为本。因此，交通规划的重点也应该是人，是城市的居民，而不是车子。

回归以人为本，城市最终的使用者是人。

——饶及人

曼哈顿模式 vs 花园城市

原文发表于 2008 年 2 月 29 日

中国大城市发展只能采用曼哈顿模式，如果都去搞“花园城市”，土地资源不够用。争论 18 亿亩红线就是建立在中国土地资源有限的基础上。

◉ 闻名世纪的曼哈顿公园大道（Park Ave）两边的写字楼和住宅都是全世界最贵的房地产，但是公园大道下面都是地铁、火车道和基础设施，基本没有地下室

最近《经济观察报》记者姜洪桥先生对我做了一次专访，我原本以为他会像其他记者一样，在正式发布前，将采访的文稿让我先行校对。姜先生事后说，因为他在外地出差，交稿的时间紧迫，所以才未让我校对。

他的采访题目很不错，但是由于文中对曼哈顿的密度数据与实际有出入，为避免误导读者对“曼哈顿模式”定义的理解，我在此再说明一下。

所谓的“曼哈顿模式”（Manhattan Model），其实就是一种有着完善的交通规划与交通工具选择的城市，具备此条件的城市才可能有高密度的大楼。这其实也就是 TOD（Transit Oriented Development）规划理念的核心。曼哈顿模式不只是盖高楼。中国如果要发展有高密度大楼的城市，首先必须完善交通规划，让大众交通如公交、轻轨、地铁完善，而不是像目前不少中国城市，非要开车才方便进出，就算有轻轨通过，那些车站的位置也是距离住宅小区很远，非常不方便使用。

另外，曼哈顿模式与明智成长（Smart Growth）规划理论是不矛盾的。在美国提出的“明智成长”有6个非常量化的指标：

（1）可步行，有综合使用的小区；

（2）有着行人尺度的开发与空间；

（3）有当地文化历史特色的场所；

（4）有着多元性、不同层次的居民，新老合居，并能发展长期的友谊；

（5）有着方便的交通选择，居民可以有交通的选择，要开车、乘坐火车或是出租车，或是步行，或是骑自行车；

（6）鼓励老百姓参与规划。

我个人建议，一个良好的城市规划应具备以下条件：

（1）有适合不同人群的住宅；

（2）有完整的不同功能的使用空间；

（3）有能够步行的街道系统；

（4）有良好的、成系统的开放空间；

（5）有满足需要的市政配套设施和商业网点；

（6）有良好的交通导向系统和供人使用的绿地系统。

通过多年的规划实践，我提出了一个在中国做规划应把握的原则，简称“四因二应”，即因地制宜，因人而异，因山而起，因水而洄，回应历史，呼应未来。

文章里对曼哈顿的人口密度数据有笔误。曼哈顿岛有59.47平方公里，常住人口153.7万人。人口密度是26000/人平方公里（每平方公里2.6万人）。每天由附近来曼哈顿工作的通勤人口达300多万人次。这么多的流动人口，靠的就是地铁、快速公交、轻轨、通勤火车等解决疏散。2000年的人口普查显示纽约市区有760万人口，75个民族，125种语言。美国曼哈顿的第五大道是全世界最贵的商业房地产，中国香港的铜锣湾第二，日本东京的银座第三。纽约市的亚裔人口7%，其中华人占3%，也就是100个纽约人中间就有3个华人。全美国华裔人口则占总人口的1%。所以在规划的密度

◉城市小广场是利用率非常多的空间，
这是温哥华的小广场，倒立的房子是一个雕塑小品

上，曼哈顿面积每平方公里 2.6 万人，而一般中国城市的规划密度基本是每平方公里 10000 人。

曼哈顿岛是在 1524 年被欧洲人发现。曼哈顿的意思是“一个有着许多山的岛”。1614 年荷兰人将名字改成“New Amsterdam”（新阿姆斯丹），1664 年英国人占领了这个城市，改名为“New York”（纽约）。

所谓的花园城市（Garden City），正确地说应该是花园城市化运动（Garden City Movement），是英国霍尔德爵士（Sir Ebenezer Howard）在 1898 年提出的一种规划理念，有不少中国国内规划界人士对此专译为“田园城市”。此概念认为应该建设一种兼有城市和乡村优势的理想城市，城市四周被农地围绕以自给自足，严格控制城市规模，保证每户居民都能极为方便地接近乡村自然。

当时由于工业革命后西方城市出现的拥挤、污染、疫病流行等问题使“田园城市”理论应运而生，但这一学说在实践中并不顺畅，欧洲各地的试验多是袭“田园城市”之名，行“城郊居住区”之实。但它对现代城市规划思想起到了启蒙作用，后来的有机疏散论、卫星城镇理论均承其衣钵，并对中国的城市形态产生巨大影响。

“田园城市”理论在 20 世纪 50 年代进入中国时，与消灭“三大差别”的社会动员相合，即“消灭工农之间、城乡之间、脑力劳动与体力劳动之间的严重差别”。而在那时，这一理论正在西方引发激烈论争。当时，美国西部的一批高度“田园化”的新兴城市，如洛杉矶、菲尼克斯、图森等，已完全失去了城市的密度，“大马路＋独幢住宅＋花园”的扩张模式，使整个城市如同郊区，以致没有一个明确的市中心概念，中小商业纷纷败落，小汽车成为城市主宰。这样的城市因其在土地及能源上的高耗费而招致社会各界炮轰，主张城市紧凑发展的呼吁日益强烈。（注：以上花园城市的中文说明采用中国建筑网上的报导）

另外，我从 1988 年开始在《纽约日报》（*New York Newsday*）上用英文写规划与建筑专栏，1990 年在纽约开始培训来访的中国官员。而我从 1993 年开始在中国至少

◉北京CBD

做过 100 多场的官员培训，包括我出任顾问的城市，市长培训中心，党校，国务院外专局，以及国务院几个机关。为了扩大学习范围，城市领导通常都会要求科级以上的干部参加，平均参加的人数 200～300 人。典型的例子是 2008 年年初在江西南昌新建县的演讲，当天晚上，由该县的胡敏县长主持，可容纳 300 人的报告厅座无虚席；而在浙江台州的演讲是我做的最大的一场报告，该市陈阿东市长做主持，主会场 800 人，两个分会场，一个 500 人，另一个 300 人。第二大是在江西赣州，千人的室内报告厅，坐满了四大领导班子和赣州各地区科级以上干部。如此推算，已经听过我报告的官员在2万～3万人。（我曾经建议姜记者向这些城市核实参加的人数）

●黄色出租车是曼哈顿的醒目标志

姜先生采访我那天，我早上刚在南昌市青云谱区政府做规划培训，由区委朱书记主持，区政府让四大领导班子和副县级以上的干部参加，约 60 人。

其实我之所以能吸引官员们对我的演讲产生兴趣，主要是我的背景，与我是注册建筑师并且从事规划专业，做过教书匠，以及法律制定者（Policy Maker）有关。另外，由于我熟悉中文，不需要翻译可以直接看政府的文件，不需要翻译可以直接了解领导的意图，加上不少朋友们提供给我有关的资讯，增加我对中国国情的了解，使得我知道如何用恰当的语言和案例分析，使听课的官员们产生兴趣，产生共鸣。我喜欢用启发的手法，让听过课的官员们在第二天的工作中就可以用得上一些规划手法。如此，我才能实现朱总理对我的期待。

我的第一本书是在 2005 年由新华出版社发行的《十年规划中国情》，其中 80％的文章是我用中文写的，20％是我用英文写的，并加上中文翻译。这本书主要是为官员们写的，让他们知道规划的大道理可以用小故事来说，使得他们明白西方规划理论。第二本书《寻找中国城市魂》则是 95％用中文写的，由中国城市出版社在 2007 年 8 月发行。这本书主要是给一般非城市专业人员看的，目的是希望大家觉得规划其实不难懂，我的目的是希望老百姓能对规划产生兴趣，参与规划政策的制定，日后监督规划的执行。

曼哈顿东西方向道路称为街（Street），三线单行线，包括两侧人行道，约40英尺（约12米）宽

曼哈顿南北方向是大道（Avenue），图片是第六道，五线单行道，道路红线包括两旁的人行道约80英尺(24.4米)宽。（道路设置不能太宽，鼓励步行）

以下是2008年2月23日在《经济观察报》上刊出的文章：《"城市医生"饶及人》。

最近，在地产界一个比较热点的争论是关于是否要守住"18亿亩耕地红线"。争论在龙安集团行政总裁饶及人和华远集团董事长任志强之间展开。任志强的观点是红线限制了土地供应，是造成住宅供不应求的原因。饶及人则反对。饶及人自己解释，之所以与任志强就此问题力争，是考虑到中国城市规划的未来方向，认为中国最适合高楼林立的曼哈顿模式，而不是中国人理想中的"城市花园"。在更早的时候，饶及人曾经专门就此问题向媒体记者散发过公开信。显然他非常重视这个红线问题。他的基本观点是在中国城市化进展到目前阶段，正是重新反思的机会。

作为纽约市规划局原局长，华裔美籍人饶及人从1993年开始回到中国，一项主要的工作是担任外国专家局的规划建筑专家，与无数城市领导打交道，为数以千计的中国各城市官员讲解城市规划理论，因此被称为"最懂共产党的美国人"。他也自称自己是个城市医生。饶及人表示，规划是西方的科学发表。他的意见不仅仅是他个人的想法。20世纪90年代，美国的一个知名的规划研究机构曾经专门做过中国城市化的课题研究。当时研究结果指出，中国的城市规划适宜采用曼哈顿模式，即建立在便捷交通上的高容积率模式。不过，这个结果并没有被更多的中国人了解和接受，北京已经扩充到六环。

经过多年的努力，中国的城市化已经走过疯狂发展的第一阶段。颇能在学术和社会现实之间游走的饶及人精辟地总结，中国的城市规划也刚刚走完普及的过程，即"有意识，无共识"。饶及人预计，到"十二五"期间，中国城市规划开始成熟，2040年中国的城市规划将达到非常完善的阶段。对于这种遥远的预期，中国人听起来感觉像世纪大预言。不过，既然是学习和亲自体验过美国城市发展历程的专家所说，我们何妨细细一听。

《经济观察报》：为什么你要就18亿亩红线问题跟任志强争论，并且强调曼哈顿模式？

饶及人：这是中国国情。中国只能采用曼哈顿模式，如果都去搞"花园城市"，土地资源不够用。争论18亿亩红线就是建立在中国土地资源有限的基础上。至于为什么是18亿亩，这个并不重要，关键是要知道城市发展是有限度的。

1994年我给上海的瑞安广场做设计方案，这是我到中国操作的第一个项目，那时候，定的容积率是3，后来提高到7，无论如何不能再高了。我当时很纳闷，也不理解，为什么只能定到3。在美国的大城市，容积率可以到21。瑞安广场在淮海路上，地下就是规划中的地铁线，为什么不能提高容积率？曼哈顿一个地方，每天流动人口350万人，常住人口150万人。当时我还给政府部门提了个意见，建议淮海路不要拓展得太宽。这一点他们做到了，做得很好，现在淮海路商业气氛很好。

《经济观察报》：你说的城市设限是不是就是指土地资源限制？

饶及人：不是一个概念。城市设限是指城市不能无限制发展。中心区会老化，需要更新。老是盖新的就没有人愿意维护旧的。发展不能无止境。过去我们说要"又快又好"，现在我们改成"又好又快"。经过前一轮疯狂发展，中国该好好考虑一下这个问题了。

《经济观察报》：曼哈顿方式很适合中国吗？很多人反对高楼大厦。

饶及人：有一种规划叫乌托邦规划。对中国人来说，花园城市是一般人的向往。中国人古代就有"采菊东篱下"的情怀。不过，花园城市意味着侵占更多的农田。从1949年到1989年，40年间中国城市基本没有发展。1989年之后是疯狂地建设，人均居住面积从6平方米增长到28平方米。现在很多人可以买两三套住宅，既有花园洋房也有城市公寓。选择更多了也就有更多的思考，应该回顾一下疯狂的历史。

其实反对高楼也就是在"9·11"事件之后，那个时候我就坚持，中国城市不盖高楼绝不可能。这也不是我一个人的观点。20世纪90年代，美国一个很有名的规划研究机构Newman Institute做过对中国城市的研究，研究就认为中国采取曼哈顿模式比较适合。曼哈顿的容量是每平方公里容纳15万人口，北京的规划是每平方公里1万人口。事实上，在曼哈顿的生活条件并不差，出门就是绿地，地下就是地铁，交通很便捷，50%的人不需要买车。

《经济观察报》：你从很早就开始了解中国的城市规划，现在你觉得中国的城市规划如何？

饶及人：现在中国的城市规划叫"有意识，无共识"，就是城市规划概念开始普及了，但是还没有形成一致看法，也缺乏参与。我认为，城市规划发展分四个步骤。第一步是对官员的普及；第二步是对民众的普及；第三步是从业人员和民众参与制定规划；第四步是完善地监督执行。目前中国的一线城市已经进展到第三步了，二、三线城市则刚刚开始。

按照国务院前总理朱镕基对我的要求，

过去我的工作一直是培训官员，向官员普及规划知识。所以我也写了一本书《十年规划中国情》，这本书是针对政府官员的。不久前我刚刚完成了第二本书《寻找中国城市魂》，是想写给普通民众看的。规划并不神秘，需要民众的参与。

《经济观察报》：那么你预计第三和第四步中国能够在什么时候实现？

饶及人：在“十二五”期间，中国的一线城市将能达到第三步。至于第四步，要等到2040年，到那个时候，也就意味着中国的盛世到来。会有很多外国人来学习中国的规划思想。中国的城市规划科学将成为对外输出技术。

《经济观察报》：你接触中国那么多政府官员，能不能给我们讲讲这些官员对城市规划的认知水平究竟怎样？

饶及人：我接触的城市领导确实非常多。也经常跟这些市长之类的官员吃饭聊天，并为官员讲课。最大规模的一次讲课，有1600名官员来听，分为两个会场。根据我的了解，中国的官员对于城市规划很有兴趣，也很积极想学。有一次，我去江西给官员讲课。他们把时间定在晚上八点半，我当时说：“这怎么行，他们都刚刚喝完酒，面红耳赤的，怎么听？”后来还是讲了，讲了两个小时，大家都很认真，连司机都跟着听。我觉得启发很重要，官员是有兴趣的，关键是你要能够启发他们。

蓝筹地产 | Property
PROPERTY
“城市医生”饶及人

● 《经济观察报》的报道

《经济观察报》：你为什么能够启发他们？

饶及人：亲和力。这是我在美国学到的。如果我继续留在美国，应该会去竞选议员。在美国参加竞选是需要跟选民沟通，拉选票的。亲和力是美国人和官员的特色。因为我有这个特点，加上我语言过关，所以老外跟我讲话不把我当成中国人，中国人跟我讲话不把我当成老美，领导跟我讲话不把我当成无知的人，民众跟我讲话不把我当成领导。我运气很好，到哪里都被人当成哥们，虽然我没有在中国大陆出生和接受教育。

《经济观察报》：你在中国接触政府官员会不会感到很困惑，难以理解？

饶及人：刚开始是的。我参观北京的规划，发现规划部门的地位不高，都是听领导的。领导决定人民的生活方式，而不是老百姓自己决定自己的生活方式。真正的规划民众应该了解，也要参与，要推广规划，激发大家的兴趣。但我坚持的想法不是去改革体制，而是在现有体制下逐步改良。就好比现在只有楼梯，没有电梯，那么我们就去改良楼梯，让它怎么更好用。

美国的强拆法和"钉子户"

原文发表于 2011 年 9 月 28 日

拆迁拆违素来号称"天下第一难事",它既须贯彻落实相关政策,又涉及群众的根本利益。中西方文化不一样,政府、企业、公众,各方利益如何得到均衡,是大家面临的共同问题。

在中国,"拆迁"无疑是个话题焦点,也是个不好解决的难题。难就难在,拆迁中遇到"钉子户"如何处理。

近年来,关于"钉子户"用各种极端手段,抵制抗拒拆迁的新闻报道频现于报端,结局往往惨不忍睹甚至家破人亡。为什么会出现大家都不愿看到的结果?拆迁本该是利国利民的事情,为何如今两败俱伤:百姓失了幸福生活,政府失了众多民心。

很多人问我,美国有没有"钉子户"。答案是肯定的,美国也有。任何城市在更新改建过程中,都会有原住民抵触搬迁,究其原因,不外乎物质和心理:利益的得失和对老环境的不舍。

纽约在美国诸多城市中,立法最为详尽和细致。2009 年哥伦比亚大学在曼哈顿的北边设计修建一所新的校园,占地 17 英亩,约合 103.5 亩。其中有两户人家不愿意拆迁,最后动用了美国的《政府征用法》(Eminent Domain),利用市政府的公权拆迁。不过,动用公权拆迁,首先必须符合以下三个条件中至少一个条件:为了城市的整体经济开发(Economic Development);城市的现有地区已经枯萎(Blight);征收这块地是用于未来的公共使用(Public Purpose)。Blight,枯萎表示这地方很破烂,大家都搬出去了,基本上使用这片土地的人很少;Public Purpose 是做公共建设用的,比如球场、公园、道路等;这里面最容易引起争议的就是 Economic Development,为了量化,在美国是这样认为:如果能够带动城市整个 GDP 的增长,或者是能够创造更多的就业机会和税收,均符合经济开发类的。

一般被征用地块如果符合上述三个条件之一,就可以合法拆迁。在美国赔偿问题叫做乔迁费,是由三个独立的房地产销售中介机构做评估,以三个评估值里最高者为赔偿额,在经济上对拆迁户进行赔偿。若拆迁户不接受,市政府还是会强制执行。强制执行的手段一般是断水断电,有时也动用警力。民主是少数服从多数,美国不会因为少数人的利益而牺牲大多数人的利益。任何的法律不可能滴水不漏,也不可能面面俱到,所以永远有申诉和仲裁,如果不服,可以到法院申诉。特别一提的是,在美国这个法律体制相对完善的国家,司法也是相对的公平,而不是绝对的公平,所以大法官在解释完宪法后,也会引起不少人不满而示威。

至于说为什么中国的"钉子户"这么层出不穷,我个人认为中国的老百姓没有一个合适的宣泄的渠道。在美国有议员或者民选代表替拆迁户出面协调,在中国如果有机构替"钉子户"们做协调工作,应该不会发生很极端的行为。同时法律的事先宣导工作要很到位,让百姓充分理解和接受拆迁的必要,充分了解补偿措施和拒不拆迁的后果,而不是用特权去武断执行,应该加大与百姓的沟通力度,避免极端纷争。

拆迁拆违素来号称"天下第一难事",它既贯彻落实相关政策,又涉及群众的根本利益。政府、企业、百姓,各方利益如何得到均衡,处理不好就会影响群众正常的生活秩序和社会稳定。中西方文化不一样,但又面临同样的问题,今天聊聊美国的"钉子户"及相关法律和措施,仅供参考。

美国波士华城市群发展对中国的启示

原文发表于 2009 年 5 月 6 日

城市群规划要求各个城市在做规划之时跳出一城之界，使得不同城市之间的规划进入联动的新思维时代。规划城市群的最终目标是实现城市之间的双赢甚至多赢，它不仅可以促进不同城市之间的合作，优势互补，还能加快区域的城市化进程。

●波士华城市群

中国城市群与美国城市群还有着巨大差距，中国城市群的发展任重道远。中国既不可能牺牲东部地区的发展来换取中、西部地区的经济腾飞，也不可能放任地区差距的持续扩大。所以，区域协调发展战略要有利于优化区域分工，开发西部市场，使东、西部互为市场，最大限度地拓展国内市场空间。在经济发展的同时，推进落后地区的城市化进程，用可持续发展的观念规划未来的城市及城市群。

美国东北部大西洋沿岸城市群，以纽约为核心城市，又称为波士顿—纽约—华盛顿城市群，简称波士华（Boswah），是世界上首个被认可，也是目前实力最强的城市群。它北起缅因州，南至弗吉尼亚州，跨越10个州，由波士顿、纽约、费城、巴尔的摩、华盛顿五大都市和40多个中小城市组成，这个城市群的层级结构以金字塔形存在。

该城市群几乎囊括美国东北部所有的大城市以及部分南部城市，绵延600多公里，总面积约13.8万平方公里，人口约4500万人，城市化水平达90%。该区面积虽只占美国国土面积不到1.5%，但却集中了15%左右的美国人口，是美国人口密度最大的地区，其中仅纽约大都市区2001年总人口就达2087.2万人，占全美国人口的7.3%，城市群制造业产值占全美的30%以上，被视为美国经济发展的中心。

一、城市群的起源

城市群的发展与世界经济重心的转移密切相关。18世纪后，工业革命使英国成为世界经济增长中心，伦敦和英格兰中部地区形成以伦敦至利物浦为轴线的大片城市带或城市群。到19世纪，欧洲大陆的兴起，使西欧地区成为世界经济增长中心。在法国大巴黎地区、德国莱因—鲁尔地区、荷兰和比利时的中部地区，以巴黎、布鲁塞尔、阿姆斯特丹、波恩等大城市为中心形成了规模大小不等的城市群，并共同组成了“人”字形的发展轴。进入20世纪后，世界经济增长中心从西欧转移至北美。在美国东北部和中部地区形成了波士顿—纽约—华盛顿城市群以及五大湖沿岸城市群。50年代后，美国的经济重心向中西部转移，从而推动了该地区城市群的发展，形成了旧金山—洛杉矶、达拉斯—休斯顿以开发高新技术产业为特色的新兴城市群。随着日本经济的崛起以及工业化与城市化的加速发展，在日本东部地区形成了以东京—大阪为轴线的庞大城市群。

◉曼哈顿华尔街的铜牛

1. 形成与演化

城市群发展经历过四个阶段：第一阶段是1870年以前的各城市孤立分散阶段，这一阶段人口和经济活动不断向城市集中，城市规模不断扩大，但各城市均独立发展，城市之间联系相对薄弱，众多小城市呈松散分布状态，地域空间结构十分松散。第二阶段是1870—1920年的区域性城市体系形成阶段，这一阶段随着美国产业结构的变化，城市规模急剧扩大，数量显著增加，以纽约、费城两个特大城市为核心的区域城市发展轴线形成，区域城市化水平提高。

第三阶段是1920—1950年的大都市带雏形阶段，这一阶段美国社会经济发展进入工业化后期，城市建成区基本成型，中心城市规模继续扩大，在单个城市中的人口和经济活动向心集聚达到顶点的同时，城市发展超越了建成区的地域界线，向周边郊区扩展，逐渐形成大都市区。第四阶段是1950年以后的大都市带成熟阶段，这一阶段科技迅猛发展，交通和通信发生革命，城市的产业结构不断升级换代，城市郊区化的出现，导致都市区空间范围扩大，并沿着发展轴紧密相连，大都市带自身的形态演化和枢纽功能逐渐走向成熟，波士顿、纽约、费城和华盛顿四大都市群横向蔓延，相互连接，最后发展为跨越数州的波士华城市群。

2. 核心城市发展历程

波士顿，既是美国马萨诸塞州的首府和最大城市，也是新英格兰地区的最大城市。该市位于美国东北部大西洋沿岸，创建于1630年，是美国最古老、最有文化价值的城市之一。由于波士顿是美国距离欧洲最近的一个主要港口，因而它迅速发展了海外贸易，向欧洲出口朗姆酒、鱼、食盐和烟草，成为当时世界上最富裕的国际商港之一。从1630年到1890年，通过填平沼泽、海滨泥滩和码头之间的缝隙，波士顿的城市发展迅速，规模扩大了三倍。19世纪中叶，波士顿的制造业在重要性上压倒了国际贸易。此后直到20世纪初，波士顿仍然是美国最大的制造业中心之一，其中特别以服装、皮革制品和机械工业著称。20世纪早期和中期，波士顿由于工厂陈旧老化开始衰落，工厂纷纷迁往劳动力更低廉的地区。20世纪70年代，波士顿在长达30年的经济低迷时期之后恢复了繁荣，通过其卓越的医疗服务和高等学府（哈佛大学、麻省理工学院、波士顿大学等）实现产业转型。21世纪初，波士顿已经成为波士华城市群智力、技术与政治思想的中心。

◉纽约港

纽约，美国人口最多的城市，它拥有世界上最大的城市区。超过一个世纪的时间，纽约是世界上最主要的商业和金融中心，并被评选为世界级城市。它的历史较短，1686年纽约建市，到如今只有300多年，由于独立战争期间，纽约是当时美国的临时首都，所以纽约很早就是一个核心级城市。1825年，连接哈得逊河和五大湖区的伊利运河建成通航，以后又兴建了铁路，沟通了纽约同中西部的联系，地理位置的优越促进了城市的大发展。到19世纪中叶，纽约逐渐成为美国最大的港口城市和集金融、贸易、旅游与文化艺术于一身的国际大都会。

同时纽约也是美国的工业中心之一，服装、印刷、化妆品等行业均居全国首位，机器制造、军火生产、石油加工和食品加工也占有重要地位。市内多数河流都通大西洋，港口规模巨大，设备优良，终年不冻。纽约也是铁路交通重要枢纽。纽约的地下铁道全长1000多公里，是目前世界上最长、最快捷的地铁交通系统。纽约有3个国际机场，其中著名的肯尼迪国际机场承担着全国50%的进出口货物空运业务和35%的国际客运业务。以上优势使得纽约成为波士华城市群五大城市中的首位城市。

费城，美国最老、最具历史意义的城市，它在美国史上有非常重要的地位。在18世纪时，费城是美国第二大城市与人口最多的城市，在当时，它的政治与社会重要性超过纽约与波士顿，费城因此成为美国首都有十年之久，直到华盛顿特区的国会山庄建筑完工并开始使用才结束。费城市作为波士华城市群中的老城，它的经济活动主要以制造业、食品加工业与金融服务业为主。

巴尔的摩，美国大西洋沿岸的海港城市，1851年成为独立市，离美国首都华盛顿仅有60多公里，港区就在帕塔帕斯科河的出海口附近。从这里经过海湾出海到辽阔的大西洋还有250公里的航程，但由于港口附近自然条件优越，航道很深，万吨级远洋轮可直接驶入巴尔的摩港区，向来是美国五大湖区、中央盆地与大西洋上联系的一个重要出海口。密集的铁路线和公路线深入到港区，现代化、机械化作业水平相当高。港区北面有火力发电厂、化工厂和冶炼厂，港区南部和西南部是造船、军火、机械工业和

●华盛顿国会山庄

铁路站场集中的地区。铁路干线将工厂区与码头密切地联系在一起，为工业生产和国际贸易提供了十分便利的运输条件。

华盛顿，作为波士华城市群中的重要城市源于其政治地位。它是美国的首都，也是全世界政治的重心。在这个城市里的一举一动，都像在水池里投下一块石子一样，其余波会影响到整个世界。它于1790年开始定都建设，1800年5月15日美国迁都华盛顿，到19世纪20～30年代，华盛顿已初具规模。1835年，华盛顿和巴尔的摩之间修通了铁路，3年后铁路就延伸到了纽约。随着铁路将中心城市连接起来，城市的联网效应逐渐形成，各地产业链条逐步完善，核心城市、周边城市在大城市辐射效应下的出现与兴起，波士华城市群整体框架最终形成。

◉规划的远见与魄力——连接曼哈顿区与布鲁克林区的布鲁克林大桥，1889年建成，当时认为造桥不可能修改，汽车是未来的潮流，所以按照双向6线，60英尺（18.28米）宽建设

整个波士华城市群的形成，以其功能的整合和城市服务效率的提高，为整个美国的企业和商业繁荣，带来巨大财富。

二、城市群发展模式的优势及其基本特征

1. 城市群的主要驱动力——外向型经济

从发展历程看，外向型经济是波士华城市群兴起和壮大的主要驱动力量。虽然技术进步使生产的区位约束条件日益宽松，但海运仍然是实现国际贸易物资交流的最有效手段。因此，临海地区在利用全球资源和拓展国际市场方面具有极大的比较优势。这也是全球临海工业带普遍兴起的主要原因。尤其对于后发国家而言，沿海口岸还可以发挥“桥头堡”的作用，利用发达国家的先进技术，承接国际产业转移。因而在开放经济条件下，沿海地区一些主要的港口城市，如美国的纽约、费城、巴尔的摩、波士顿迅速发展成为带动区域经济发展的中心，并且以其巨大的技术经济能量向腹地进行辐射和扩散，形成大规模的产业集聚和城市绵延。

值得注意的是，近年来，知识经济和高技术产业已成为美国波士华城市群经济发展的新动力。高科技产业和研究机构、高校在这些沿海城市群聚集，增强了城市的科技创新能力和孵化功能，为城市群经济的持续发展提供了强大的后劲。

2. 城市群的产业空间组织形式——专业化区域分工格局与产业集群

波士华城市群在世界城市中的地位以及对于世界经济的影响能力，来自于大都市圈内的区域分工格局。纽约作为全美的金融和商贸中心，有着最为发达的商业和生产服务业，为这一地区提供了多种重要的服务。

波士顿集中高科技产业、金融、教育、医疗服务、建筑和运输服务业，其中高科技产业和教育是波士顿最具特色和优势的产业，20世纪50年代后，沿波士顿附近128号公路形成了与“硅谷”齐名的高科技聚集地，成为世界著名的电子、生物、宇航和国防企业中心。

费城地理位置优越，经济结构比较多样化，费城港是美国最繁忙的港口之一，集装箱容量在北美各大港口中位居第二，港口发展带动了费城整个交通运输业的扩展，使费城成为纽约都市圈的交通枢纽。

华盛顿市作为全美政治中心和世界大国首都，在国际经济中有着重要影响，全球性金融机构，如世界银行、国际货币基金组

织和美洲发展银行的总部均位于华盛顿。

巴尔的摩市区与华盛顿特区的接近使得它分享了很多联邦开支和政府采购合同，同时国防工业在巴尔的摩有了很大发展。

3. 城市群的空间扩展模式——从点轴扩展到联网辐射

波士华城市群的空间扩张，经历了点轴扩张和联网辐射两个阶段：起初，少数经济中心集中在沿海的重要港口城市，呈斑点状分布。随着极化和扩散作用不断增强，中心港口城市的规模急剧扩大，周边地区中小城市数量也显著增加。波士华城市群中的中心城市形成了各自的都市圈。沿海主要交通干线将中心城市连接起来，都市圈沿着海岸方向扩展融合，并且在干线两侧集聚人口和各种经济要素，形成新的聚落中心。在此基础上，整个区域建立起具有密切联系的功能性网络，形成了区域发展的空间一体化。

三、城市群建设的经验与教训

经验：促进了城市群空间扩展并进而改变原有的城市群产业空间结构

(1)着力发展临海经济

国际经验表明，依托深水大港发展临海经济，是沿海地区形成产业集聚和城市集聚的重要条件。

(2)重视发展中的合理分工

美国波士华城市群内虽然包含多个港口，但各港口在发展中都有合理的分工。在波士华城市群内，纽约港是商港，以集装箱运输为主；费城港主要从事近海货运，而波士顿则是以转运地方产品为主的商港，同时兼有海港的性质。港口间的分工协作构成了城市群产业错位发展的重要基础。

(3)重视城市群交通体系建设

波士华城市群发展经验表明，交通网络的发展对城市群发展具有重大的影响。一方面它促进了城市群空间扩展并改变着城市外部形态，对城市空间扩展具有指向性作用；另一方面又直接改变着城市群的区域条件和作用范围，产生新的交通优势区位、新城市或城市功能区，进而改变原有的城市群产业空间结构。

高速公路和轨道交通是城市群内交通联系的两种主要方式。一方面，美国城际交通体系以高速公路为主，轨道运输为辅。高速公路体系极大地增强了城市之间的经济联系。另一方面，也使人口郊区化趋势日益凸显，在美国波士华城市群的发展过程中发挥了重要作用。

(4)政府规划促进城市群空间结构优化

在波士华城市群发展过程中，为解决核心城市过度膨胀问题，美国政府采取了不同的措施以优化城市群空间结构。

波士华城市群是典型的核心城市带动型城市群。其核心纽约位于美国东部沿海，濒临大西洋西岸，通过伊利运河和内陆五大湖把中西部与东部连接起来的哈得逊河由此注入大西洋。纽约同时是全美第一大城市和最大海港，是全国巨大的交通枢纽，工业、金融、信息的中心。波士华带被称为美国经济地理的枢纽，纽约则是这个枢纽上的中心，形成“T”状的波士华带与美国制造业带的交会点，外贸总额在全国占很大比重。

（5）注重城市间的管理协调

大城市群内往往存在许多城市，而单个城市政府又无法独自应对广域行政问题。对此国外各沿海城市群采取了不同的区域协作模式。美国波士华城市群，其城市间虽然经济联系紧密，但却并未形成统一的、具有实体性质的城市群管理机构。区域间的协调和跨区域管理大多通过一些专业性管理机构进行。城市间协作是松散和非正式的。例如，纽约和新泽西州于 1921 年就共同成立了纽约和新泽西港务局。如今，该局仍然控制着区域内多数交通运输设施，包括机场、桥梁、隧道和海港设施等，该局的财政相对独立，收入来源于其所执行的项目。

教训：区域内人口过度集中引发的问题

（1）经济、社会与生态问题

西方城市群的发展初期是各国政府为了改善原有单一的中心大城市人口过于集中、交通拥挤、生态环境恶化、失业人口增加而将产业和人口向大城市周围的地区扩散，采用城市群布局方式在地域上组成一个相互关联、相互依赖的城市群体。这种城市群体随经济发展而逐步演化成巨大的城市化地带，并以其独有的聚集优势，对一定区域乃至一国的经济发展起着不可替代的重要作用。

尽管如此，这种巨大的城市化地带也导致国家经济、人口和产业过分集中于某一地带，相应地带来了一系列弊端。突出地表现

◉纽约市曼哈顿的大道设有专门的自行车道

为：导致区域生态平衡破坏；加剧区域经济发展失衡与区际差异扩大；城市基础设施的连绵扩张吞食大量良田；企业外迁造成城市政府财税锐减，中心城市渐趋衰退。

（2）交通问题

波士华城市群偏重于公路建设，过于依赖公路运输也带来了很多问题，尤其是交通拥挤问题已成为城市群进一步发展的主要障碍。

（3）对城市群发展弊端的相应对策

针对城市群的发展弊端，自 20 世纪 60 年代末期以来，许多发达国家在国土规划上开始重视城市群区域的良性持续发展，并相继采取了一些应对之策，主要有：

一是控制大城市人口的过度膨胀。如法国为控制巴黎地区人口的膨胀，在全国范围内确定 8 个平衡性大城市来促进人口的合理流动和全国经济的均衡发展。

二是重视落后地区的发展。如英国积极培植新的区域增长极以带动落后地区的发展。

三是重视克服环境污染。如日本为了根除太平洋沿岸严重的环境污染，重新调整工业布局，将一些大型工业基地转迁至东北、西北地区，以新干线和高速公路和现代通讯网络将其与大城市连接起来。

由此可见，如何在做大做强核心城市的同时，避免核心城市的过度膨胀和连绵外溢，并在建设周边城市、疏解核心城市人口和功能的同时，避免核心城市的“空心化”，是许多国家和地区在城市群发展过程中共同面临的难题。

同时，经济学家为城市提出建议，用组团式城市群代替单一的城市扩张：经济上可以取得台阶式的提升；社会上可以消除二元结构；生态上可缓解城市的热岛效应；文化上便于多样性的充分交融；系统上形成等级有序的效率体系。

一个充分紧密的磁盘，从高100米的高空摔下时，它破裂后的大大小小碎片，构成了疏密不等的空间，以此比喻将单级城市“松绑”成组团式城市群，从根本上以其“表面能”的增大克服了过分密集所带来的“城市病”。从一个局部来看，它的确扩大了对于土地的占用，但是它的经济贡献率和城乡一体化的程度提高了几个数量级。实际上，在全国范围内更多地节省了土地，消化了其他地区的发展压力，可以大大加速全国范围社会公平的实现，大大改善生态环境的质量，大大提高国家的可持续发展能力，必然是发展战略追求的更高境界。

四、中国城市群发展的机遇与挑战

1. 中国城市群发展状况

中国对外开放的空间格局由20世纪80年代的沿海发展逐步扩大到90年代的沿江、沿边和广大内陆城市，目前，已基本形成一个全方位对外开放、多层次参与国际经济循环的地区经济发展格局。除了长三角和珠三角城市群、京津冀都市圈已经比较成熟外，已初露端倪的有山东半岛城市群、辽中南城市群、中原城市群、长江中游城市群、成渝城市群和关中城市群。大大小小的城市群和产业带将推动区域经济一体化进程并对“诸侯经济”形成冲击。

◉芝加哥城市群

中国东部沿海城市群与美国西海岸波士华城市群比较有很多相识之处。波士华城市群是典型的核心城市带动型城市群，核心城市绵延相连如珠串。中国东部沿海形成的环渤海城市群、长三角城市群、珠三角城市群形态上会逐渐连为一体，发展趋势上也势必增强产业联系与职能分工。

2. 上海与纽约比较研究

在比较中国东部沿海城市群和波士华的异同时，还可以发现上海和纽约有更多的相同之处，因而也使这样的比较显得更有意义。

纽约位于美国东部沿海，濒临大西洋西岸，通过伊利运河和内陆五大湖把中西部与东部连接起来的哈得逊河由此注入大西洋。上海则位于中国东部沿海，太平洋西岸，纵深东西、横断南北的国内第一大河长江由此进入东海。上海同样是中国第一大城市和轻重工业各门类较为齐全的综合性基地。上海不但是我国地理上南北分界的中心，而且也是经济的中心，中国东部沿海经济开放带与长江沿江产业发展走廊成“T”状相交于此。上海更是沿海南北航线的中枢和重要的外贸港口，是长江流域的出海门户。作为核心城市，纽约和上海在城市群中的带动辐射作用十分显著，两者集外贸门户职能、现代工业职能、商业消费先导职能于一身，对区域的发展具有中枢性的支配地位。此外，纽约和上海还有一个共同点，就是金融中心的重要功能。

根据中国社科院2004年的统计，美国波士华城市群的GDP约占美国GDP总量的24%，美国三大城市群的GDP占全美国GDP的67%(三分之二强)。中国长江三角洲城市群的GDP，约占中国全国GDP总量的18%；中国珠江三角洲城市群的GDP，约占中国全国GDP的10%；中国环渤海城市群的GDP，约占中国全国GDP总量的9%。中国三大城市群对中国GDP总量的贡献率只有37%(三分之一强)，比美国三大城市群对美国GDP总量的贡献率低30个百分点。

◉龙安项目：首开股份青岛后田片区总体鸟瞰图、核心区鸟瞰图及总平面图，2010年设计

对于个体城市来说，纽约的GDP占全美GDP总量的24%，相当于上海GDP总

量的44倍、北京GDP总量的79倍、广州GDP总量的87倍。与其他国际大都市比较，上海的GDP总量是日本东京GDP总量的1/20、是伦敦GDP总量的1/6、法国巴黎GDP总量的1/4、中国香港GDP总量的1/3、韩国首尔GDP总量的1/2。

3. 中国区域发展的突出问题及对策

中国目前大城市的经济规模偏小，大城市群集聚财富能力偏低，在中国经济飞速发展的同时，还出现了比较突出的问题。

在全国经济高速增长的过程中，区域之间表现出明显的不平衡，区域经济差距越来越显著，特别是进入20世纪90年代，区域之间的相对差异和绝对差异都呈现出加速扩大的趋势，东部人口膨胀、西部长期落后、中部边缘化、东北衰退等对中国社会发展和整个现代化战略目标的实现带来了负面影响。

规划城市群，必须考虑城市个体在城市圈、群中的地位。同时，城市群发展中可能存在着某种非理性的冲动。这一冲动又有可能让城市圈、群发展变得盲目，乃至忽略掉组团发展中存在的现实难题。

以长江中游城市群来分析，武汉"1+8"城市圈中的小城市之间，由于存在经济总量小、人口规模小、交叉投资和产业链接基本处在相当初级的阶段等共性，而表现出不同程度的同质化竞争。西方发达国家发展城市群过程中也同样出现过类似的问题，我们可以借鉴，但并没有简单的公式可以套用，也没有约定俗成的解法。这是一场理性的、思辨的城市化进程，是时代的机遇与考验。

◉上海市黄浦江沿岸建筑群

城市群规划要求各个城市在做规划之时跳出一城之界，使得不同城市之间规划进入联动的新思维时代。这也使得城市群必须打破省际之间的藩篱，权衡大、小城市之间的利益得失。规划城市群的最终目标是实现城市之间的双赢甚至多赢，它不仅可以促进不同城市之间的合作，优势互补，还能加快区域的城市化进程。

中国城市群与美国城市群还有着巨大差距，中国城市群的发展任重道远。中国的改革开放使得中国经济发展取得了前所未有的成就，这在东部地区表现最为充分。面向未来，中国既不可能牺牲东部地区的发展来换取中、西部地区的经济腾飞，也不可能放任地区差距的持续扩大。所以，区域协调发展战略要有利于优化区域分工，开发西部市场，使东、西部互为市场，最大限度地拓展国内市场空间。在经济发展的同时，推进落后地区的城市化进程，用可持续发展的观念规划未来的城市及城市群。

纽约长岛：
海滨地产的样板

原文发表于2008年7月22日

海湾由于自然景观丰富而成为海岸线上的精华部分，在城市发展过程中，海湾也往往以其综合优势逐渐成为旅游休闲、商业金融和高尚居住的复合功能区，从而创造出更丰盛的生活资源。

人类的居住模式往往取决于人类的文明进程，伴随着经济的飞速发展，人类自然地向滨海地区迁徙。根据科学家预测，到21世纪末，人类将会有十分之一的人口移居海洋城市。

由于我来自纽约，比较熟悉纽约长岛。所以我在此将长岛的情况给大家介绍一下。

长岛主要以滨海新区规划而建，对于海滨地产的开发，或许有许多地方值得我们开发滨海地产学习和借鉴。

长岛(Long Island)位于北美洲东海岸边，属于美国纽约州。在东这个长岛分为南北两个叉，相应地被称为南叉和北叉。近几年来长岛的房价不断地上涨，平均每年上涨15%左右，是个非常热点的投资地区。

美国梦，富人区

从历史上来说，海湾由于自然景观丰富而成为海岸线上的精华部分，在城市发展过程中，海湾也往往以其综合优势逐渐成为旅游休闲、商业金融和高尚居住的复合功能区，从而创造出更丰盛的生活资源。也正因为如此，海湾地区的居住才显得更为稀缺，而居住在海滨成为城市居民非常向往的生活方式。

从景观上来讲，有水则灵，水为人类居住提供了养眼的自然景观，同时也营造了好的生态环境。欣赏着迷人的海景，品位着海洋的气息，呼吸着新鲜的空气，营造出一处自然的生态景观空间，因此住在海滨地区，是一个让大家向往的地方。此外，随着休闲越来越被重视，湾区也被规划成了休闲的重要阵地。人们把海岸休闲当成一种常态生活。空余时间，海边就会聚集着众多垂钓、漫步、潜水、打沙滩排球，甚至只是晒日光浴的人们，而驾着游艇出海看野生海豚、冲浪则更为惬意，海当成了生活中不可或缺的一部分。

◉纽约长岛一个家庭住宅，
前面停车，两侧院子，后面有一个花园。
这也是美国年轻人结婚想买的第一套房子。
美国梦（American Dream）就是说这类的房子

在长岛，有一个黄金海岸，跟南戴河差不多。纽约长岛，东西长、南北窄之半岛状。在“二战”前，是一连串恬静的小村庄，居民稀疏，皆以打鱼、种土豆为生。故当地的一些地名仍带有时代的痕迹，如“海龟湾”、“牡蛎湾”、“龙虾湾”……今日的长岛以富庶闻名遐迩，成为独具风格的富人和中产阶级郊区。此外，长岛的龙虾与蚌非常有名（宋美龄的故居就在“牡蛎湾”，据说在她的故居里有很多的艺术品，新屋主在拍卖的时候，光艺术品就拍卖了 5000 万）。这里的很多人是周一到周五住在曼哈顿，星期六与周日，或是夏天、放长假的时候住在长岛。

长岛黄金海岸有“美国梦”的社区，这里都是中产阶级的房子，是我们经常看到的独门独院的单体别墅。长岛的北部还有海滨区，这里有很多捕鱼港口，而且在这里可以坐渡轮横渡长岛湾到美国对面的康乃狄克州与麻省。另外，还有一个生态保护区，有很多的州立公园。再有，就是农业区，这里基本上以农业为主，主要种植葡萄、土豆。

整个黄金海岸，是一个环境优美、治安良好的地区，与普通住宅形成明显的界限。长岛富人区的房屋一般价值在 100 万美元以上，并且呈逐年快速上涨的态势，每年大约上涨 15%。这里的住户大都来自纽约，以医生、律师和个体商户为主，他们都有很强的经济实力。虽然这里的房价不是世界最贵，但是几百年的建设历史使其成为世界著名的经典富人区。他们购置周末居所，周末会请一些人住在这里，大部分的周末度假别墅有五个套间，可以同时容纳五对夫妻周末在这里游泳、晒太阳，增加大家之间的感情。而长岛的豪宅设计与规划跟我们中国目前豪宅在形式上、品位上和颜色上有很大的不同。

●长岛的庄园别墅

阶层空间与梯度生活

黄金海岸区最豪华的是"三湖"别墅，以里面的三个大大的清水湖泊命名，湖面波光粼粼，胜似海景。围绕着湖水是一个美国最高级别的高尔夫球场，一个绿草如茵的网球场。别墅内有一栋 2.5 万平方英尺的大房子，还有一个洋溢田园情调的小木屋，一个盛放着 3000 瓶葡萄酒的地窖，多个马棚，一个英格兰风格的大花园，一条百合花甬道，一个菜园。大房子内，有一个椭圆形的起居室。

如此一个集居住、运动和休闲于一体的住宅，完美体现了美国人向往自然、注重健康的生活理念。这座豪宅标价 7500 万美元。黄金海岸的另一处是"燃点"，有 2000 多英尺的海滩，一个私人码头。它的主人是一个商业大亨，1991 年花费 1000 万美元购得，目前的价值是 5000 万美元，最近由于次贷问题，房价降了一点后也是 4000 万美元，比他当时买进来的时候仍涨了不少。

还有一个"美国梦"社区，它是中产阶级的家园。中产阶级的社区不像黄金海岸那样豪华，由于地处纽约郊区，长岛郊区通勤火车提供了 30 分钟便捷的交通，大批在纽约工作，但又厌倦都市生活的白领便选择了这里作为他们理想的家园。这里的房子，很多是被中国的移民购买，如果他们要买中国的东西的话，可以开车去纽约市皇后区法拉盛"中国城"。在纽约中国城的超市里买东西时不需要讲英文，而且在纽约市生活，包括考驾照也用中文。其实纽约市只有不到 5%的华裔人口，而经过我和过去一些参政与华人社区的努力，中文已经成为纽约这个地区的第三个官方语言(第一个是英文，第二个是西班牙文)。

滨水区一般是人们最亲近海洋的地方，长岛的滨海区利用一些人工筑成的河叉来增加人们接近水的区域。同时，船屋和码头附近的公共地带也变成了人们最爱去的场所。夏季，公共海滩和海边上供租用的房子成为滨水活动区。

长岛的滨海区利用一些大的河岔来增加人们接近水的区域。同时，船坞和码头附近的公共设施变成了人们最爱去的场所。在长岛我们常常看到许多带着帆的私人游艇，其实这种船非常不好开，要上40小时的课，才能拿到驾驶执照。不过，它有机动的，没有风的时候，可以用马达开船。这个游艇的帆很难控制，如果没有拉住的话，就很可能倾斜。如果大雾天气或雨天出去，或是在没有风的时候，可以乘坐摩托艇。船舱内有一个小的厨房和卧室，起居间有一个座椅区，三五好友一起驾船出海玩，是非常惬意的，这也是高级白领的一种生活形态。

由于海湾地区地势的原因，往往具有更丰富的生态资源，如枫树林、热带海洋植物等。长岛的生态林地提供了良好的环境，同时，种植区内的植物也可以防范夏天飓风的侵扰。

长岛的东部也是美国一个重要的葡萄酒产地。我记得我当时在美国的船就在这里，为什么选在这里？因为1976年的时候，我就在这里打工，在长岛一个很高级的游艇俱乐部做酒保，当时在俱乐部里我是唯一的亚洲人，那个夏天让我学会了做酒。在俱乐部，有自己的私人游艇码头，不同的人沿着海边把船开到这里吃饭，或在这里活动。俱乐部同时有一个私人海滩，也有许多网球场，高收入的白领，周末或是夏天就住在旁边，这种生活形态，是一种高层次享受的生活形态。

总而言之，随着国内人的收入提高，滨海的生活方式，将是未来高级白领的生活方式之一。我希望长岛的滨海规划经验与生活模式，能够对开发滨海房地产有所借鉴。

长岛的日落

行走在印度的城市间

原文发表于 2009 年 8 月 6 日

印度的街头，可以感受得到它的城市风貌，对绿地、树木的保护还是和若干年前一样，老百姓太穷了，但是又很安“贫”乐道。

在本文中，我把印度之行的照片整理出来，与大家一起感受一下印度这个古老的城市和它的建筑。

世界八大建筑之一的泰姬陵，坐落在印度古都阿格拉

这是16世纪莫卧儿王朝的皇都中宫殿的走廊，
虽然经历了漫长的岁月，年久失修，
但画梁和墙壁上的精雕细琢和设计
还保存着当年富丽堂皇的风貌

这是座纯白大理石砌建而成的陵墓，
四周墙壁的花草图案不是画上去或雕刻上去的，
而是用彩色的石头贝壳磨成薄片镶嵌进去的，
这也是泰姬陵建造历时22年，
几乎耗尽国力始成的真正原因

阿格拉红堡（Agra Fort）建在亚穆纳河畔的小山丘上，
整个城堡全部用红砂岩建造而成，所以又被叫做红堡

阿格拉古堡

印度“圣雄”甘地墓，
四四方方的黑色大理石，
没有多余的装饰，
却有很多人来悼念陵园的主人

恒河岸边的古城古庙

我们走在印度的街头，可以感受得到，它的城市风貌，
对绿地，对树木的保护还是和若干年前一样，
老百姓太穷了，但是又很安“贫”乐道

西方商业法则下的中国变通之道

原文发表于 2011 年 6 月 20 日

则不可以随意变通，但商业的原则却是可以变通的。只有主动去适应本土新的作业模式，加之技术水平可靠，慢慢地被市场接受，这才有可能改变客户与合作伙伴的想法，进而引导他们适应我们的商业法则。

◉饶及人(右一)参加第二届中国城市化国际峰会

日前，在一些建筑专业论坛上流传着一篇关于建筑师维权、向地方政府"讨薪"的文章，引发了业界对建筑师地位处境及作业环境的强烈关注。这些，对于不少正兴致勃勃来华掘金的"洋设计"机构来说，多少感到有些困惑。

事实上，本土化只是"洋设计"机构在中国市场生存发展的第一步，而要适应中国市场完全不同的"商业法则"，或许是至关重要的"下一课"。

就这个问题，《中国住房杂志》(以下简称"《杂志》")采访了我，以下是访谈录。

《杂志》：提到作业环境差异的问题，你有没有注意到一个现象：拖欠设计费。你们是否遇到过同样的问题？

饶及人：其实，我们刚来到中国时便发现，这边的作业流程迥异于美国：先设计、后拿钱，这可能正是导致拖欠设计费的原因之一。但很快我便理解了这种作业模式。

中国是一个很特殊的国家，许多制度正在形成中，人情维系着各种关系，人们喜欢先交朋友后做生意，人情与信任度似乎比法律合同还管用，这其实来源于厚重的传统文化。我们也因此总结出：朋友是财富，关系是生产力。作为外来设计机构，要想参与市场，便要能适应这种模式。我一直认为，学术的原则不可以随意变通，但商业的原则却是可以变通的。

但是，很多国外设计机构来到中国后还是喜欢遵照美国的套路，按美国的商业法则行事，甚至拿着美国合同来做中国的生意，似乎完全忘了这是在中国。没有变通，就没办法适应。

《杂志》：中国尚不能算一个完全的商业社会，在此大背景下，完成这种"变通"，你们花了多长时间？"变通"的结果如何？

饶及人：情况似乎在 2006 年前后发生了变化，也就是在涉入中国市场近 10 年后，我们才慢慢拥有了话语权，过程的艰难可想而知。

其实道理也很简单：在获得别人认可之前，是不可能"叫牌"的。正因为我们主动去适应了新的作业模式，加之技术水平可靠，慢慢地才被市场接受，这才有可能改变客户与合作伙伴的想法，进而引导他们适应我们的商业法则。

记得我刚到中国时，有人告诉我，在中国要成功有几种方式：你是你，我是我；我来将就你；你来将就我。现在龙安基本上已经能做到最后一点。我们作业严谨、流程规范，不再是先画图、后收费，在目前的多数情况下，我们是拿了钱再开工。当然，基于"人情社会"的特点，对于有信用的"熟客"可以适当放宽要求。

但我们坚守一条原则，不管是客户还是合作伙伴，都必须尊重我们的时间、尊重我们的劳动。

◉龙安项目：上海世博会中国铁路馆建成实景，2009年设计

《杂志》：谈谈这方面的现实案例。

饶及人：2010 年上海世博会铁路馆可能是一个很好的例子。2009 年，铁道部在否定了 46 家设计公司、96 个设计方案后，决定委托龙安进行设计。当时已经是 2009 年春节前夕，铁道部领导希望我们能在春节期间就做出方案。当时，我便提出，不能免

费赶方案，这会对我们的专业不尊重，尤其是这么具有特殊意义的设计。于是当晚便经过谈判，大致把设计费用确定了下来。

随后，公司的外国员工在春节期间加班赶活儿，最终形成了3个方案。大年初四，铁道部领导开始催问方案，但由于当时合同还没签，首款未拿到，我便坚持，必须付了首款之后才能提交方案，这是一种尊重。直至大年初八收到首款后，我们方才递交方案。最后的结果是，对方十分满意我们的设计，于是便有了后来备受世人瞩目的世博铁路馆。

《杂志》：对商业原则的坚守明显不同于国内传统的设计单位，这种理念从何而来？对公司的定位与经营方式有何影响？

饶及人：这首先和我个人的背景有关。我是中国台湾出生的温州人，在美国纽约的犹太人圈子中长大，早在20世纪80年代便研读MBA，因此我个人的商业意识十分强烈。

推及至龙安，我们自我定位为一个商业的设计机构。既不是一个创作工作室，也不是一个学术研究机构，很简单，我们就是一个需要在市场中生存发展盈利的企业个体。正因此，龙安九大经营理念中的第一条便是："商＋儒"。

但是，商业法则的前提是必须有"真本事"。龙安既要求客户先付费，也要保证作

聚焦
"洋设计"的中国式发展之二

商业法则下的变通之道

品不满意可以退费。这在许多公司恐怕难以做到。这个承诺的基础依然是商业法则：合理的钱买满意的产品。

《杂志》：但事实上，中国人其实是很羞于谈论金钱的。尤其是不少规划设计师，几乎只专注于专业技术，既不愿谈论商业，也不懂得商业运作。你如何看待规划设计师的职业定位？

饶及人：这是一个商业社会，不要怕谈钱。规划设计师是一个包罗万象的职业，对设计师的要求很高。就现在，我每来到一个城市，不但要了解当地的经济现状，与当地政府打交道，还要计算工程费用，最后还要追踪关注每个项目对社区环境和社会的影响。我因此常常发现，作为一个城市规划师和建筑师，我还必须是一个社会、经济、政治、环境学方面的综合性专家，同时还得是个眼光敏锐的商人。

导读

在21世纪，中国如果要从大国成为强国，必须要知道地球与城市的资源是有限的！中国人必须要懂得给下一代留下财富与资源！中国的官员必须要知道，今天的政策会影响下一代的福祉！中国老百姓必须要知道，今天的行为会影响到明天的安排！中国的公民必须要知道我们所处的社会上，我们的社区中，我们的地球上，还有其他的人。

龙安项目：云南昆明五华区王家桥片区城市设计，2009年设计

第五章

绿色未来：
中国绿色建筑与未来的城市生活

低碳经济将重构中国房地产市场价值体系

原文刊发于2009年12月2日《消费日报》

碳的使用率逐步提高，将导致税收增加，从而影响房价，是否采用低碳战略的项目会各自拉开差距，并最终导致市场范围内的竞争力产生差异。

◉龙安项目：江西南昌东方海德堡实景，2007年设计

对于绿色低碳这个话题，近期越来越热。在当前国际大趋势的影响下，人们不得不投入到对低碳经济的“钻研”中，挖掘中国在低碳上的可行之路。

十年前，中国开始着力引进绿色生态建筑的先进理念与技术。如今，该理念与技术已经得到全面推广；十年后，当“低碳”的呼声日渐高涨，中国又不可避免地卷入到这一潮流中，在机遇与挑战中寻找有中国特色的低碳之路。

目前科学界以及各国政府已经基本达成一致，认为人类活动导致地球大气层中的温室气体（尤其是二氧化碳）不断增多，气候正在发生变化。在可预见的将来，温室气体水平过高导致的全球变暖会对人类生活产生负面影响。因此，推行低碳经济被认为是避免气候发生灾难性变化、保持人类可持续发展的有效方法之一，它已受到越来越多国家的关注。

说到低碳经济的话题，首先要明白这

一话题背后的意义。WTO成立以来，逐步解除了各国间的贸易壁垒，尤其是中国的加入，更让大家认为中国是其中最大的赢家——因为中国的制造业十分兴旺，贸易顺差较高，加上过去一年的金融危机造成大量欧美国家经济萎缩，为了保护自己的产品，提高关税是重要的途径，但各国又苦于无法可依，百般寻找之下，“绿色”成为了一项打开局面的最佳话题。那些欧美发达国家一致认为中国的二氧化碳排放量占据了全球排放量的很大一部分，既然如此，就理所应当由制造出这大量碳排放的国家来多付出些资金承担过失。此外，在经过了2008年金融危机的冲击后，很多相关行业不复存在，美国金融行业的大量从业者失去了工作，无所依靠，必须转行，因此他们也极其需要找到一个新的产业结构来创造新的就业率。

犹如股票一般，碳交易属于虚拟交易，通过人们对它的期待值来交易而非真正的产值。在未来，它将会成为全球一大新兴的金融体制。低碳经济时代的到来不可逆转，它将催生新的经济增长点，低碳经济将与全球化、信息技术一样，成为重塑世界经济版图的强大力量。谁能够主宰低碳经济，谁就能够主宰未来全球游戏的规则。由此，它也成为了世界大国、强国必争的关键点。

目前，英、美、法、德、日等国家都在着力抢夺低碳经济主导权。作为一个高耗能国家，低碳经济时代的发展要求中国迅速调整产业结构、能源结构，寻找并推广新的节能技术，发展清洁和可再生能源，把低碳经济的理念渗透到社会各个领域，形成良好的发展低碳经济的社会氛围和舆论环境，真正让低碳经济时代下的中国顺流而上。

在发展低碳经济的大趋势之下，中国的房地产市场也面临着巨大挑战。目前中国的建筑能耗占社会总能耗的25%。按照“十一五”规划，建筑行业要完成节能达1.01亿吨标准煤，建筑节能总面积达21.46亿平方米，而相较于政府的节能目标，目前来看实现难度较大，单位GDP能耗下降20%的目标至2008年底仅下降了8.5%。

未来，当碳排放量逐步增加，将导致税收增加，从而影响房价，是否采用低碳战略的项目会各自拉开差距，并最终导致市场范围内的竞争力产生差异。因此，关注中国的低碳经济之路，以绿色低碳建筑为主题，规划中国房地产业的未来发展，已经是一项迫在眼前的任务。

对现阶段的中国而言，由于此前没有样

龙安项目：温州市划龙河沿岸景观设计实景，2001年设计

本可以参照，做低碳产品无疑还需要花费很多时间学习与磨合。主导这一产业发展的政府和相关组织机构、投入资金引领开发的发展商、以及参与其中设计的建筑设计公司都应当自觉加入到其中来，促进中国尽快实现低碳化。

以我们美国龙安设计公司为例，它是全国首批认证的绿色生态建筑示范项目签约规划设计机构之一，而且在收购北京众拓建筑工程设计公司之后，30%的股权就隶属于建设部绿色研究中心，我们的董事总经理是原住宅产业办科技处处长，他曾参与了大量绿色技术研究。将来美国龙安也会成立绿色设计小组，目前正与建设部一同谋划希望建设一个100万平方米全部采用绿色科技的示范住宅项目，该项目将会全部采用绿色科技，针对中等收入者为目标群体，我们希望它出来之后虽然不是明星产品的价格，却能拥有明星产品的品质。

另外，对于房地产市场中的消费者而言，将来在购房之前必须首先有一个明确的心态与立场，能源越用越少，绿色低碳建筑关系到我们的切身利益，必须在可控制的范围内减少我们的消费。这些意识将引导消费者对开发商提出要求：在建造房子的过程中，要能够为大家提供低能耗而非高能耗住房产品。

如同我们买车一样，谁都希望能买到一辆省油的汽车，虽然汽油的价格与其出厂售价没有直接关系，但在使用过程中如果能尽可能减少开销是大家共同的追求。将来消费者对待房子的心态也一样。在低碳经济的趋势下，需要全社会建立起一个共识，做绿色生态建筑，实现低碳化，与每个消费者的利益都息息相关。

龙安项目：温州市划龙河沿岸景观设计效果图，2001年设计

推进绿色保障性住房建设是顺势之举

原文发表于 2011 年 5 月 16 日

如果中国不在最近推出的保障性住房建设上，强制要求采用三星绿色建筑科技，中国将失去一个成为绿色建筑大国的好机会。

◉ 在饶及人主持下，中美绿色建筑与城市开发国际论坛的与会嘉宾对中美绿色建筑与城市开发进行了探讨

2011 年五一假期，受中国贸促会建设分会城市开发与建设委员会的邀请，我赶赴盐湖城主持了一场由该机构和全美住宅建造商协会（National Association of Home Builders，NAHB）联合主办的中美绿色建筑与城市开发国际论坛，让我心中感想万千。

我作为一个思维模式为 AC/DC（交流电/直流电）双语的人，有时候对如何说明一个问题，其实还是存有许多困惑，因为老外的直来直去、隐喻的幽默，中国人看了，可能不买账，认为我在挖苦他们，或者是嘲笑他们。但是如果用中国式的婉转说明问题，我又担心他们看不懂，不知道我对事情的重视度。这篇文章就是一个活生生的例子，对这个论点，前次与几个老外沟通的时候，他们非常的赞同，鼓励我尽快用英文写出来，发表到《中国日报》上，但是用英文写，中国领导不一定看得懂，也不会要求他们的秘书翻译给他们看，反而失去了我建言的目的。所以想来想去，还是写一篇“英文式样的中文文章”，也许有关领导看了，会有启发。

为了安抚老百姓对高涨的房地产价格日益不满的情绪，中央政府出台了最严厉的宏观调控。

我非常赞同这次的调控，而且我认为这次中央政府清楚地意识到了价格取决于供求关系，而要缓和飞涨的房价，就要提高平价住宅的供应量。所以今年有580万平方米的廉租房要进入市场，而未来将有1800万平方米的廉租房进入市场，并且是由常务副总理亲自抓这个任务的落实，这个做法是正确的。可是，很遗憾，在这么大的工程量上，没有看到中国政府主动提出绿色建筑，将中国建成全球第一的绿色廉租住宅范例。

油价一直在涨，以93号汽油为例，截止到2011年5月，已由2009年3月的5.56元/升涨至7.85元/升（两年升幅41%）；能源一直紧张，中国发展必须减少对传统能源

◉饶及人夫妇和
全美住宅建造商协会主席Bob Jones夫妇在一起

的依赖……这些论点，大家都赞同。对于汽车，中国政府知道用强制性的法律制定汽车的用油要求，而且会利用经济手段，给予省油汽车工业政策补助，但是对于绿色建筑，却没有任何法律与经济手段。难道绿色建筑只是一个境界，而不是战略性需要？我尤其担心中国这次的廉租房建设，在品质及设计上会在30年后推倒重来，就像目前许多城中区70年代的房子，被住建部划为“低级建筑”。

要推动节能的绿色建筑，必须政府“威逼利诱”，利用法律法规强制规范，同时给予税收优惠和财政补贴，才能取得成效。

在美国及日本，从1970年开始就陆续出台许多法律，鼓励与激发老百姓采用节能建筑。据统计，至2009年，中国拥有建筑430亿平方米，新增建筑以平均每年16亿～20亿平方米的速度增加，中国建筑相关能耗占全社会能耗46.7%，其中包括建筑的能耗（包括建造能耗、生活能耗、采暖空调等）约30%，以及建材生产过程中的能耗16.7%。现在中国每年新建建筑中，99%以上是高能耗建筑，而既有的约430亿平方米建筑中，只有4%采取了能源效率措施，单位建筑面积采暖能耗为发达国家新建建筑的3倍以上，超过所有发达国家的总和，已成为世界第二大能源消耗国。虽然建筑节能早已经引起有关部门的高度重视，在1996年，中国就开始试行第一部建筑节能设计标准，1999年又把北方地区建筑节能设计标准纳入强制性标准进行贯

彻。国务院办公室和住建部近年来又相继出台了《进一步推进墙体材料革新和推广节能建筑的通知》、《关于发展节能省地型住宅和公用建筑的指导意见》等文件，以推动建筑节能工作。然而，由于缺乏有效的行政监管体系，建筑节能的实施情况不乐观。

过去，中国的建筑节能工作主要依靠用户和开发商的自发行为以及实施强制性的建筑节能设计标准来推动，而忽视了对建筑节能的经济政策使用。其实中国住建部早在2006年2月发布的《建筑节能管理条例（征求意见稿）》中就专门设有“第六章经济激励”，从财政专项资金、优惠贷款和税收优惠三个方面对建筑节能作出规定，但是对进一步推动中国建筑节能事业的发展并不是很顺利，目前节能建筑仍是明星或是特色产品，而不是通用产品。

美国政府为了全面推进节能省地型住宅的发展，从立法、经济补贴和税收减免等各方面积极鼓励节能住宅的发展。在

饶及人在论坛上
就“中国绿色建筑的三星论证体系”发表专题演讲

税收减免方面，新建节能住宅建筑可以获得税收减免。2001年1月1日至2003年12月31日期间建成的住宅，比国际节能规范（IECC）标准节能30%以上的，每幢减免税收1000美元；2001年1月1日至2005年12月31日期间建成的住宅，比国际节能规范（IECC）标准节能50%的，每幢减免税收2000美元。另外，节能建筑设备也可获得税收减免的优惠，各种节能型设备根据所判定的能效指标不同，减税额度分别为10%或20%。例如，节能型洗衣机、热水器减免50～200美元；地热采暖、太阳能热水和采暖系统最多可减免1500美元。

为了保障低收入家庭的福利，节约能源，美国发起了低收入家庭住宅节能计划，帮助低收入家庭进行节能改造。政府为低收入家庭免费进行节能改造，每个家庭有一定限额，主要包括美国能源部保暖协助计划、健康部低收入家庭能源协助计划等。低收入家庭节能计划的经济效益十分显著。美国能源部从2001年起帮助51000个低收入家庭进行了节能改造，平均每个低收入家庭的节能改造费用为2568美元，但节约了低收入家庭13%～34%的能源开支，投资收益率达到130%。除了经济效益，低收入家庭节能计划还带来很多环境效益。根据调查，投资低收入家庭住宅节能计划1美元，就能获得1.88美元的环境效益。

日本制定的节能政策是：运用金融优惠

制度，鼓励建筑采用节能措施，以较少的能量消耗获取舒适的居住环境条件。如日本实行住宅金融公库贷款，建筑物必须要至少满足79年的寿命标准才能贷款；对于高于92年标准住宅，可给予50万～100万日元的额外贷款；对高于99年标准的住宅可获得额外贷款250万日元。日本实行的金融优惠制度还包括住宅采用隔热构造的补贴贷款制度，采用太阳能热水器、节能型供水设备和供暖设备等的补贴贷款制度，及办公楼、饭店等建筑采用热泵设备的长期低息融资制度等。

正是在这一系列经济鼓励政策的推动下，从20世纪80年代开始，日本逐渐成为世界上能源利用效率最高的国家之一。

日本东京的节能建筑，屋顶绿化

发达国家从1973年能源危机时开始重视建筑节能，经过30多年的努力，新建建筑单位面积能耗已经减少到原来的1/3～1/5，其中节能政策的作用功不可没。尽管各国制定节能政策的出发点不同，但采取的节能政策措施大致可归纳为以下几个共同点。

1. 建立完善的建筑节能管理体制，形成“政府主导、市场主体、全社会参与”的良好格局。

2. 注重建筑节能立法。

3. 采取经济政策鼓励建筑节能。

4. 加强节能与开发并重的科学研究，并主要从以下三个方面开展研究工作：建筑节能技术研究，主要是建筑节能综合研究，建立“节能型”建筑体系；注重太阳能、地热等建筑新能源的开发利用；建设节能试点工程和样板建筑，如美国政府为取得制定节能政策的定量数据资料，由政府出面组织办公楼建筑和住宅建筑的节能型样板工程。

中国住宅的建筑设计不比发达国家差，但是中国的节能建筑为什么要落后发达国家30年？中国政府能够像日本政府一样，要求建筑物的寿命能够满足至少79年吗？中国的政府，何时能将中国节能、低碳建筑普及化？

我非常希望中国政府这次能够主动地要求所有的1800万平方米廉租房建筑满足自己所建立的三星论证，达到世界一流的绿色建筑水平，让我们在2040年，30年后回头看看今天的行动时，后代子孙们心中将心怀感激，并为身为中国人感到骄傲！

也许我看得多，接触比较广泛，对于许多人不明白为什么一些人非议中国的建筑政策的时候，我还力挺中国？请看以下的信息。

中国住建部对高星级绿色建筑给予财政奖励。对经过上述审核、备案及公示程序，且满足相关标准要求的二星级及以上的绿色建筑给予奖励。2012年奖励标准为：二星级绿色建筑45元/平方米（建筑面积，下同），三星级绿色建筑80元/平方米。奖励标准将根据技术进步、成本变化等情况进行调整。

此外为了积极发展绿色生态城区，鼓励城市新区按照绿色、生态、低碳理念进行规划设计，充分体现资源节约环境保护的要求，集中连片发展绿色建筑。中央财政支持绿色生态城区建设，申请绿色生态城区示范应具备以下条件：新区已按绿色、生态、低碳理念编制完成总体规划、控制性详细规划以及建筑、市政、能源等专项规划，并建立相应的指标体系；新建建筑全面执行《绿色建筑评价标准》中的一星级及以上的评价标准，其中二星级及以上绿色建筑达到30%以上，2年内绿色建筑开工建设规模不少于200万平方米。

在公益性行业加快发展绿色建筑，鼓励各地在政府办公建筑、学校、医院、博物馆等政府投资的公益性建筑建设中，率先执行绿色建筑标准。结合地区经济社会发展水平，在公益性建筑中开展强制执行绿色建筑标准试点，从2014年起，政府投资公益性建筑全部执行绿色建筑标准。

我认为中国将会越来越好！Bravo，China！

龙安设计规划的首开绵阳仙海湖及沈阳沈北新区首开乐活小镇荣获“绿色建筑之星·最佳绿色建筑奖”，法务总裁宋谨如女士代表公司领奖

可持续发展就是可以坚持与继续的发展

原文发表于 2008 年 1 月 14 日

可持续发展简单地说，就是可以“坚持”与“继续”的发展。但是由于目前中国官场的文化以及干部考核的传统与标准，大家以开创为目的，不愿意被认为没有作为。所以只有各级领导能非常清楚地理解它的定义，并做出一些努力，才会行之有效地推行“可持续”发展的政策。

瑞典斯德哥尔摩城市中的绿地

可持续发展（sustainable development），亦称“持续发展”，1987 年挪威首相布伦特兰夫人任职联合国世界环境与发展委员会主席时的报告《我们共同的未来》中，把可持续发展定义为“既满足当代人的需要，又不对后代人满足其需要的能力构成危害的发展”，这一定义得到广泛的接受，并在 1992 年联合国环境与发展大会上取得共识。它是目前全世界范围内一个非常热门的名词，但是很多人不知道它的真正含意，甚至误解它的意思。我认为必须要正本清源，否则本末倒置，将造成更大的损失。

从中西两栖文化来解释，可持续发展简单地说，就是可以“坚持”与“继续”的发展。可持续发展是中国政府“十一五”计划中，非常重要的施政方向，所以我们在最近的施政报告中，尤其在规划报告中，经常会看到这个名词。但是中国政府许多有关部门不知道，如果你所采用的规划，不能继续……如果各部门所制定的政策，因考虑不周，无法坚持……同时，由于目前中国官场的文化以及干部考核的传统与标准，大家以开创为目的，不愿意被认为没有作为，结果造成未来领导的继任者无心继续或根本不愿意继续其前任领导的政策，避免现任领导被认为没有政绩……我想，如果各级领导对这个名词的定义有一个非常清楚的认识，并做出一些努力，那么“可持续”发展的政策就会被行之有效地推行。

中国过去战乱多，求富的制度不好，老百姓与政府都比较穷，因此大家的心态是过一天算一天，温饱即可，眼前利益优先。但是，随着国家富强了，百姓生活富裕了，中国必须尽快认清暴发户与富人的差别。

◉龙安项目：唐山南湖生态城总体概念规划项目荣获2009年联合国人居署中国范例卓越贡献最佳奖

在21世纪，中国如果要从大国成为强国，必须要知道地球与城市的资源是有限的！中国人必须要懂得给下一代留下财富与资源！中国的官员必须要知道，今天的政策会影响下一代的福祉！中国老百姓必须要知道，今天的行为会影响到明天的安排！中国的公民必须要知道我们所处的社会上，我们的社区中，我们的地球上，还有其他的人。中国必须知道强国的社会不是弱肉强食，而是有着完善的福利政策，照顾弱势族群，遵守纪律，同时从上到下都懂得尊重周围的环境与生存空间。

随着北京主办奥运的日子越来越近，随着中国政府正在筹划如何应对迎接大量外国游客到中国参观奥运，必须掌握时机，让参加北京奥运会的外国游客知道中国蓬勃发展的经济建立在稳定的政治环境上，并认识到中国是个文明古国、礼仪之邦。

但是，如果中国老百姓意识不到照顾下一代的环境是这一代的义务，忘记了前人要种树，后人才能乘凉……如果中国人不知道应该为明天做安排……如果中国人自己非常自大且自负，想干什么就干什么；不顾及场所，想穿什么就穿什么；不顾及旁人的感受，不知道运动员的文明规范与守则，不知道英文 Sportsmanship（运动精神）的定义，不知道基本国际礼仪……那么，随地吐痰、大声喧哗、污染环境、破坏生态、不遵守交通法规、不遵守纪律等不文明现象是无法从根本上清除的。

其实中国人都希望借着奥运的机会扬眉吐气。如果大家能更清楚地认知可持续发展的含义，我们就会更容易成功！

绿色建筑的发展与人居地产的选择

——《中国房地产报》专访

原文发表于 2006 年 5 月

绿色建筑是健康环保住宅，我把它取名为"三节环保住宅"，因为绿色建筑要做到节能、节材、节源。其中包含"3R"，Reuse（重新再利用）、Recycle（循环使用）、Reduce（减少耗能），因此在绿色建筑的设计中，尽量做到利用低耗能的建材建造一个舒适环境，使绿色建筑和人居能结合在一起。

●龙安项目：江西南昌东方海德堡实景，2007年设计

随着人居概念越来越多地被开发商、设计师所提及，在本届住交会上，《中国房地产报》记者就目前我国人居地产发展方向及人居地产的设计和规划等方面，特别采访了纽约市前规划局局长、美国龙安集团总裁饶及人。

记者：您怎样看待目前中国人居地产的发展？

饶及人：我个人认为近几年中国人居地产的发展越来越好，这和居民自己对居住舒适度的追求有关系。在以前，居民不知道自己需要一个怎样的居住环境。最近中国一线城市建筑的人居环境已经做得很不错，并逐步向二三线城市渗透。而在二三线城市做人居还有优势，因为我们可以以较低的价格达到一线城市的品质。随着房地产慢慢从暴利时代走向平稳过渡时代，消费者意识提高，有意识向开发商提出要求，是促进发展人居地产的一个重要因素。

记者：您认为应该重点做好哪几方面才能真正达到人居地产的要求？

饶及人：人居就是以人为本，从设计理念上以人的使用为最终考虑，我们面向的应该是 ENDUSER（终端用户），在设计上能考虑到使用者需要用的东西，并通过引导宣传，把海外的成功经验得以实施。人居地产最终还是落到人，让消费者能够尽情享受最终的使用空间。

记者：您认为绿色建筑和人居是否有所联系？绿色建筑的建造过程中有哪些要求？

饶及人：绿色建筑是未来建筑发展的必然趋势，绿色建筑是健康环保住宅，健康环保自然就属于人居的范畴。我把它取名为"三节环保住宅"，因为绿色建筑要做到节能、节材、节源。其中包含"3R"，Reuse（重新再利用）、Recycle（循环使用）、Reduce（减少耗能），因此在绿色建筑的设计中，尽量做到利用低耗能的建材建造一个舒适环境，使绿色建筑和人居能结合在一起。

绿色建筑同样需要满足人体的舒适度，例如在新风系统上，绿色建筑要达到每小时 500 立方米的新风交换率，这样才能达到舒适感；在材料的使用上，尽量少用合成纤维、化学材料，多使用再生材料；在整体布局上，应考虑到充分利用自然光，通过对建筑的规划设计，尽量做到在很少使用机械设备的情况下达到舒适环境的要求。

记者：目前在中国发展绿色建筑需要注意什么，其未来发展趋势如何？

◉龙安项目：宁波市交通局工商局大楼效果图，2005年设计

饶及人：发展绿色建筑必须通过官方推动，除了在政策上给予鼓励，同时应制定严格的标准，要求房屋必须达到标准。目前全国工商联有相关绿色建筑的认证机制，但是还没有形成强制性制度标准。同时，绿色建筑并不意味着外观的局限，可以通过设计和材料的结合，使绿色建筑展现各种风情。在我们龙安集团参与投资建设的小区，就是设定为一个高档的绿色建筑小区，但是能源使用是一般住宅的 1/3。全世界的房屋建造都存在两个档次：第一是劳工建房；第二是工业模具批量造房。

绿色低碳之“术”与“道”

原文发表于2010年10月29日

“绿色”绝对不是简单或单纯指颜色是绿色，它绝非是返璞归真，从工业时代回到农耕时代，更不是少穿一点衣服、不运动，连电风扇也不要吹。它的实际意义是以非常低的能源维持舒适的生活，并尽量地减少能源和资源的浪费，以达到我们生态的平衡，或者是多用可再生能源，达到循环经济的使用目的。

◉饶及人在2007中国绿色人居地产/大连峰会上演讲

我在给国内领导讲课的时候，喜欢引用的名言是：行上谓之道，行下谓之术。我认为，如果悟了“道”，就不用担心“术”了。身处21世纪，中国要从大国成为强国，必须将许多事情的真谛“悟”到，才能对症下药，马到成功。

如果问，2010年最热门的字眼是什么？我想，低碳绿色要排第一位了。自2009年哥本哈根气候大会之后，在中国开始掀起了一股绿色低碳热潮，上至政府官员，下至老百姓，都把绿色低碳当作一个目标，许多时候尚未摸清方向、理解绿色的真谛，各地已如火如荼地开展了系列低碳运动了，但是，包括老外在内大家仅把“绿色”转变成一个时髦词、宣言（Hype），却并没有把绿色低碳理解成一场真正的运动。

因此至今依然以为绿色就是颜色绿的含义，甚至上演早年已发生的“荒山喷上绿漆搞绿化”——昆明富民县勤劳乡梨华村左后侧数千平方米的裸露山体全部被人用绿色油漆喷刷了一遍的真实事件。让作为倡导绿色运动的我，十分忧心，故而希望可以再陈述我理解的绿色低碳的含义及绿色运动的意义，供大家参考。

“绿色”绝对不是简单或是单纯指的颜色是绿色，它绝非是返璞归真，从工业时代回到农耕时代，更不是少穿一点衣服、不运动，连电风扇也不要吹。它实际意义指的是以非常低的能源维持舒适的生活，并尽量地减少能源和资源的浪费，以达到我们生态的平衡，或者是多用可再生能源，达到循环经济的使用目的。事实上，它的重点在于告知人们地球的资源不是取之不尽、用之不竭的，所以要尽量避免“不可再生资源”的过度利用与浪费。

对于低碳的概念，也有很多人并不明白。很多人把二氧化碳的“碳”理解为煤炭的“炭”，事实上，“低碳”是指以二氧化碳为主的温室气体的低排放。因为温室气体会对臭氧层产生破坏，进而影响全球气候，如地球的温度即将升高，北极的冰雪就开始融化，而融化了以后导致水面升高，许多沿海城市将被淹没，同时水温升高，影响海洋气流，造成风暴，致使地球频繁发生灾难性的气候。

美国的 LEED 要求建筑物多用自然采光，少用人工照明。而在中国，最流行的一个错误的观念是“玻璃幕墙就是光污染”。其实这种说法并不正确，因为在低碳经济里面，80％采用的都是自然光，现在大多用的是新型 E 隔温玻璃，现代科技也有自动采光控制系统，能够保证玻璃既不反光，太阳不直射到房间内，同时又保证房间里有足够的光线可以运作，完全可以依此减少我们对“不可再生能源”的依赖性。

概括地说，整个低碳经济的概念应该指的是一个产业，是在环境资源和能源的压力下，产业的调整和升级的方向，是新经济增长点的引擎，整体是为了居民幸福指数的递增，并以此保证人和自然可持续发展，它犹如提供节油功能的车辆，必须有完善的科技和设备，也许前期制造或生产时成本投入是相对高的，但在运营过程中却能达到经济节约的目的。

●饶及人在咸宁低碳经济论坛上参与嘉宾讨论

绿色低碳运动盛行，与世界工业经济的发展、人口的剧增、人类欲望的无限上升和生产生活方式的无节制直接相关。单以近些年地球的人口发生的暴涨就可以看出，以中国为例，解放初期，1949 年城市人口是 1.9 个亿，整个中国人口是 5.4 亿，到 2010 年，新中国成立 60 年以后，城市人口增加到了 6.3 亿，全中国人口共计 13.5 亿，这里面还不包括最新的 2010 年人口普查数据。第二次世界大战之后，全世界人口 19 亿，60 年以后，全世界人口 63 亿，联合国人口基金会 10 月 20 日公布 2010 年版《世界人口白皮书》，里面预测，2050 年地球人口将达到 91.5 亿。

2010 年 10 月 17 日，我参加了湖北咸宁的一个低碳经济会议，东盟的秘书长苏宁在讲话里提到，东盟 10 个国家的 6 亿多人口，80%的人居住在沿海 100 平方公里，只要海水上升 50 厘米，80%的人口将惨遭毁灭。据联合国统计，从目前至 2030 年，新建成的城市面积将达到 40 万平方公里，相当于 2001 年当时世界所有的城市面积，仅中国就将增加 65000 平方公里的城市面积，占总体的 16%，至 2025 年，仅东亚将新增 6 亿城市人口，城市产生 80%的全球温室气体排放量。

依此下去，如果发展中国家的城市完全按照发达国家的城市实现城市化，需要四个地球的资源才能满足！如果我们的资源再被随意地浪费，不要说中国没有办法维持整个生态，整个地球恐怕也难免动乱。一个国家的老百姓吃不饱，那就不仅是简单的农民问题，届时会发生抢劫资源的大动乱，历史上，许多大战，都是为了多国之间的资源争夺而发生的。因此未雨绸缪非常重要。

而这些当然都不是我们达到和谐社会所愿意见到的。建立和谐社会须有远见，我们作为城市化的从业人员，想办法从观念、做法与本质上处理各个层面的关系，道理很多，我们的做法从实际的层面开始，也就是开源节流，但所谓开源——到海洋和外太空等开发资源显然并不容易，相比较而言，倒是省着用现有资源、不污染后辈的储蓄的节流方式更为可行。我想从城市规划、交通领域的低碳转型和能源管理三个方面进行分析，就绿色低碳的取舍发表一些个人建议。

首先，就城市规划而言，绝对不要见地就建，见缝插针，而是要“留白”，要建造、创建健康社区，建设公园与绿地，增加出行的公共交通设施，配套的绿化区，实行垃圾分类和废弃物分类，使建筑物成为低碳、无碳甚至负碳的建筑物，提高居住小环境，创造城市绿色大环境。

◉费城大广场120年前的设计，到目前还没有落伍

其次，应该有很便捷的交通选择，并积极发展交通领域的低碳转型。现阶段的交通工具主要使用的是化石燃料作为驱动力，在提供人们便捷出行的同时却也成为二氧

◉承德八大庙结合地形的设计与布局，带有鲜明的中国园林特点

化碳最大的排放源，因此城市规划要减少城市空间人群和物品移动所造成的运输能耗，发挥公共交通规划建设的先导作用，坚持公共交通优先的方针，依据城市规划规模和自然条件在轨道交通，包括地铁、轻铁、轻轨和近郊火车、快速公交，突出各自的发展优先次序，开发替代的新技术和交通方式，推广新能源汽车。从基础设施的投资和建设，以减少环境污染对居民的健康影响以及交通拥堵和石油消费的角度来制定城市的交通发展战略。地铁是低碳环保的一个典型，这个低耗能、低排污的交通工具，正在大力推广。截至 2010 年 3 月底，全国已经有 28 个城市获得批复，将掀起地铁投资热潮，规划总投资便已超过万亿元。

最后，是做好绿色城市建设的能源管理，城市的建设是一个综合的体系，现有的按照工业、建筑、交通等部门划分的能源管理体制分割了整体系统的规划和效能，城市的能源管理应该将各自为政的部门管理转为多部门协作的综合管理，将供应端的围堵转移到需求端引导，从被动治理模式转向事前规划防止模式。我们中国要成为大国、强国，我们的资源并不是很多，在我们的资源维护上面必须要能够坚持，绿色建筑也不是我们光种树、种草，还应该实现再生资源的有效开发，比如太阳能、多晶硅、生物质能发电、沙产业、风能、核能和智能电网等、新能源汽车、智能电网、核能等环保能源。

相比较而言，正确取舍，打造持续发展型绿色建筑显然更为重要。我在介绍规划里面常常讲规划就是取舍，是应该高瞻远瞩，还是活在眼前？是“前人种树，后人乘凉”？还是这一代问题我们这一代解决，留给子孙解决下一代的问题？胡锦涛总书记讲话的时候经常喜欢用高瞻远瞩，那么中国的官员和百姓做很多事情也应该为子孙福利着想，节省下一代甚至下三代的资源，而不是提前透支子孙的资源，当然，这需要辅以高度的责任心。

我常常说，男怕入错行，女怕嫁错郎，城市最怕定错位，而我们做所有的运动也最怕摸不清方向就已经发力了。作为一个美籍华人，我知道美国尽管有世界上最大的煤储量和石油储量，但是他们几乎不开采，有森林绿地他们也不开发，留给子孙用，而中国却在提前支取，把子孙的资源用在了这一代的富足和繁华上。作为一个旁观者，我认为我有必要把这些讲清楚，希望中国从政府到百姓都能够真正理解绿色低碳的概念，学会正确取舍，慎防进入误区。

汶川地震发生后对防震建筑设计的再思考

原文发表于 2008 年 5 月 26 日

根据新闻报道，汶川地震中有五所爱心小学没有倒塌，而周围的建筑全部倒塌，证明了如果对施工质量严格控制，现行抗震规范是没有问题的，应切实加强各道监督控制关，如审图制度、监理制度、质检制度等。

汶川地震后的满目疮痍

我在 2005 年初，曾经为中国政府有关部门，做了一个有关地震的报告。当时实在没有预料到中国会有那么大的地震灾害。这次四川汶川地震发生后，我又找出这个报告，并加上最后一部分的建议，在此供有关部门参考，希望对目前在制定灾后重建法规的部门有帮助。

注：本报告原用英文撰写，如果中英文的意思有出入，以英文意思为主。

地震是对建筑与新城镇开发最严重的危害

但是人类面对地震的威胁已经有很多个世纪了

如何从西方的经验来进行地震灾害管理?

采用防震设计原则

- 确定出高危地区
- 确定主要地震带和地震的历史记录
- 避免地震时会造成重大破坏的地基土质区域
- 最危险的是地震时会造成大量泥石流的疏松和沙质土壤。
- 在地震带要严格采用防震设计规范

防震设计原则

- (在地震带)避免不规则形状的建筑
- 建筑结构体系控制
- 水平分隔(楼面、屋盖)
- 剪力墙体系(竖向必须连续)
- 刚性框架体系(抵抗弯矩和扭矩框架体系,用于代替剪力墙体系)
- 抗弯框架体系(柱与楼板的连系可抵抗弯矩与水平荷载)

采用合适的结构系统

- 木结构
- 配筋砌体墙
- 钢筋混凝土墙
- 钢结构与砌体填充结构(如果开间尺寸较小,平面规则,能够达到良好的吸能效果)

Earthquakes Pose a Major Risk for Buildings and New Development

However, People Have Been Living with the Threat of Earthquakes For Centuries

How Can We Learn from the West to Manage the Risk of Earthquakes

Adopt Seismic Design Principles

- Identify High Risk Areas
- Identify Major Fault lines and Earthquake History
- Avoid Soil Areas Where Earthquake Damage Will be Greatest
- The Biggest Risk is in Loose and Sandy Soils Prone to Liquefaction
- Adopt a Building Code That Manages Risk in These Areas

Seismic Design Principles

- Avoid Irregular Building Configurations
- Structural Damage Control
- Diaphragms (Floor Plates and Roofs)
- Shear Walls (Must be Vertically Continuous)
- Braced Frames (A Frame Structure That Resists Moment/Torsion Forces; Use In Place of A Shear Wall)
- Moment Resistant Frames (Connections Between Columns and Floor System to Resist Bending and Lateral Loads)

Appropriate Structural Systems

- Wood and Timber Frame
- Reinforced masonry walls
- Reinforced concrete walls

- 有支撑钢框架（完全的支撑，支撑形式与数量非常重要）
- 弹性连接钢结构（连接点非常重要，具有能量吸收能力。
- 绝对要避免预制简易混凝土墙板

●废墟还在，但灾区人民已经开始了新生活

工程质量

- 工程质量和符合建筑规范是关键
- 有许多国家的规范很好，但是执行力很差
- 特别要注意的地方：

开间尺寸和跨距一定要合适

适当加强节点

在钢筋混凝土结构中采用足够的抗拉钢筋

美国与国际上的建筑法规

美国国家建筑标准法（防震建筑规范的领先者之一）

- 这也是加州的建筑法规（BOCA）
- 国际建筑规范（IBC）的参考资料之一
- 按地震风险等级确定不同的防震地带
- 针对不同地带，制定不同的建筑规范

行动建议

- （可以利用地理信息系统来）建立一

- Steel frame with masonry fill - in walls (good energy absorption if bay sizes are small and building plan is uniform)
- Steel frame, braced (extensive bracing, detailing and proportions are important)
- Flexibly Connected Steel frame (good energy absorption, connections are critical)
- AVOID Precast Concrete Systems

Construction Quality

- Construction Quality and Code Enforcement Are Critical
- Many Countries Have Adequate Codes But They Are Not Enforced Well
- The Followings Are Particularly Important:

Proper Sizing of Bays and Spandrel Proportions

Adequate Reinforcement at Connections

Using Adequate Tensile Reinforcement in Concrete Frames

Relevant U. S. and International Codes

BOCA Code One of the Leaders in Seismic Building Codes

- BOCA Is California's Building Code
- The Source for the International Building Code (IBC)
- Identifies Zones Based on Seismic Risk
- Creates Different Guidelines For Buildings Based on These Risks

Recommended Course Of Action

- (Adopt GIS and) Produce Accurate Seismic

个非常准确的地震带地图

• 在地震地区全面采用 BOCA/IBC 地震安全标准

• 建立一个确保规范有效执行的机构

Maps of the Region

• Adopt BOCA/IBC Seismic Safety Standards Throughout the Area

• Create Effective Enforcement Regime to Ensure Code Implementation

针对汶川地震发生后的思考

• 此次地震使很多市、县、镇夷为平地，需要重建，那么重新规划时如何考虑地震等自然因素以及产生次生危害的工厂、设施？

• 对于学校、医院等兼作避难场所，在规划中如何体现？

• 学校、医院等兼作避难场所的标准规范是否要单独制定？

• 日本已经提出加速改造和加固学校、幼儿园，我国是否应对地震地区中的学校、幼儿园、医院进行鉴定、加固、改造？并考虑设置紧急避难场所？

• 根据新闻报道，有五所爱心小学没有倒塌，而周围的建筑全部倒塌，证明了如果对施工质量严格控制，现行抗震规范是没有问题的，应切实加强各道监督控制关，如审图制度、监理制度、质检制度等。

• 我国现行结构规范行业内简称为 02 规范，用于取代 89 规范，02 规范以美国、日本规范作为参考，但考虑经济因素，暂时不能完全达到，是否政府可以对地震带的学校与医院建筑采取经济扶持，使经济因素不影响规范的实施？

可借鉴的台湾经验：垃圾分类与大车司机亮名

原文发表于 2011 年 2 月 23 日

垃圾分类作为城市运行中节约资源的重要方法之一，正越来越得到重视。垃圾分类只要落实执行，促进与培养老百姓的公德心、提升对资源的认知，肯定能积极推动城市面貌的发展。

2010 年 11 月，在湖北咸宁的一次绿色建筑论坛上，我曾与知名相声演员姜昆老师分享过推行绿色建筑的心得。曾担任过计划生育大使的姜昆老师说，他知道之所以要推行计划生育，是因为人口太多容易造成粮食恐慌，不少生、不优生，将会对未来社会与国家的发展造成很大的问题。我告诉他，其实推行绿色建筑与计划生育可谓异曲同工，最重要的一点就在于地球资源的有限性与人口急剧增长的矛盾。

“二战”结束的时候，地球人口 19 亿，而解放初期，中国人口 5.2 亿，但是 2010 年，

◉台湾车尾注有司机基本信息的大巴车，请注意拍摄时间为2006年

地球人口已达到了63亿,中国人口逼近15亿。仅仅60年间,同样的一个地球需要面对的是暴涨了3倍的人口。

着眼于此,循环绿色经济成为经济发展的关键,"3R原则"是其中重要的行为准则。所谓3R,指的是:Reuse(重新使用)、Reduce(减少使用)、Recycle(循环使用)。同时,正越来越得到重视的垃圾分类也作为城市运行中节约资源的重要方法之一。2011年2月17日,广州出台了我国首部城市垃圾分类的政府规章,"向垃圾不分类开罚单"的规定于同年4月1日起实施,依此推动垃圾分类,从而实现减量、减害和资源化。我认为只要落实执行,促进与培养老百姓的公德心、提升对资源的认知,肯定能给城市面貌发展带来积极的推动。

最近去参观台湾花博会以及中台禅寺的时候,发现他们垃圾桶的设置都是分类安排的。并且在中台禅寺看到一位出家人,拿着一袋垃圾正在垃圾桶前负责任地分类投放,这种出家人对世间环境的爱护令人印象深刻。

许多中国大陆的大城市都流行这么一句话:私家车怕出租车,出租车怕大巴与大轿车,也有人说,开车要脸不要命,由此可见中国大陆在交通方面的一些弊病。在此,我认为台湾地区将司机名字挂在大卡车或大巴车尾的方式值得大陆借鉴。一方面,司机开车会小心驾驶,避免横冲直撞,变得更爱惜自己的车子,在车的保养和清洁方面也有了很好的提升;另一方面,也大大加强了事故后投诉的便利程度。有报道称,台湾自从要求大车司机将名字挂在车尾后,据统计,车祸减少了80%。这个非常简单的方式,我建议国内有关的部门,以及想有所作为的官员们借鉴。也许这次两会期间,有心的代表可以提出立法要求,那将是老百姓的大幸。我认为,开发两岸观光,能互相借鉴学习,是中华民族的福气。

在此提供我拍摄的照片与大家分享台湾地区在这方面的成功经验。

◉台北花博会含有分类标识的木质垃圾桶

◉中台禅寺出家人正在分类投放垃圾

中国应大力发展绿色建筑产业

原文发表于 2009 年 1 月 27 日

绿色建筑不仅仅是种草种树，而是以环保的、节能的和可持续的方式，对建筑及其环境进行认真仔细的设计、营建、营运和改建。

世界上一般不外乎采用三种思路和方法来建房子，第一种采用常规材料和工具，第二种采用重复件模块化的建筑方式，第三种就是采用最新生态节能，即绿色技术进行营建，以达到节约资源而不牺牲舒适的生活环境，不损害、破坏大自然之目的。

中国拥有庞大而廉价的劳动力，但缺乏足够的资源及能源储备。中国的综合经济实力突飞猛进，已成为世界第二大经济体，其外汇储备世界第一，但建设行业不应继续用徒手打仗的思路，而应大力发展高新技术和生态住宅进行城乡建设。

在进行城乡规划时，人们常常首先在脑海中闪现两个思路，一种就是前人种树，后人乘凉；另一种是先解决眼前问题，其他的

All over the world, buildings are normally constructed by using one of three mentalities and/or methods. With conventional materials and tools; with modularized production methods using repetitive pieces; with the latest eco and green technologies in order to save resources without sacrificing the environment by harming and destroying nature.

Although China has abundant cheap labor, it lacks sufficient resources and energy reserves. With the rapid growth of China's overall strength and economic power, and being the third largest economy in the world, as well as a nation with the most foreign reserves, China must develop its hi-tech and eco housing both in its cities and rural regions in the construction industry.

When one does urban planning, usually two mindsets will quickly appear in his/her head. Some hold

留给后人来解决。

贫穷时，你一定选择后一种策略，因为生存最重要，但一旦你富裕起来了，第一种策略应是唯一的选择。人们必须认识到，一棵树要长大成荫得好几年，一条河要变干净也需要很多年。我们的子孙后代一定会为我们的失误和不明智的决策付出沉重的代价。一个社会越文明，就越为其子孙后代的幸福想得多。

大家都知道，目前资源在匮乏，食品在涨价，环境在恶化，地球在变暖，中国已经难以承受能源的不断消耗和和环境的不断恶化。为了子孙后代，中国就必须大力建设绿色建筑。

长期以来，我一直向中国政府建议，政

◉龙安项目：上海瑞安广场实景，1994年设计

that we should plant trees now so our future generations could enjoy the shades. And some believe that one should resolve one's own immediate problems now and leave the consequences for the future generations to solve.

When you are poor, you will opt to take the second option as staying alive is important. But once you are an able individual, the first option shall be the only way to go. One must realize that it takes years for a planted tree to mature and years to clean out a polluted river. Our future generations will pay a dear price for our mistakes and unwise decisions made today. The wealthier and more civilized a society is, the more attention its citizens will pay for its future generation's welfare.

Chinese people know that resources are becoming scarcer, food prices are rising, the environment is worsening and global warming seems here to stay. China can no longer afford not executing energy and resource conservation. China must build more green buildings for the sake of its future generations.

For a long time, I have been recommending that the Chinese government require the mandatory adoption of the green building technologies for its buildings. I am glad to hear that many government buildings, especially at the central level, are now being built with such energy-saving techniques.

In my lectures to the Chinese government officials, I have said that green building is the trend of future. It is an important direction in sustainable development. Green building does not mean planting more trees and grass areas, but it refers to the careful design, construction, operation and reuse or removal of the existing environment in an ecological, energy- efficient and sustainable manner. Green and

府办公建筑应强制采用绿色建筑技术，我非常高兴地得知，许多政府办公建筑，特别是中央政府办公用房正在采用节能技术。

在给中国政府官员的演讲中，我提出，绿色建筑是未来的发展趋势，是可持续发展的重要方向，绿色建筑不仅仅是种草种树，而是以环保的、节能的和可持续的方式，对建筑及其环境进行认真仔细的设计、营建、营运和改建。绿色生态建筑，不是要求人们以原始的方式生活，而是建筑设计方法的一次革命，是我们这个时代不断追寻的我们人类长远利益之所在。另外，生态建筑基于对大自然的尊重，保护我们生存的环境，延续人类的种群。

我们应当认识到，能源消耗是建筑物的唯一一项最大的但可控制的营运费用，一般为可变费用的 1/3。如能改进建筑的运营标准，其能耗就可迅速降低 30%。

2004 年，美国非住宅类建筑中有 2%是绿色建筑，相当于 3.3 亿美金的造价。据麦克希尔建设公司的调查研究报告，到 2010 年，非住宅类绿色建筑将上升到5%～10%。

麦克希尔建设公司预言，到 2010 年美国非住宅类建筑的建设量为 2045 亿美元，其中绿色建筑将有 5%～10%的增长，也就是说，绿色建筑的建设量将上升为 102 亿～205 亿美元。

本行业所有专家们认为，推广绿色建筑的最大障碍是其明显较高的初期投资，约占总造价的 8%。中国政府应当看到，更为重要的是，目前在任何建设产品目录中，还没

eco-architecture are not asking man to live in a primitive life style. It is a revolution to challenge a new way of designing architecture. It is what we are seeking in our era. It is for the long term benefits of mankind. In addition, the essence of eco-architecture is based upon its respect of nature, protecting our environment to sustain the human race.

We need to know that energy consumption represents the single largest controllable operating expense for a building, typically a third of variable expenses. A 30 percent reduction in energy consumption could be readily achieved by improving the building operating standards.

In 2004, green building comprised approximately 2 percent of the new US "nonresidential" construction market, which translates to approximately a $3.3 billion industry.

Based upon the research findings, McGraw Hill Construction (MHC) projects that by 2010, between 5 percent and 10 percent of new non-residential construction starts will be designed using the principles of green building.

MHC forecasts US nonresidential construction starts will be worth approximately $204.5 billion in 2010. A projected growth of 5-10 percent translates to a green building market valued between $10.2 and $20.5 billion.

For all industry professionals, the largest obstacle to green building is a perceived higher initial investment, which is about 8 percent of the total construction cost. And more importantly for the Chinese government to know is that currently there is not a dominant "green" building product manufacturer in any building product category. This is the biggest motivation for the market, and this could

有一个主导的绿色建筑产品制造商，这就是建设市场最大的推动力和刺激力，也许这就是中国要把握的一个大商机。

中国正在实施四万亿扩大内需的经济刺激计划，我希望政府能抓住这个千载难逢的好机会，在城市建设乃至幅员辽阔的新农村建设中，大力推广绿色建筑技术。

另外我建议，中国可以像美国那样，号召建筑师为新农村住宅建设提供专业技术服务，这样的设计一定十分有趣且有效。许多建筑师十分乐意参加在这方面的设计竞赛。他们不仅为富家设计，还能帮助穷人设计房屋。对每一个参与者而言这是一个双赢的结果，同时，能为其他地区的建设起到一个示范作用。如此，中国不但培育并推动了基于绿色建筑技术的一个崭新行业的发展，创造了巨大的就业机会，而且将获得国际社会的尊重。(《中国日报》，2009 年 2 月 9 日，第 5 页)

be a great business opportunity for China to seize.

I hope within the 4 trillion yuan stimulus plans China is undertaking, the government would take this unprecedented opportunity to promote more green building technology, not only in urban centers but also in its vast rural reconstructions.

I would also suggest that China learn from the US whereby the architects are called in to provide ideas for rural housing prototype design so the design can be both interesting and efficiency. Many architects would welcome a design competition on this subject. Architects are here not only to serve the rich but more importantly to help the poor. This could be a win-win situation for every one involved, and it could also provide a leading example for the rest of the world to learn. By doing so, China will not only help fostering and developing a brand new industry based upon the green building technology thus generating new jobs; it will also gain the respect from the international community. (China Daily 02/09/2009 page5)

龙安项目：
大连空港规划项目
效果图，2012年设计

导读

依照我们进入中国发展的规划，是“以城市规划为切入点做城市运营”，这一原则始终贯穿于我们的执行中。我们并不意图去做一个职业的开发商，只想争取做更多优秀的房地产示范项目。

龙安项目：江苏宜兴华彬水上飞机度假中心效果图，2012年设计

第六章

理念与践行：龙安在中国大陆的部分规划项目

呼和浩特景观街：重塑内蒙古城市风貌

原文发表于 2009 年 9 月 4 日

当来自五湖四海的穆斯林兄弟不约而同地汇合在呼市时，他们不但创造了一条具有穆斯林文化特色的大街，同时也融入了中华民族的大家庭。

◉龙安项目：呼和浩特市伊斯兰特色景观街日景实景，2006年设计

日前我们接到内蒙古自治区城市风貌特色编委会办公室的邀请，将我们所设计的呼和浩特市多元文化景观街和呼和浩特市回民区伊斯兰建筑特色景观街收录在《内蒙古城市风貌特色》系列图书的首册综合篇中，这本书将主要通过实例来反映城镇建设项目的现代性、原创性和地域性的有机统一，体现内蒙古的城市在空间布局、园林广场、建筑、雕塑、装饰装修等方面的风貌特色。

很荣幸，美国龙安 2007 年为迎接内蒙古自治区六十大庆的献礼工程——呼和浩特市多元文化景观街和回民区伊斯兰建筑特色景观街，得到自治区的肯定，作为历史经典案例留入当地史册。本文将再次回顾过往铸造城市经典时的点滴思路，然后在大力推进城镇化的新形势下，给试图塑造城市风貌特色的城市设计者们提供一些或许可以借鉴的经验。

这两条景观街建成之后，不仅给当地政府增加了税收，更是成为呼市最新的观光景点。同时也受到了当地百姓及政府的肯定，据说老百姓满意程度达到89%，网上有超过60万条网民的报道，95%以上给与好评。凡是到呼市的中外游客，都会被当地的老百姓主动带着去参观景观街夜景。

我曾经在谈到“城市更新”话题的时候这样总结过景观街的设计：“当来自五湖四海的穆斯林兄弟不约而同地汇合在呼市时，他们不但创造了一条具有穆斯林文化特色的大街，同时也融入了中华民族的大家庭。它既是伊朗，又不完全是伊朗；它既是土耳其，又不完全是土耳其；它既是中亚西域，又不完全是中亚西域；它就是全球独一无二的呼市回民区的穆斯林文化风情街。”

重塑内蒙古城市风貌特色系列之一：呼和浩特市回民区伊斯兰建筑特色景观街的设计思考

呼和浩特市回民区位于呼和浩特市西北部，总面积175平方公里，辖区内居住着蒙、汉、回、满等23个民族，是一个回族聚居区，也是呼和浩特市重要的商贸、文化、体育中心。

伊斯兰建筑特色景观街所在的通道南路，全长115米，北起新华大街与通道北路相连，南接旧城北门，与中山西路东连北通武川，南达和林，纵贯呼和浩特城市中心区。

历史上，通道南路一带被称作“十间房”。解放后，更名为通道街口。经千百年历史风雨的洗涤，回民区通道南路已发展成为沟通内地与西北的重要交通枢纽，形成了回族群众聚居，清真食品、小商品经营汇聚，清真大寺、清真小寺、清真北寺等民族商业文化氛围浓厚的区域特色。

一、改造难度大：缺特色、风格杂、欠保护、质量次、拆迁难

尽管通道南路商业繁荣，内容富于民族特色，但街道的现状与建设现代化历史文化名城的要求确有很大差距，主要问题在于：

(1)虽然回族聚居，穆斯林商业繁荣，但由于历史遗留的问题及主客观方面的原因，使得它的民族文化特色体现得并不明显。

(2)建筑无序累积，街区整体建筑风格各异，既有简陋粗糙、形式呆板单调的，也有商业建筑争奇斗艳、各为一体的。相互间缺少呼应和联系，无法形成统一的伊斯兰风情气氛。

(3)对清真大寺的保护力度不够，周边建筑缺乏设计，没有考虑与清真大寺间的协调关系，从景观、体量、色彩、空间关系等方面均格格不入。

(4)建筑质量与市政设施均不同程度地存在问题，由于时间久远、维护不善，规划地段内大部分旧有住房结构老化、表面残旧，市政管网建设不完善。

(5)沿街天际线单调，道路两旁多为多层建筑，造成街区标志性景观的空缺和城市魅力特色的丧失。

(6)街头空间环境是长期自发建设的结果，缺乏统一的设计，文化内涵虚无，与呼和浩特市历史文化名城之称难以相符。

(7)街道商业影响了街区的整体形象，两侧的商业门店装修风格杂乱，广告、牌匾尺度超大，质量低劣，造成视觉污染，破坏了街区的文化氛围和协调性。

此外，若想将通道南路改造为一条在社会效益、经济效益，以及设计艺术上都堪称成功的伊斯兰特色风情街，并不是单纯的任务，而是牵涉广、遇到问题复杂的综合整治改造工程，如产权状况、房屋质量状况都异常复杂，改造区域内有 545 户居民、220 多家个体工商户，还涉及拆临拆违等问题。

二、总体构思

突出几个重点区域，以道路两侧 28 组建筑物，以及建筑物所围合的线形城市空间为设计主体，注重街景设计的序列性，力图使其如叙事诗般起伏跌宕，在建筑处理上营造浓郁的伊斯兰风情，突出文化与商业气氛。

三、设计指导思想

在通道南路的改造设计中始终贯彻了以下一些指导思想。

(1)整体考虑：以呼和浩特市总体规划和历史文化名城保护规划为指导，根据城市总体功能分区和整体城市设计来考虑本地段的性质与定位。

(2)加减法的综合使用：既要拆除一些功能或形式上与历史环境不相协调的现有建筑，也考虑补充一些有利于功能完善或形式完整的新建建筑或设施。建筑沿街立面的改造，即在维持基本现状的情况下，在建筑临街一面，添加具有伊斯兰建筑特征的造型元素，采用独特的细节处理，甚至改变色彩，使建筑在临街一面有明显的伊斯兰建筑风格和情韵。概而言之，主要的处理手法有如伊斯兰造型元素的增添：弯顶、券门、宣礼塔、望月楼、柱式牌楼等。同时，在不破坏整体风貌的前提下，适当添加一些时尚的使用功能和形式元素，有利于重新焕发历史地段的生机，使之适应当今时代的要求。

(3)注意功能在外立面的反映：建筑功能也在对建筑外立面的改造中产生一定的作用，这是现代建筑的根本特点，形式要反映功能。通道南路主要以居住建筑为主，在南段为集中的商业建筑群，而公共建筑则聚

◉龙安项目：呼和浩特市伊斯兰特色景观街总平面图，2006年设计

集在北段。每种建筑均赋予其统一的个性如商业建筑的张扬奔放,公共建筑的凝重大方、居住建筑的沉静安稳。文化建筑在运用特征性符号的同时,特别注重对各种不同建筑的特性的挖掘和强化。

(4)重点突出:区分地段内不同位置、性质的建筑,采取保护或更新的手法通过对一些重点建筑或空间的精心营造来带动整个地段的改观。具体而言就是以通道南路两侧28组建筑物,以及建筑物所围合的线形城市空间为设计主体注重街道景观的序列性,力求使其如叙事诗般的起伏跌宕在建筑处理上营造浓郁的伊斯兰风情突出文化与商业氛围。

(5)重视细节:建筑细部是一个优秀建筑必备的特征,它表达出建筑师的素养经验和设计深度。建筑细部包括了构造的手段——生根、拼接、组装的方式比例的推敲和肌理的表现,加工的精致程度等无止境的要求。

重塑内蒙古城市风貌特色系列之二:呼和浩特市回民区伊斯兰建筑特色景观街改造设计的综合目标

在这次伊斯兰建筑特色景观街的改造设计中,我们并非单纯为设计而设计,为改造而改造,这是一项具有历史意义的工程,它将来完成后的每个细节及精髓都要代表着内蒙古的城市风貌特色,并与社会、与时代发展同步而行。这也是每个城市设计者在开始任何一项工程时,必须全面、慎重把握的关键。

一、体现建设和谐社会的精神

构建和谐社会是我国经济、社会发展新

●呼和浩特市回民区清真大寺外的清真小吃铺

的战略指导思想。具体到城市建设而言,可以理解为在规划设计中协调人、建筑与环境(社会环境、城市环境)之间的关系,这是贯彻“和谐社会”战略思路的重要内容。

旧城改造的目的之一是改善城市生态、生活环境、工作环境等提高市民的生活质量,以满足经济和文化不断发展的要求。由于旧城基础设施条件差,配套不完善,公共空间不足,生态环境质量差等,势必给市民的生活和工作带来诸多不便。在旧城改造中要遵循以人为本的原则,在规划设计上注重生态、环保设计理念的应用。解决诸如此类的问题,也是推进可持续发展、建设和谐社会的基础。

许多传统城市区域、历史地段经过改造更新后完全“焕然一新”。本次规划设计中,政府与设计者付出大量关心和思考的是如何充分保证和协调各方面的利益,避免当前旧城改造和整治中常见的、引发种种社会问题的做法,真正体现“三个代表”的重要思想，创造和谐的城市氛围。

二、强化城市经营的能力

通过对最具表现力及感染力的宗教和文化的张扬，对热烈的商业氛围的烘托，以及对安逸舒适的居住空间的重视和营造，令该街区全方位地展现伊斯兰的特色风情，突出其商业、宗教、文化、旅游的特色，力图使之不仅仅成为回民区，更成为呼和浩特市、内蒙古自治区乃至全国的标志性街区。通过对该街区的改造，带动地方的经济发展，提高就业率增加税收从而为城市的经营创造更为有利的条件。

◉龙安项目：呼和浩特市伊斯兰特色景观街九鹏商厦改造前实景、改造后日景和夜景，2006年设计

三、反映历史与民族文化融合的城市特征

呼和浩特市的民族文化，汇聚多种历史文化，包括中国传统文化、伊斯兰文化、西方文化，也可以说是东西文化、南北文化、草原文化、藏文化的交融之地。当地文化呈现出多元融合的重要特点这是其根本的特质。

这种特点，也应该体现在建筑上。无论是宗教建筑，还是世俗建筑都表现出不同历史阶段、不同文化融合的痕迹。本次规划设计也力求从城市空间建筑风格上体现这一特征。根据有关方面的要求在确定建筑风格定位时设计立足于中亚，摒弃其宗教内容，着重吸收其传统建筑空间与装饰构成上的、至今仍有生命力的观念手段，并加以创新和发扬来构成通道南路整体的伊斯兰风情和氛围。

◉龙安项目：呼和浩特市伊斯兰特色景观街设计细节，2006年设计

四、营造通道南路的场所精神和魅力

每个城市街区都有其特定的自然和人文环境，空间场所与地区居民的生活紧紧相连，独特的形态结构也与其内在的功能相对应，从而塑造了各个场所总体的景观特征和气氛。由于强烈的可识别特征都是

人们生活记忆中最熟悉的景物，这必然使人们感到亲切、安全。如此，能产生浓烈归属感的空间氛围就构成了“场所精神”。

城市的独特魅力很大程度上源于其独特的历史。在旧城改造中要注重历史文脉的延续，留存市民的情感与城市的历史痕迹，对代表着老城区的文化积淀与人文关怀的民居、古建、街道等予以完整保护，赋予这些景观以新的功能，注入新的活力。让老城区的改造与市民的情感适应性一致，与市民的生活节奏相协调，通过有机的、理性的新老更替形成城市新的历史，塑造城市的魅力。

五、真正做到生态与可持续发展

通道南路的改造设计充分调动了一切可利用的生态手段，在满足功能要求和文化要求的同时，尽可能地注重建筑与环境之间的共生互利；设计过程结合建筑的使用功能，增强运用生态适宜技术的意识，促进建材的循环使用，在最大范围内使用地方性材料；综合考虑自然资源的集约利用与协调发展。与此同时，努力实现社会和文化环境的可持续性发展，达到城市各要素综合平衡与持续最佳发展的目的，进而实现“和谐城市”、和谐社会的理想目标。

六、促进城市的国际交流

在今天和可预见的将来，中国与穆斯林世界的交流和联系必将愈加密切和重要。

因此，呼和浩特不仅在地理上成为联系远东与中亚的重要节点，从文化上看也是中

新疆伊斯兰建筑

中东伊斯兰建筑

◉土耳其伊斯兰建筑

◉南欧伊斯兰建筑

国伊斯兰文化的重要基地之一，应该在强化中国与穆斯林世界的联系中起到重要的推动作用。在规划设计时，决策者和设计者的目光并不仅仅局限在通道南路、回民区、呼和浩特市，而是将其置于更辽阔的范围和更高的战略上来审慎思考。

早在中世纪就形成的伊斯兰建筑，以伊斯兰教为基础，随各个伊斯兰国家历史文化而发展，其丰富多姿、和谐统一的艺术风格，突出地显现出穆斯林民族性和其他世界性文化艺术融合发展的特征，在世界美术史上占据着特殊的地位，对人类文化发展曾经产生了深远的影响。同时，伊斯兰文化乃至伊斯兰建筑具有很强烈的地域性，如阿拉伯半岛地区、中亚地区、今日土耳其地区、西亚地区、中亚地区、南亚地区、东南亚地区的伊斯兰风格，均有精微的差别。在通道南路伊斯兰建筑特色景观街的改造中，设计者们对伊斯兰建筑文化做出全面而仔细的考察，兼收并蓄，营造出宾至如归的氛围，使得来自伊斯兰文化圈各部分的客人，到这里都能有熟悉、亲切的感觉，这对促进国际文化和经济的交流起到了积极的作用。

七、创造既联系历史又具时代精神以及呼和浩特特色的风格

满足上述方面的综合要求，就必须使呼和浩特回民区通道南路伊斯兰建筑特色景观街成为独一无二的街区。然而，仅仅忠实地体现伊斯兰建筑风格，是远远做不到这一点的。像呼和浩特这样融汇了多民族、多元文化的城市，在国内并非少数。而有回族聚居、具备条件建设伊斯兰风格街区的城市为数亦众，如乌鲁木齐、银川等。因此，规划设计除了风情中注入时代精神，还应注入呼和浩特回民区自身的特色。

通道南路改造风格的定位是打造伊斯兰特色风情一条街，即打造一个具有浓厚民族文化特色的街区。在以浓墨重彩渲染异国情调，彰显伊斯兰风情的同时，也要充分展示该地区独特的地域色彩，因为它毕竟不是一条简单的仿古街。在返璞归真的同时，也应注重与时俱进的时代感。其建筑设计、城市设计乃至灯光小品、城市家具、道路铺装等细节上，都要与现代生活相适应，体现时代感和国际化背景下的时代性格。

八、规划设计的前瞻性

在通道南路的改造设计中，要在宏观的指导层面上具备相当的前瞻性，赋予改造治理后的城市以适应自然环境、社会环境、文化环境以及居民活动变化的能力，为城市中诸系统与要素的发展提供多种的可能，以达到追求城市多元价值体系的最佳平衡，为城市组织保持活力以及活动的丰富多彩等方面奠定基础，建立起“和谐城市”的稳定生活架构。

各级政府和龙安自身，对这一项目的要求几乎是全方位的，要满足这些复杂多元的要求，成为一项看似“不可能完成的任务”。然而，中国有句古话：“法乎上而得其中”。先贤意在告诉我们：只有在更严格、层次更高的要求下，才有可能取得更理想的效果。

◉龙安项目：呼和浩特市伊和宫实景，2011年建成

◉龙安项目：呼和浩特市伊和宫效果图，2008年设计

通道南路伊斯兰建筑特色景观街的建设，就是在这样的多元要求下完成的，其根本目的是在严格保护历史遗产、充分展示地方文化特色的同时，又紧跟时代发展，焕发旧城巨大的经济潜力，使呼和浩特成为一座

名副其实的，既具有悠久历史传统与地方特色，又充满时代气息和勃勃生机的塞外名城。

政府审慎而理性的决策，龙安科学而周密的专业解读，奠定了该项目成功实施的基础。

重塑内蒙古城市风貌特色系列三：呼和浩特市回民区伊斯兰建筑特色景观街的城市空间设计与重点建筑

经过了前述设计前的审慎思考，我们将改造设计方案最终落实，将整条景观街重新定位，对其空间及重点建筑深入改造，赋予其新的意义。

一、城市空间设计

通道南路以街道的线形城市空间为主线，以贯穿整个街区的街景设计及街区内的三个广场（清真大寺前广场、南段伊利广场、北段小游园）为空间节点，形成主要的城市空间。为了在城市空间中嵌入伊斯兰氛围，设计者在城市街道空间中强调了统一而连续的街道界面，使得原来分散的、互不联系的建筑和街道空间通过伊斯兰元素的有机组合形成一个统一而丰富的伊斯兰风情背景，消除了原来杂乱无章的建筑特色，使单一的沿街界面变得富有层次；同时通过线型空间与广场片状空间的结合加大了商业休闲活动的逗留余地。设计强调注重人的尺度，塑造多层次的场所，在开放空间、比例与尺度把握、建筑空间布局等方面强调人性化设计努力满足人们的情感需求和伊斯兰氛围的营造。

1. 连续而统一的街道界面

在通道南街原有建筑中直接具有伊斯

●呼和浩特市伊斯兰特色景观街义乌广场效果图，2006年设计

●呼和浩特市伊斯兰特色景观街义乌广场改造前实景，2006年设计

兰建筑风格的建筑只占很少一部分，各建筑间没有联系和对话，建筑质量粗糙，小品设施不足，街道景观零散无序。为了给街道空间以统一的氛围设计，在各小街的入口处设置伊斯兰风格的牌坊，赋予每条小街性格鲜明的入口标志，增强街道的可识别性和居民的场所感、归属感；同时使得原来自成一体、互不相关的沿街建筑通过这些标志物连接成一个气韵相贯的整体可谓一举数得。同样的原则也应用在各建筑之间，或设立邦克楼造型的标志物或设置券柱廊，使本来互相独立的建筑取得了呼应与联系，这样就在整

个街区获得了连续的立面，使区内的建筑在形象上统合为一个有机的整体。

在一些没有沿街建筑的空白地段，设计中增建了以中亚伊斯兰建筑的火焰形券门为装饰主题的围墙，进一步保证街道界面的连续性不被打破，伊斯兰建筑特色景观街的气韵不被中断，以这些手法保障了建筑的沿街立面成为伊斯兰风情上演的最佳背景。

2. 清真大寺前广场

清真大寺为文物保护单位，原有建筑退街道并不多，因此寺前空间比较局促，难以满足大量人流集散的需要，设计者利用义乌市场与祥和楼前相对宽阔的空间，将其改造为同时为商场和清真大寺服务的城市广场。同时设置了大片开放性城市绿地并强调广场的使用功能，既照顾广场的气势和人流聚散集合的要求，同时又兼顾文化和休闲的功能。尤其注意与大寺的关系，改变以前不尊重大寺的做法，为大寺提供疏散空间、市民休憩空间。

3. 伊利广场

伊利广场位于通道南街的北端入口处，是城市中重要的空间节点。为了强调伊斯兰建筑特色景观街的场所精神，提供醒目的标识，在这里增建了一座富于新风格的邦克楼。这座塔楼采用经典的沙漠黄与白色为主色调，是典型的中亚伊斯兰建筑符号，按照新的语法规则组织后，成为一座含义隽永、耐人寻味的地标性构筑物。

二、重点建筑

就形态设计而言，建筑的不同部分只有位置的差别并无主次之分。伊斯兰建筑特色景观街在需要突出的部分，作了一些中心感强的对称处理，如各主要建筑、商业空间主入口、各小街的入口门楼等，而其他建筑界面则根据建筑形态走向和功能的可能性采用单元化方式进行形态分解，以创造富有韵律的整体形式感。

1. 阳光鞋城、金马大酒店

阳光鞋城及金马大酒店是通道南路体量最大的建筑，改造的思路是将玻璃幕墙化整为零。先将连续的玻璃幕墙划分为转角、高层、多层部分，针对各部分采取不同的处理手法。在转角部分的玻璃幕墙上增设檐口和门楼，门楼内嵌拱券以丰富细节；对高层幕墙则在低处增添花纹拱其余部分则划分为三个水平带，每个水平带用连续的拱券

●呼和浩特市伊斯兰特色景观街阳光鞋城
改造前实景、改造后夜景和日景，2006年设计

廊装饰，丰富了建筑的表情和细节；对多层部分的玻璃幕墙则增加石墙面的面积，同时采用相对现代化的建筑语言如檐口凸出的半圆形飘窗等，进一步丰富建筑的细节变化。建筑转角处的楼顶增建带鼓座和柱廊的巨大穹顶，配合设在各屋角的小穹顶、采光塔、尖塔等，共同营造丰富街道天际线，渲染出浓郁的伊斯兰风情。

◉龙安项目：呼和浩特市伊斯兰特色景观街清真北寺改造前实景、改造后夜景和日景，2006年设计

2. 清真北寺

对清真北寺的改造主要是用沙漠黄统一了整座建筑的色调，将绿色穹顶改为金色，并新增高度超出原有建筑近一倍的召唤楼来与穹顶相呼应，表现了中亚风格的清真寺的完整性。此外，拆除原有入口门楼及出挑楼层，改建为与穹顶的色彩和形制相协调的门楼形式；并在门楼两侧原来的体量失调的墩柱上增加尖券装饰及水平划分等细节。

呼和浩特市回民区伊斯兰建筑特色景观街的设计作为一项迎接内蒙古自治区六十大庆的献礼工程，入选了呼和浩特市四大重点工程之一，并在 2007 年 10 月，荣获“第 15 届中华建筑金石奖”优良规划设计类的国际组金石奖；在 2007 年 8 月，在庆祝内蒙古自治区成立 60 周年的活动中，获得最佳建筑工程设计奖；在 2008 年 6 月，荣获联合国人居署迪拜国际最佳范例推动设计奖。

当来自五湖四海的穆斯林兄弟不约而同地汇合在呼市时，他们不但创造了一条具有穆斯林文化特色的大街，同时也融入了中华民族的大家庭。

它既是伊朗，又不完全是伊朗；它既是土耳其，又不完全是土耳其；它既是中亚西域，又不完全是中亚西域；它就是全球独一无二的呼市回民区的穆斯林文化风情街！

注：呼和浩特伊斯兰特色景观街荣获奖项：2007 年 10 月，荣获“第 15 届中华建筑金石奖”优良规划设计类的国际组金石奖；2007 年 8 月，在庆祝内蒙古自治区成立 60 周年的活动中，获得最佳建筑工程设计奖；2008 年 6 月，荣获联合国人居署迪拜国际最佳范例推动设计奖。

重塑内蒙古城市风貌特色系列之四：呼和浩特市多元文化景观街三条街道的不同设计思路

此次收录于《内蒙古城市风貌特色》系列图书的另一条景观街——呼和浩特市多元文化景观街，与之前的呼和浩特市回民区伊斯兰建筑特色景观街又有所不同，虽然都是庆祝内蒙古自治区成立60周年的献礼工程，但我们需要承担的工程又在场地变化中给我们的设计工作带来挑战。

这条多元文化街由回民区通道北路蒙元文化景观街、新城区通道北路蒙元文化景观街和大南大北街蒙元（藏）文化景观街三大部分组成。该项目自2006年9月起开始方案设计，至2007年7月全部竣工，其建设范围是全长近三公里长的街道，共计200余栋建筑的沿街立面外部改造。

◉龙安项目：呼和浩特市多元文化景观街改造项目国都安居实景，2006年设计

一、回民区通道北路蒙元文化景观街

1. 项目背景

回民区是呼和浩特市的一个辖区，地处呼和浩特市城区的西北部，总面积175平方公里，城区面积19.47平方公里，耕地2万亩。总人口30万人，有22个民族，其中回族人口1.98万人，占全区总人口的8.6%，是回族聚居区。

2. 项目区位

蒙元文化景观街改造工程，位于回民区所辖的通道北路大街，沿街有74栋建筑物需要改造，其中包括商业建筑、居民住宅等建筑。具体改造内容包括墙面、屋顶、门楣、窗户、广告、外挂设施街灯照明、花坛、绿植、浮雕围墙、道路铺装等。

3. 现状分析

• 位于回民区的通道北路大街在呼和浩特市的整体景观规划中占有重要地位，共有74栋建筑物，目前沿街建筑由于修建年代的不同，建筑风格混杂，缺乏有机的协调性，不能够有序的突出民族融合的特点。

• 街道的天际线缺失，缺乏合理的城市空间秩序。

4. 设计目标

通过对蒙元文化景观街的改造，我们将在回民区所辖的通道北路通过沿街立面的改造，打造一条以蒙古风格为主，以满族风格为辅的浓厚民族风情景观街，弘扬城市文化，提升回民区的文化价值。使之成为呼和浩特市，内蒙古自治区，乃至全国的标志性街区。

5. 风格定位

方案定位于蒙元风格，对沿街建筑立面

进行改造。在蒙古族文化中提炼设计元素，并在建筑外立面改造中加以利用，适当融入满族以及欧式建筑风格，既来自于传统又不拘泥于传统。

此次回民区的街道改造，是在玉泉区设计方案的基础之上，做了提炼以及升华，采用了大量的装饰构架，烘托了蒙古建筑风格的多样性，使蒙元风格更加浓厚。

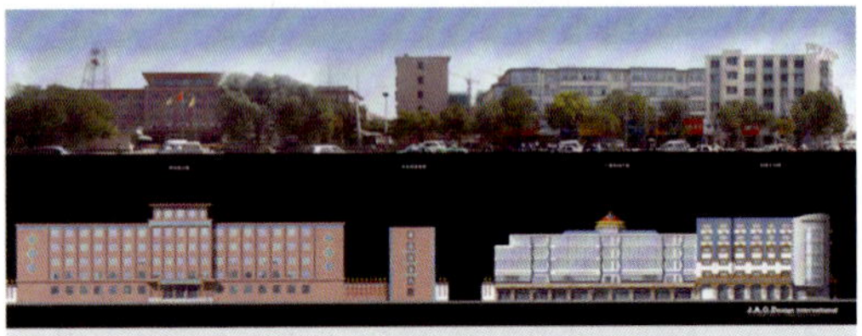

◉龙安项目：新旧对比（车站西街—光明大街），2006年设计

二、新城区通道北路蒙元文化景观街

1. 项目背景

新城区位于内蒙古自治区首府呼和浩特市东北部，西与回民区毗邻。全区总面积699.6平方公里，有蒙、满、回、汉等38个民族，是满族聚居区。

2. 项目区位

蒙元文化景观街改造工程，位于新城区所辖的通道北路大街，沿街有26栋建筑物需要改造，其中包括商业建筑、居民住宅大门等建筑。具体改造内容包括墙面、屋顶、门楣、窗户、广告、外挂设施街灯照明、花坛、绿植、浮雕围墙、道路铺装等。

3. 现状分析

• 位于新城区的通道北路大街在呼和浩特市的整体景观规划中占有重要地位，共有26栋建筑物，目前沿街建筑由于修建年代的不同，建筑风格混杂，整体街区建筑风格各异，作为文物古建的公主府与周边的建筑风格迥异，缺乏有机的协调性，产生断代感。

• 沿街天际线单调，造成城市景观特色的缺失，缺乏合理的城市空间秩序。

4. 设计目标

通过对蒙元文化景观街的改造，我们将在新城区所辖的通道北路通过沿街立面的改造，打造一条以蒙古风格为主，以满族风格为辅的浓厚民族风情景观街，弘扬城市文化，提升回民区的文化价值。使之成为呼和浩特市，内蒙古自治区，乃至全国的标志性街区。

5. 风格定位

方案定位于蒙元风格，对沿街建筑立面进行改造。在蒙古族文化中提炼设计元素，在建筑外立面改造中加以利用，适当融入满族以及欧式建筑风格，既来自于传统又不拘泥于传统。

◉龙安项目：呼和浩特市多元文化景观街改造项目建筑细节实景，2006年设计

考虑到新城区海拉尔大街旁边的具有浓厚满族风格的公主府文物古建，所以在古建两侧的呼市博物馆等将被改造成具有满族风格的建筑，从而使得周边的建筑与公主府古建能统一起来而又不失各自的特色。

此次新城区的街道改造，是在玉泉区设计方案的基础之上，做了提炼以及升华，采用了大量的装饰构架，烘托了蒙古建筑风格的多样性，使蒙元风格更加浓厚。

三、大南大北街蒙元建筑文化景观街

龙安项目：呼和浩特市多元文化景观街改造项目
金旺角服装批发城改造后夜景，2006年设计

龙安项目：呼和浩特市多元文化景观街改造项目
天泽龙泰珠宝行改造后夜景，2006年设计

1. 项目背景

玉泉区是呼和浩特的老城区，在呼和浩特历史上占有重要的地位。悠久的历史使得玉泉区有着极其深厚的文化底蕴。

内蒙古自治区成立 60 周年大庆在即，本次街景改造项目对于整个城市历史文化的发扬、城市形象的展示都将起到承前启后的重要作用。

2. 项目区位

蒙元文化景观街改造工程，位于玉泉区大南大北街，道路总长约 1800 米，设计路段长约 1480 米。沿街有 45 栋建筑物需要改造，其中包括商业建筑、居民住宅等建筑。具体改造内容包括墙面、屋顶、门楣、窗户、广告、外挂设施、街灯照明、花坛、绿植、浮雕围墙、道路铺装等。

3. 现状分析

- 大南大北街在玉泉区的整体景观规划中占有重要地位，共有 45 栋建筑物，但是目前沿街建筑景观较为混乱。
- 大昭寺等文物建筑周边建筑破旧，街容不整，不利于历史建筑的保护。
- 建筑风格混杂，缺乏有机的协调性，不能够有序的突出民族融合的特点。
- 街道的天际线缺失，缺乏合理的城市空间秩序。

4. 设计目标

通过对蒙元(藏)文化景观街的改造，我们将重现蒙元文化的辉煌，创造浓厚的民族风情，弘扬城市文化，提升城市的文化价值。

使之成为呼和浩特市，内蒙古自治区，乃至全国的标志性街区，为历史名城呼和浩特再添上瑰丽的一笔。

5. 风格定位

方案定位于蒙族风格，对沿街建筑立面进行改造。在蒙古族文化中提炼设计元素，并在建筑外立面改造中加以利用，适当融入藏族以及欧式建筑风格，既来自于传统又不拘泥于传统，大胆提取典型的设计元素和符号，创造浓厚的民族风情，体现出呼和浩特现代化历史名城的身份。

重塑内蒙古城市风貌特色系列五：呼和浩特市多元文化景观街的设计经验

任何一项工程完成后，我们必须要总结经验，这是在为日后更好地进行项目设计打下扎实根基。鉴于这次设计的特殊背景以及特殊环境，我们在设计过程中不断调整完善思路，并积极应对种种随时出现的挑战，最终才得以顺利实施，这些对我们的设计者来说都是最宝贵的经验。

◉龙安项目：呼和浩特市多元文化景观街改造项目
丽妍国际美容美发技术学校改造后日景，2006年设计

一、方案的构思与表现

在方案的初步设计阶段注重元素的提炼是非常重要的。大量的元素提炼是对蒙元文化深入了解的过程，在这个过程中用每一笔记录着所有有用的资料，比单纯的浏览和资料整理的效率要高，而且提炼的元素在后期设计中运用起来也比较方便。

方案组的主创设计师在方案的推敲过程中突破了原有建筑的限制，大刀阔斧地进行了立面改造的方案设计，如果力度不大就达不到改造的目的，会留下原有建筑的影子。由于原建筑立面呈现无规则状况，设计到中期要对方案进行整合，从发散的方案设计到有规律的设计使最后成形的方案既有多样性又有统一性。

在方案的表现上向甲方汇报的演示文稿很重要。在介绍方案过程上要富有条理性，内容丰富但不能冗长，要将前期的工作融入其中使甲方能够比较合理的接受方案。

另外在立面改造的方案设计中特别须要注意的有几点，其一，对原建筑的彻底了解，包括房屋性质、建筑结构、共能分布、建筑外部环境等。这些都是在改造的过程中限制方案实施的主要因素。改造方案设计包括夜景照明设计在内，尽可能的尊重原建筑的使用功能，不对内部使用人员遭成不良以影响。由于建筑外部环境因素的影响，也在很大程度上限制了方案的可施事性。为了使工程建成后很好的表现设计师的意图，方案之前的勘测与分析是必不可少的。其二，街景改造设计的时候同场都是规模化设计，所以不能用一个力度进行设计，要有重点、有主次的进行设计。这样才能使原有的建筑群显得有组织起来，达到净化城市空间的作用。

二、方案到施工图的深化

方案确定后，就是施工图设计了。改造项目的施工图设计有几个显著的特点，其一、原有建筑的档案资料十分重要，这对施工图设计的深度起决定性的作用。如果原有建筑的资料完备，建筑施工图的设计就会相对准确，这样使得后期施工过程中遇到的问题就会相对较少。结构施工图的设计就会安全、准确、保证万无一失。反之，施工图设计将会有所缺陷，这样会给下一步施工带来较多的现场问题，甚至影响工程进度。其二、施工图设计的同时，由于原建筑之间的影响，新建部分的结构形式的确在很大程度受到限制。其三、施工图设计的过程中，对方案也会进行必要的调整。特别是相对方案形式较为复杂、建筑造型前后对比较为强烈的建筑，在施工图设计时更容易出现此类问题。

三、改造项目方案在现场的控制

第一，施工现场的后期方案控制可以说是整个方案能否很好实施的关键。由于是改造项目，在设计时大多采用的是“加法”，势必会对原有建筑的结构产生影响。在建筑装饰材料的选用上为了结构的安全性尽可能选用质量较轻、结构性能较好的建筑材料。

◉龙安项目：呼和浩特市蒙元建筑文化景观街改造项目文化符号分析，2006年设计

第二，在施工现场，会有很多现实问题的存在，这类问题多数是存在普遍性的，所以要求设计人员在到达现场后要有预见性。因为工程的量比较大，所以一般都会分标段进行施工，由于各标段的施工进度不同，所以有时一个标段发生问题需要设计人员解答，同样的问题也会存在于其他标段，这时应该及时对其他标段进行指导以免相同的情况再次发生。

第三，现场服务的工作主要还包括和甲方及施工单位进行良好沟通。施工现场会发生很多预计不到的问题，而且有时即便准备工作做的已经十分完备了，但还是会有意想不到的事情发生。比如说原有建筑的结构形式是隐藏在内部的，外部还有其他装饰材料包裹，这时内部的情况是无法预计的，只由施工时才会发现。这时为了保证方案的良好实施就必须得和施工单位想出较为合理的解决办法。

在施工的过程中，效果逐步呈现的同时，甲方有时也会提出一些新要求，在满足方案和理性的同时，与甲方的沟通是必不可少的。及时给甲方以专业的建议和解决办法，进而满足甲方要求。

第四，在方案整体效果的控制上，设计人员应该把好效果这一关，有时施工单位对图纸和建成后效果的理解会和设计师有所偏差，这时设计师应及时发现并做出调整。所以现场服务的设计师必须对每套方案都应熟悉，发现实际的效果与预计的效果不一致时应该马上纠正，坚持原则，严重时需要协商监理令其整改。施工工人是将设计师所画的每一笔变为现实，如果在施工过程中对方案进行擅自改动会使一切付之东流。

龙安项目：呼和浩特市蒙元建筑文化景观街改造项目天泽龙泰珠宝行施工现场，2006年设计

由此可以看出一套方案从设计到施工到竣工的过程看似相对独立，但设计是始终贯穿其中的。一个好的设计是在不断调整中完成的，不应该是在图纸完成的那一刻而结束的。做为一个设计师应该关心方案的每一步进展。当你看到自己亲手做成的方案建成后得到他人的关注，那其中的感觉是难以用言语来表达的。

附：2007年景观街改造完成后，呼市政府对该项目授予了特别荣誉，以下是《美国龙安》刊物对表彰会的新闻报道。

呼市迎60周年大庆工作总结表彰大会
授予多元文化特色景观街最佳建筑设计奖

2007年8月22日下午，饶及人先生应邀参加在呼和浩特市政府一号会议厅举行的“呼和浩特市迎接自治区成立60周年大庆工作总结表彰大会”。此次大会上，鉴于我司在迎接大庆重点工程多元文化特色景观街中的出色设计和杰出贡献，市委市政府特授予我司“最佳建筑设计奖”；饶先生更是获得“市长特别奖”的殊荣。

本次表彰大会是呼和浩特市有史以来最大规模的表彰大会，共设10个奖项，近千人出席大会。此次会议的高规格和大规模，充分显示了呼和浩特市委市政府对此次活动的极大重视，市委书记韩志然和市长汤爱军亲临会场并颁奖给受表彰的单位及个人。

作为“市长特别奖”的获得者，饶先生在领奖之后，特别代表龙安公司赠送呼和浩特市市政府《内蒙古自治区呼和浩特市回民区都市更新——伊斯兰建筑特色建筑景观街》图书150册，以表达饶先生及龙安公司对呼市市委市政府高度评价和认可龙安公司在呼工作的感激之情。汤市长亲自接收了赠书。

市委书记韩志然在颁奖后的讲话中特别提到："饶及人先生主持设计的伊斯兰特色景观街和通道大南大北街蒙元、蒙藏、蒙满文化景观街，使呼和浩特多少年来没有改变的棚户区展现了全新的面貌。帮助市政府实现了花钱少、效果好、老百姓满意的改造。以前来呼市的人都要避开这条街，现在这个街区变成了呼和浩特市必到的旅游景点，这个工程在西部、全国乃至世界都是一个成功的创举，很好的体现了呼和浩特市多民族文化良好融合的和谐态势。"

走进大国的"城市医生"
——记美国龙安集团总裁饶及人

附：2010年12月14日，在美国龙安集团中国总部办公室，美国龙安集团总裁饶及人先生接受了内蒙古商报执行主编、资深记者母瑾先生的专访。两人初次相识，母瑾先生就"第一印象"为起笔点，对饶及人先生的"传奇人生"进行了一个较为全面的综述，并向大家讲述了一些呼和浩特伊斯兰景观街背后的故事。

报道于2011年1月8日刊登在《内蒙古商报高端读本》第2版，以下是报道原文。

走进大国的"城市医生"

——记美国龙安集团总裁饶及人

（上篇：发展篇）

文/母瑾

他，曾被称为最融入美国上流社会的华人，驰骋于美国上流社会如鱼得水，齐名于骆家辉、朱棣文这样的美国华裔部长，曾一举夺得纽约市规划局长的桂冠；他，也被称为是最懂得中国世俗人情的美国人，跟一大帮中国的市长称兄道弟，是市长们的座上宾，市长们都称他是中国的"城市医生"。

他，就是穿梭于美国与中国之间的被称为"两栖人"的美国龙安集团总裁饶及人。

说起饶及人，不一定人人皆知，但说起呼和浩特市回民区"伊斯兰景观街"，一定人人皆知。

殊不知，伊斯兰景观街的规划设计就出自这位全球建筑规划设计泰斗之手。

这是饶及人自2005年始涉足内蒙古建筑规划设计市场后的第一件作品，也是他在内蒙古市场的杰出代表作。

伊斯兰景观街于2006年7月正式开街后，立时吸引了全城人的眼球，招致市民身不由己走出居所，不约而同走进伊斯兰风情街，游览观光，品味欣赏，大家无不为之拍手叫好，顿时全市一片哗然。

如此精美的设计是如何构想出来的呢？设计者又是怎样的一个人呢？

为了揭开这个诱人的谜底，12 月 13 日，记者专程赶赴北京，独家采访了著名建筑规划专家饶及人。

第一印象

大凡成功人士，都有一些共同的特征：豁达、善良、虔诚、善解人意、见解独到、仪表堂堂……更重要的一点是，为人做事让人舒服。

饶及人，就是这样一位“舒服”的人。

初识饶及人，给人一种“亲和”的感觉，仿佛彼此早就认识，早就聊天无数次了。

他的办公室设置得热情、收敛、气势、美观，既没有矫揉造作，又带有实用中难得的赏心悦目。而至关重要的一点，他的办公室如同他本人一样“舒服”。

他走路捷步生风，仿佛与时间赛跑，每一秒钟对他来说是那么的重要。就在接受记者采访的前一分钟，他还在与客商洽谈事宜；而接受记者采访十分钟后，他又匆匆赶去与中国人民银行行长会面。就在接受记者采访的前一天上午，他急速从内蒙古巴彦淖尔市飞回北京，第二天他又要飞抵美国。正是因为经常处于空中飞翔状态，有人送他雅号——“空中飞人”。

他身材魁梧，仿佛上帝赐予他今生与高楼有缘，进而装点城市给人以舒服。他圆盘大脸，高挑鼻梁，额顶头发稀疏而略有间白，看得出，他满脑凝结着智慧，而又为事业操劳过度。

他侃侃而谈，古今中外、家里天下。他不是“侃爷”，他是见多识广，是慧、儒、趣、雅。

他有一双神秘的眼睛。他能找到别人找不到的建筑规划设计之弊端，发现别人发现不了的城市“病症”。

记者注意过那一双能洞察“城市症结”的眼睛，那双眼睛并不大，但却非常明亮，只要是在凝视，眼睛里就会放出深邃而锐利的光芒，想必在他看到城市“病症”的时候，还会迸出电光和火花。

他具有美国大都会“医”城的实践，又具有故国筑城医城的磨练。他是一位医术精湛的“城市医生”。

在伊斯兰大街工程动工前，饶及人向当地回族首领亲自解释工程对少数民族的重要性

融蒙元文化于伊斯兰景观街

采访话题从呼和浩特市回民区伊斯兰景观街的设计构想说起。

谈起建筑规划设计，饶及人振振有辞，滔滔不绝。

任何建筑与改造，都要经历一个艰巨的

历程，是在历史文化融汇的深厚背景下所面临的一个时代的严峻课题。呼和浩特市的回民区改造也不例外。

在"千城一面"已经成为中国城市化进程中的流行病和痼疾的背景中，人们希望呼和浩特的城市建设能体现出地域文化和民族特色，但要满足这一要求却不那么简单。实际的情况是：这种需求在两种思潮的夹击下，往往难有存在的空间。一种思潮是全球化、抄袭风造成的质量低下，为试图避免雷同，但结果却是千篇一律再现；另一种则是对"民族特色"、"地域文化"的肤浅理解和生搬硬套，滥用似是而非的风格、符号和装饰语言，造成了平庸、低俗的建筑泛滥。在这样的情况下，城市要么被"格式化"，成为没有历史根源和文化养分的工业品；要么被"虚假化"，戴上矫揉造作的面具来贩卖所谓的"文化"，其结果都将是消灭城市传统，切断城市血脉。那么，呼和浩特回民区通道南路的改造整治，又该走一条什么样的道路呢？

现实的问题摆在了饶及人的案头。

经过对呼和浩特这座历史文化名城的周密研究，经过对回民区长期积淀的浓郁的民族风情的深刻剖析，参照了国外的土耳其、国内的新疆等地的伊斯兰建筑风格后，饶及人最终敲定了通道南路的改造方案：融蒙元文化于建筑改造中，并定位为：打造伊斯兰特色风情街。

"把蒙古服饰上的符号、伊斯兰服饰上的符号，体现在建筑主体上。把很多符号结合起来，用于适合表达的地方，创造出一个新作品。通过符号和颜色的使用，营造浓重的民族文化氛围。"饶及人说。

饶及人的正确思路让他对伊斯兰景观街的改造获得成功。伊斯兰景观街既非简单的旧建筑立面改造，也不仅仅是再造一条商业街，而是要从城市经营的角度去规划设计。

通道南路本身就是一条具有商业和生活内容、充满活力的商业街，改造应该是对传统街道进行文化性的修复。

◉龙安项目：呼和浩特回民区文体中心，2012年设计

呼和浩特市的民族文化，汇聚多种历史文化，包括中国传统文化、伊斯兰文化、西方文化。也可以说是东西文化、南北文化、草原文化、藏文化的交融之地。为了把这种特点体现在建筑上，在确定通道南路建筑风格定位时，饶及人大胆地进行了创新设计：立足东亚，摒弃其宗教内容，着重吸收其传统建筑空间与装饰构成上的、至今仍有生命力的观念、手段，并加以创新和发扬来构成通道南路整体的伊斯兰风情和氛围。

由于定位准确，思路正确，伊斯兰景观街的改造最终取得成功。从而使通道南路

“脱胎换骨”，以崭新的面貌展现在市民面前，焕发出青春的活力，魅力无限。由于景观街强烈的可识别特征都是人们生活记忆中最熟悉的景物，人们对此有一种亲切感、安全感，并产生一种浓烈的归属感。

伊斯兰景观街的改造建设，得到了回族群众及内蒙古23个民族的一致认同，也得到了国内外伊斯兰友人的一致认同，成为集商贸、旅游、观光于一体的特色景观街。饶及人的大名也从此为内蒙古的人民所熟知，他也从此成为内蒙古人的好朋友。

传奇人生

呼和浩特市旧城改造是记者关注的一个焦点，但记者更为关注的是饶及人的曲折人生。他“从美国梦到中国梦”是如何实现的呢？

随着采访的进一步深入，饶及人的传奇人生像一部精彩的电视连续剧一幕幕展现在眼前。

饶及人祖籍浙江青田。1949年，饶及人的父亲饶达跟随在国民党政府当宪兵官

◉饶及人穿着传统阿拉伯服饰在阿布扎比

员的表姐夫从上海到台湾避难。

1957年，饶及人出生于台湾南投县鹿谷乡。他6岁时，父亲饶达带着一家人搬到了台北。对于童年的记忆，饶及人最大的感慨是“我在6岁以前是没有穿过皮鞋的”。

初到台北，饶及人的父亲任教于空军子弟小学，饶及人的小学时期就是在这里度过的。饶及人自小颇具绘画天赋。少年时期的饶及人是一个沉默寡言、憨厚老实的孩子，经常沉浸在画画中冥想驰骋，与同龄学童相比，自是不同。

中学时代，饶及人逐渐变成了学校里的活跃人物，成为“孩子王”，一改往常的沉默寡言，变得“野蛮”起来，成为“老大”。

16岁时，饶及人父亲饶达举家从台湾移民美国纽约。在纽约，一家人过着艰难的生活，为了生计，饶及人的父亲带领全家在纽约从事礼品买卖生意。

饶及人的高中是在美国上的。美国是个白人优越的社会，那时纽约的华人青年很少，因此孩子们难免会受到别人的取笑和欺负。特别是语言，成为融入美国主流社会的障碍。为了突破语言关，练好口语，饶及人常常在厕所里对着镜子练习口型，最终取得成功，说得一口流利的英语。

一次偶然的机会，饶及人接触到了艺术，从此坚定了他学“建筑”的决心。高中毕业申请大学学校时，饶及人选择了在纽约市的三所设有建筑系的大学，最终凭借他的实力，被纽约普拉特大学高调录取，并享受全额奖学金。

进入大学的饶及人，心底牢记父亲说过的那句话："来美国不是来打工的，也不是来留学的，我们是移民美国，一定要进入美国的主流社会。"

这种初衷，让饶及人更加坚定了奋斗的目标。

进入大学不久，饶及人的设计禀赋很快就显露出来，他的设计作品开始频频在学校的设计比赛中获奖。

毕业后，在正式上班之前，饶及人花了6周时间，从南到北，饱览了建筑先辈们的撼人作品，确立了一生的奋斗目标：有生之年，要让自己设计的作品遍布全世界。

饶及人的创业之路是在偶然中开始的。

台湾的一个装修商承揽了一项翻修工程，需要在美国找一个担保人。因为饶及人是美籍华人，装修商就找到他，他不好拒绝，就答应了。不料，就在工程进行不到一半时，装修商卷款潜逃。于是，所有的烂摊子就推到饶及人身上。万般无奈之下，饶及人一狠心，自己承做起来。他拿出仅有的500美元积蓄，在这项工程的地下室创建了自己的公司——美国龙安联合设计公司。他自己掏钱做包工头、进材料、买工具、带工人，硬是撑着把这个工程做了起来。

就是这样一次遭遇成就了饶及人的创业之旅，但创业之路满是荆棘，行走艰难。而创业又是一条不归路，只能摸索着前行。

1985年，为了公司的发展，饶及人将龙安公司由纽约长岛搬到法拉盛。法拉盛是纽约第二大"亚裔城"，很多大楼正在开发。

◉呼和浩特玉泉区蒙元文化一条街完工典礼的烟花表演

饶及人亲自去寻找业务合作，在不断碰壁中，相继承揽了一些工程。对于承揽的工程，他严格按客户要求来完成，甚至不惜一切代价做得更好。

渐渐地，饶及人建立了良好的信誉，赢得了客户的信赖，他本人连同公司的大名与日远扬。到1990年，龙安公司得到前所未有的发展，包揽了华尔街皇后区最佳高层设计、公寓设计及商业楼宇设计三个一等奖。

1990年7月，饶及人从300多名竞选对手中脱颖而出，一举夺得纽约市规划局长的桂冠，成为纽约市360年来首位亚裔规划局长。

1992年，饶及人带领纽约市局长考察团来中国考察，有幸得到时任副总理的朱镕

A02 高端 读本　青城访客

走进大国的“城市医生”

——记美国龙安集团总裁饶及人

（下篇：理念篇）

本报记者 母瑾

规划使大国变强国

四因二应：规划与文化并重

以城市规划切入城市运营

寻找中国城市“城市魂”

基接见。朱镕基对他说：“你回来吧，帮中国引进西方先进的建筑与规划方式。”

朱总理的感召牵引着饶及人的心开始向往中国这片热土，而此时，饶及人不仅是纽约规划局局长，还是纽约市市长形象大使，更重要的是，他已被作为美国国会议员的候选人。

但是，饶及人毅然决然地舍弃了这条风光无限的仕途，辞去了一切职务，开始把目光转向了一直都魂牵梦萦的中国。

1996年，饶及人开始着力将业务向亚洲倾斜，从纽约移至香港，开拓亚洲地区的设计业务。之后，随着中国业务快速的成长，2001年，饶及人将龙安公司正式从香港转入北京。

目前，龙安设计公司在中国的业务遍及31个省80多个城市，截止到2010年8月底，他所带领的龙安设计公司已经在中国做过2760平方公里的城市规划、设计过1957万平方米的住宅、1903万平方米的公建、776公顷的景观，共计获得117个国内外设计大奖。

“我来到中国，不为求官，不为求工作，最多的是为中国早日富强贡献自己微薄之力。”饶及人是这样说的，也是这样做的，他身体力行，将自己的才华毫不保留地贡献出来，“医治”中国城市病，追寻中国城市魂。

走进大国的“城市医生”

——记美国龙安集团总裁饶及人

（下篇：理念篇）

本报记者/母瑾

历尽拼搏的饶及人，因为前国务院总理朱镕基先生的一个微笑、一句“你回来吧”，毅然放弃了在美国的优越生活，回到了中国。

回国后的饶及人一心扑在繁忙的培训和繁重的设计工作中，精心致力于朱总理寄予他的“为中国引进最新的西方规划理念和哲学，为中国政府培养一流规划人才，适当为中国留下好的规划作品”三个期许，并用实际行动践行这个崇高而神圣的使命。

借助先进独特的设计理念和以人为本的规划视角，饶及人为中国城市规划带来了新的雨露，并将做中国各大城市“城市医生”的责任义不容辞地担在了自己的肩上。

四因二应：规划与文化并重

城市规划事实上是一个国家或一个地区的文化的体现，在城市规划设计理念中，文化占据着很大的位置。如何从中国传统文化和西方外来文化中寻找适合中国国情的经验，便成了饶及人做好中国城市规划工作最需要把握的一个关键点。

出生于中国台湾、成长于美国、发展于中国大陆的饶及人，历经多重文化背景的浸润，他的规划观也受到强烈文化取舍的影响，可谓"两栖"规划。

饶及人站在呼和浩特市伊斯兰特色景观街前

"国内的设计师和国外的设计师最大的差距就是取舍。国内的设计师是房子是要能盖得出来，才能设计得出来。而国外的设计师说只要你想得出来，我就可以盖出来。"饶及人如此评价，实际上，他所拥有的独一无二的文化背景，让他能更客观、更宏观地审视中国与西方的不同的建筑发展轨迹。

饶及人倡导，在保留精髓的古老传统的建筑文化的同时，也要不断吸取包容外来文化。

饶及人认为，几千年来中国的建筑深受中国传统文化观念的影响，形成一个固有模式，对创新的接收力很差。尽管中国有很多建筑对于外国人来说都相当经典，但建筑是艺术里最复杂的一种表现形式，艺术作品具有流行性，随时代变迁且不断发展创新，而中国的建筑难以迈出这一步，所谓"创新"到最后也只是"仿古"。

那么，在城市规划设计中，饶及人认为中西文化该如何取舍呢？

"我认为，太多的文化是包袱、是累赘，太少的文化是肤浅、是破坏，中国的城市不能像穿中山装一样千篇一律，中国是一个多民族多文化的国家，不应该用一个大汉文化来做所有文化的取舍，也不能用北京的文化代表全国的文化。城市规划中对文化的取舍应该是：适当地保留、合适地利用、很好地发挥。"饶及人分析说。

在他看来，是中西文化的差异造就了中西建筑规划的差别性：中国村落的规划是保护性很强的规划，突出防御性，而西方国家把人作为独立的生命体，强调个体的成长性而不是中国的集体性，因此，隐私性很重要，小孩子从出生起，就必须有自己的空间。

随着中国经济的崛起，中国国际化程度日渐凸显，城市规划的"中西合璧"时代已经来临，在这样的背景下，如今的中国的城市规划该走什么样的道路呢？

"我认为，如今中国规划应该是两种融合，针对不同对象进行调和。对于公信力很重要的建筑物，应该开敞些，公信力的展示就透明；对于居住的建筑物，应该适当地隐蔽，使私人空间不受到威胁。"饶及人说。

饶及人深深懂得，中国文化博大精深，源远流长，其最大的特点就是它的包容性，而不是排挤性。另外，因为规划并没有绝对的对错，所以，建筑顺应环境的曲折、变迁，因人而异、因地制宜、因山而起、因水而洄，回应历史，呼应未来（四因二应）最好。

规划使大国变强国

饶及人提出一个大胆的理念：规划可使大国变强国。他对中国规划事业的信心，借由他的豪气万丈表现了出来，也因为做出的成就而更加自信。

有人说饶及人是一个"预言家"、"观点家"，因为他的每一个预言、每一个观点的提出，最终都得到了印证。"规划使大国变强国的理念当然也不是凭空捏造出来的，而是有科学依据的。"饶及人这样说。

中国是一个从未中断悠久历史的文明大国，拿破仑曾形容它是一个沉睡的巨人。作为一个有着五千年文明史的古国，虽然目前还有许多需要改进的地方，但中国的强大将是一个不可阻挡的趋势，而且从21世纪的中期开始，很可能就是中国世纪的开始。这是一个令每个中国人都振奋的预言。

中国城市化已进入一个快速发展时期，在人类文明史上，从来没有一个国家有这么快速的城市化，但是，成长快，问题也多，住房、教育、道路设施、水资源、土地资源等问题应用而生。说到底，中国的城市大部分还处在青少年时代，要想健康发展，还须循序渐进。

对于中国在21世纪通过规划手法如何从大国成为强国的问题，饶及人并不非纸上谈兵，他有具体的方法和实施步骤。他建议采取两种方式：一种是中西合璧的多元化规划战略；另一种是符合"与时俱进"的应变规划战略。这其中，所谓，上谈兵保持竞争力，就必须要让城市具有文化特色，而城市中中西合璧规划战略是把中国规划过程的由上而下与美国规划过程的由下而上有机结合起来，就像中医和西医相结合一样，切除肿瘤适宜用西医手术，慢性疾病适宜用中医调理，两者结合，相得益彰，而与时俱进规划战略则是要合理规划、远见规划，不是把今天的建设建立在子孙后代的生活不安定上。

寻找中国城市"魂"

饶及人说，每个城市都有它自己的灵魂：江南的小桥流水，西北的黄土窑洞，这种人与自然的和谐就是某一地区的魂。

城市的规划，要体现出城市的魂。"看一个城市，要抛却它的表象，把触觉深入到它的深处，寻找这个城市内在的精神和动力，而这种内在的精神和动力就是城市的魂。"饶及人说。

城市发展要有魂，这个魂，就是一个国家的历史文化之魂，以及在历史文化发展和传承中展示出的现代生命力之魂。

而中国的城市，在"城市医生"饶及人的眼里，几乎都是千城一面，造成这种现象的原因有二：一是部分领导急功近利，相互抄袭和模仿城市设计；二是出于国家安全和体制垄断的考虑，使许多城市的规划基本由规划院规划设计，一个派系一种思路的学术体系，决定了中国不少城市在规划与建设的开始就没有找好城市定位，没有找到“城市的灵魂”，以致许多城市无法确认自己到底是区域金融中心还是区域工业城市、旅游城市、商贸城市等。进而导致诸多的城市如雨后春笋般冒出地面，却缺乏特色，缺乏味道，更缺乏可持续发展的生命力。

当今世界的国力竞争，核心是经济实力的竞争，关键是科学技术的竞争，实质是文化力的竞争，而文化力竞争的实质是民族精

◉回民街跋文上的联合国人居署奖牌

神力、民族凝聚力和民族创新力的综合竞争。一个城市的吸引力和竞争力，最重要的一点是看它的文化资源、文化特色、文化品位、文化事业和产业的发展水平，从某种意义上说，城市以文化论输赢，也因此，要让城市保持竞争力，就必须要让城市具有文化特色，而城市文化最重要的元素就是城市的灵魂。

对于为何要寻找中国城市魂的问题，饶及人坦诚阐述：在中国从大国迈向强国的路上，我们不希望由于城市定位不对，造成城市建设的浪费，更不希望城市丢失了灵魂，而失去它应有的竞争力。

以城市规划切入城市运营

作为一个外来的城市规划专家，饶及人认为中国应该比美国还更重视规划。中国最近十年来，把规划的建设和城市形象的建设，作为领导提升最重要的一个打分基数，这在全世界都是少有的。中国现在的规划跟目前经济蓬勃发展有很大关系，不是在做微小的改动，而是通过建筑、通过城市化进程直接带动整个经济的发展。

饶及人预言，中国的规划将会对世界做出贡献。因为，中国现在的规划可以是在吸收百家之长的基础上，作出自己本身的特色，“但做出自己本身的特色绝对不能排斥外来的东西，中国的规划人员一定要走出去，多开眼界。中国的规划尽量避免国外同样的或在类似基础上所犯的错误。这样的话，中国的规划可以成为世界上非常具有精髓的产品，将来会成为其他国家学习和模仿的对象。”

饶及人断言，城市规划从中国制造向中国设计推进是一个必然的过程。他认为，中国如今已成为全球制造中心，总产值占全球GDP的40%，作为与制造关系密不可分的设计，从欧美向中国转移将成为不可阻挡的必然趋势，现在的关键点并非我们能否胜任，还是如何胜任的问题。

而这就要求设计师们必须熟悉工艺技术和施工过程，一定要知道细部设计，要使用能够触摸得到的设计，饶及人如此解释："设计是创新的灵魂，重要设计也是未来发展唯一的出路。中国制造与中国设计之间并不矛盾，中国设计需要找回自信和细部设计。"

21世纪注重多元化、个性化和地域性的创作设计，设计师们要做意境的中国，而不是形式的中国。

饶及人描绘了21世纪的城市特征：城市功能多样化；城市活动社会化；城市生产智能化；城市规划综合化；城市管理信息化；城市环境园林化。

饶及人主张，设计师应从城市规划切入城市运营。事实上，城市运营是城市规划到一定程度的完美转型。作为城市发展的系统工程，城市运营更注重城市整体的经营策略性和长远计划性，它需要具备城市管理、规划和设计经验等多方面能力。

而这一切饶及人具备了，实际上，他完全可以称得上是一位不折不扣的城市运营专家。

性情饶及人

人与人的交往，依靠情义产生信任，依靠真诚赢得感动。所谓朋友不一定是每天都在一起打交道的人，但要一见如故却并非容易之事。

像老朋友一样亲切，这是记者暂短的采访时间里饶及人留给我的深刻印象。

那么饶及人究竟是怎样一个人呢？

有人评价说："他是一个中国人没有把他当成外国人，美国人没有把他当成中国人，领导没有把他当成普通人，老百姓没有当他是领导——说他是中国人，不完全是；说他是美国人，也不完全是；他就是——饶及人。"

也有刊物在介绍他时说，他是一个城市的经营者、一个规划的拓荒者。也有的说，他是一个政治家、一个企业家、一个思想者、一个文字家。更有的说，他是一个贪心的人，在事业上永不满足；他是一个意识者，生活就得有品质——活色生香；他很绝情——毅然离开事业有成的美国，而他又很痴情——在朱镕基总理一句话的感召下欣然来到中国；他更是一个佛学爱好者，为此，他参拜中国的名山大川、深山古刹，以求宁静和智慧。

这些说法都是对的，事实上，饶及人就是这样一个看似不平凡，却又和我们任何一个普通人都一样的、拥有七情六欲的人。

他就是那个走遍千山万水，能够主宰自己命运的性情男人！

◉饶及人在洛杉矶海滨别墅

◉龙安项目：呼和浩特市伊斯兰特色景观街实景，2006年设计

BOBO城：
宁波人的“终身住宅”

本文根据项目资料整理

宁波BOBO城的规划设计针对宁波当地的人文环境以及国际领先人居标准，在规划布局、组团围合、景观设计上创新突破，其中外墙内保温技术、断桥隔热中空玻璃窗节能技术、管道直饮水分质供水技术、防噪环保电梯技术、提高型智能化小区系统技术、厨房卫生间变压式排风道技术等，大大提高了住宅建筑的科技贡献率，增强了建筑的使用寿命，被住建部评定为“中国住宅节能示范楼盘”。宁波人的终身住宅”成为了BOBO城的代名词。

◉龙安项目：宁波BOBO城会所实景，2002年设计

一座内涵丰富的社区

BOBO 城是住建部评定的“中国住宅节能示范楼盘”，是浙江省唯一获此殊荣的住宅楼盘，其中外墙内保温技术、断桥隔热中空玻璃窗节能技术、管道直饮水分质供水技术、防噪环保电梯技术、提高型智能化小区系统技术、厨房卫生间变压式排风道技术等的使用，大大提高了住宅建筑的科技贡献率，增强了建筑的使用寿命，使得“宁波人的终身住宅”名副其实。

起步就与世界同步宣誓了 BOBO 城的诞生，国际设计方案征集确定 BOBO 城格调，顶尖专家的评审拔高了 BOBO 城的建造品质，万众瞩目的 BOBO 城Ⅰ期已经交付使用，Ⅱ期精彩开始上演……

一座正在升级的社区

BOBO 城，宁波人的终身住宅，Ⅰ期已全面交付使用，不到一年入住率已经达到 60%以上，Ⅰ期的建筑品质、节能建材、社区环境得到了专家和业主的高度赞誉。

BOBO 城Ⅱ期：一线江景豪宅、别墅，在原有社区规划基础上，根据国内住宅设计流行趋势和宁波消费者最新需求，在户型设计、景观优化、科技贡献率和住宅舒适度等方面都作了全面优化调整和升级，遵循“打造宁波江景住宅第一品牌”的理念，使得“户型最优化、景观最大化、审美艺术化”，造就“终身住宅的终级版”。

一座因江景而荣耀的社区

BOBO 城Ⅱ期总建面积 20 余万平方米，规划有别墅和沿江高层、小高层景观公寓。别墅按院落式规划布局，沿江高层、小高层采用错列式布局，充分考虑到每幢建筑的采光和通透感，主力面积 137～327 平方米，在改进设计中遵循“朝向和景观统一”原则，主要功能房尽量多地布置在南向，以最大限度争取阳光，提高住宅的舒适度，在北侧则加设观光电梯、江景卧房、书房、入户观江花园等，并且南北通透设计，使得景观和朝向得到最实效的统一，尤其沿江别墅，通过大面宽、短进深的设计，配合入户大花园和观光电梯，营造出空中江景别墅的居住氛围。

在建筑的审美上，BOBO 城的欧式新古典主义风格不仅优雅稳健，而且富有生命力，建筑立面的艺术陶砖，不会因为时间的改变而变色，而且具有防止产生静电的功能，防止灰尘吸附。

◉龙安项目：宁波BOBO城鸟瞰图，2002年设计

一座由国际团队设计的社区

作为老三区日益稀缺的甬江一线沿江项目，交通地产不论是建筑设计，还是景观设计都邀请了国际一流的团队来合作，致力将 BOBO 城Ⅱ期打造成宁波江景住宅的第一品牌。

BOBO 城由美国龙安建筑设计顾问有限公司总裁、美国纽约市规划局前局长饶及人先生亲自担纲总设计，规划设计针对宁波当地的人文环境以及国际领先人居标准，在规划布局、组团围合、景观设计上的创新突破，赢得了原建设部专家的一致认可和媒体的高度赞誉。“宁波人的终身住宅”成为了BOBO城的代名词。

一座精英汇聚的社区

作为专门为置换型需求量身定造的BOBO城Ⅱ期，优美的自然环境、稀缺的一线江景、创新的户型设计注定了BOBO城稀有的市场价值，作为宁波大盘开发的领跑者，交通地产所开发的每一个楼盘无论是性价比、社区品牌、产品品质都赢得了市场和业主较好的口碑，作为交通地产的品牌力作，BOBO城Ⅱ期将会更加注重品质理念、价值理念的塑造，为宁波人全新诠释江景住宅的魅力和价值，为宁波的新富阶层创造一个精英汇聚的生活新领域。

每个宁波人都能以拥有一座江景名邸而感到由衷的骄傲，这就是生活在一个城市的荣耀。BOBO城，一线江景豪宅，身份因此而改变。

◉龙安项目：宁波BOBO城实景，2002年设计

北京宋庄：打造世界性的中央当代艺术区

本文根据项目资料整理

龙安项目：中国宋庄南部文化创意产业集聚区城市概念设计鸟瞰图，2007年设计

规划目标

我们的规划愿景是依托宋庄当代原创艺术，以文化创意产业为主导，提升宋庄的文化内涵，塑造宋庄区域品牌，在中国宋庄形成集艺术与创意、展示与交易、文化与休闲、娱乐与展演、生态居住于一体的文化创意产业集聚区，提升北京文化的世界地位和形象，将宋庄文化创意产业聚集区打造为北京、中国和世界的艺术文化名都——中央当代艺术区（CAD）（详见链接）。

主要体现在三个方面：动力宋庄、活力宋庄、魅力宋庄。

◆ 动力宋庄

打造动力宋庄，主要指构建创意产业链、优化产业结构，促进创意经济的良性循环，推动宋庄经济全面发展。以文化创意产业为重点，当代艺术与动漫网游为核心，展演、交流、交易、旅游为补充，在继续发展和升级商业和生活服务业等传统产业的同时，积极发展信息、咨询等新兴产业，以文化创想、文化创举提高经济效益，实现文化创富。

◆ 活力宋庄

打造活力宋庄，主要指促进公共交往，以公共活动多样性吸引人群，以消费经济引进人气，创造宋庄旺盛的生命力。活动多样性指将多元文化植入集聚区之中，以多样性公共开放空间推进城市创意性；消费经济主要指服务经济和体验经济——经济价值链的最高端，服务经济满足的是发展的需要，体验经济满足的是自我实现的需要，二者相互结合，构筑充满活力的宋庄。

◆ 魅力宋庄

打造魅力宋庄，主要指促进文化、艺术与生活的复合，以多元性营造宋庄的美和魅。以文化艺术和现代精华元素构建人文场所精神，满足人们各种个性化需要，将宋庄打造为艺术创作的灵感源泉、艺术文化交流的前沿阵地、现代文化的时尚胜地。

◉龙安项目：北京宋庄南部文化创意产业集聚区城市概念设计总平图，2007年设计

规划理念与构思

◆ 思想：经营城市

城市经营是一种全新的城市建设和管理模式，主要作用在于推进城市资产的保值、升值和增值，扩大城市的经济实力，完善城市的多种功能，优化城市的生态环境，提高城市的品位，增强城市的综合竞争能力和知名度。

规划借鉴成功的城市经营模式，探讨符合宋庄内在肌理与长远发展趋势的经营策略：

- 以当代原创艺术为城市品牌占领国内国际市场，加强市场竞争能力、扩大宋庄经济实力与提升知名度，走名牌产品策略与城市特色文化的经营之路；
- 以宋庄垄断的艺术特色优势把艺术个性、文化创意作为宋庄重要的无形资产来经营，推动宋庄文化节等无形资产的商业化运作，打造鲜明的城市形象，提升宋庄文化品味，走特色文化经营之路；
- 以原生态环境和公共空间产业化经营实现经济、社会与环境的协调发展，增强宋庄的吸引力与辐射能力，走环境经济经营城市之路；
- 引入倒叙法这一创新城市经营理念，倒叙剑法的偏锋在于：比一般情况下更加大力度地对基础设施、公建配套地投入，比一般情况下，更加大力度地对传播的投入。这样的运营创造了一个竞合平台，国家、发展商、老百姓都得益。

◆ 载体：绿文化体系

绿文化是人类与环境和谐协调，从可持续发展实践中取得的物质成果和精神成果的总和，绿文化理论指导下的环境发展战略强调人与自然和谐融合，在知识化信息化等高起点上建立起经济、社会与环境的合理结构，并通过动态反馈和发展，不断地取得三者整体功能的最优化。

规划以绿地的建设作为物质文化的载体、以绿地作为交流的通道、以开放的绿地营造新时期的城市形象、以绿地的经营来带动城市的活力、以绿色种植建设文化符号，体现在实体上就是：绿色步行系统、自行车系统、绿地广场、展示交流场地等。

◆ 形态：有机生长组团

建筑和城市不是一成不变的，处在一个不停的动态生长变化的过程中，因而其结构必然是开放的。我们要做的就是将其纳入历时性与共时性的动态的多元系统中，实现异质文化的共生、人类与技术的调和、部分与整体的统一，内与外的交融、艺术与传统的共存、自然与建筑的连续。

就宋庄文化创意产业集聚区而言，应实现动态的、多元的有机生长，以适应集聚区不同的发展阶段的多元化需求，每个人都能在这个多元世界中展示他的个性，从而体现传统和现代的共生，部分和整体的调和，人与自然的共存。

规划手法

◆ 混合使用土地开发

混合使用土地开发是指在土地使用规划基础上，将多种城市功能通过水平和垂直联系方式组织在一起共同运营，充分利用城市各层面空间。城市空间混合使用的方式重在提高空间使用效益，完善城市机能的整体运营。

本次规划，致力于将集聚区打造为集原创艺术、创意产业、会展交易、商业办公、娱乐休闲和旅游居住于一体的复合功能区。

◆ 营造双尺度城市

双尺度城市的实质是从“尺度”向度来营造有生命力的城市，把宋庄引向有机、和谐状态，在大的车尺度中融入小的人尺度：既需要汽车带来的速度和效率，更注重艺术区必须有的文化创意品质。这种双尺度城市营造方式是实质性地解决宋庄城市空间形态问题的重要途径。主要表现在五个方面：线性道路空间与组团空间、城市广场、城市建筑综合体、临街建筑、机动车节点空间。

◆ 设计公共空间

考虑到文化创意产业的特殊性，规划设计十分重视城市公共空间的作用。它包括游憩广场、创意场所、绿地等，构建与艺术文化底蕴和创意空间形态相协调的小型开放空间，以层次丰富、趣味多样性为各阶层人群提供多种交流创意空间。这些小尺度的亲密空间是集聚区不同空间的结合点或控制点，是人们对宋庄品牌形象记忆的关键魅力所在。

◉龙安项目：北京宋庄南部文化创意产业集聚区
城市概念设计
宋徐路文化街街景效果图，2007年设计

◆ 构建生长轴线

城市轴线通常是指一种在城市中起空间结构驾驭作用的线形空间要素。宋庄城市轴线的魅力和完美，主要体现在其轴向空间系统与周边建筑规划建设在时空维度上的成长有序性、形态整体性和场所意义。轴线设计是通过集聚区的开放空间体系及其与建筑的关系表现出来的，并且是人们认知体验宋庄文化环境和空间形态关系的一种基本途径。

◆ 面向公共交通布局

规划以公共交通特别是未来规划的轨道交通为集聚区运行的支持系统，临近站点进行高密度、混合和多样性开发，公共及服务设施、居住等围绕站点圈层布置，分布在可步行到达公交站点的范围之内。便利、休闲的步行道系统与快速的公共交通相结合，成为人们出行的首选方式。

◆ 重视步行系统

重视城市步行系统与现代主义强调私人汽车交通工具不同，规划重视步行系统在产业园格局中的作用，主张人们以步行方式到达目的地，并且目的地的分布半径，其步行时间最好在10分钟以内。

◆ 打造绿色通道

绿色通道是具备较强自然特征的线性空间的连通体系，具有重要的生态价值和休闲、美学、文化等其他多种功能。本次规划用绿色通道将集聚区的开放空间与边缘的生态绿色空间联系起来，不但对现状生态的丧失和破碎有缓解和补偿作用，而且有助于寻找失去的场所感和地方感，以步行绿色通道、自行车绿色通道、生态绿色通道（高压走廊）等一系列叠加网络，构建一种充满活力的宋庄绿色通道网络。

龙安项目：中国宋庄南部文化创意产业集聚区城市概念设计博物馆效果图，2007年设计

龙安项目：中国宋庄南部文化创意产业集聚区城市概念设计假日酒店效果图，2007年设计

链接：中央当代艺术区（Centre Art District，CAD）

CAD的发展模式

CAD是以艺术品展销为主线，带动次生产业的发展，形成一个以艺术文化为主题的文化经济综合体，对内融合当地人的生活，对外具有强大的吸引力和辐射力。成为国际间重要的艺术品生产和集散中心，以及有国际影响力的鉴赏中心。本区从宏观布局上，具有清晰的功能分区，在微观布局上，又具有一定的相互渗透性，彼此交融，有机结合。

CAD的规划设想

具有区域影响力的当代原创艺术品生产中心和展示中心、艺术品鉴赏中心、艺术品交易中心、艺术品服务配套中心和国际著名艺术品跨国公司基地。在CAD区内，由众多具有艺术特色的建筑组成CAD建筑群，并做到艺术性与实用性、功能性与智能性的统一。各建筑功能与艺术品相关联，区内的各类公共设施（即城市家具）、雕塑小品都充满艺术特色。

CAD的用地性质

现代艺术创意与制作中心、当代原创艺术品画廊、现代艺术展览馆、国际艺术品交流与交易中心、动漫播放演示厅。工商与税务管理，版权申请与保护管理机构，参观旅游接待中心。金融法律、新闻媒体、策划设计、酒店餐饮、公寓住宅。具有完善便捷的交通、通信等基础设施和良好的自然环境，驻有国际著名的跨国公司办事处或分支机构。

额尔古纳：向全世界展现打造绿色城市的意图与决心

本文根据项目资料整理

在今天这个全球化、现代化的时代，我希望能与更多的人分享这样一个理念——“我们不是从祖先那里继承了地球，而是从我们孩子手中暂借了地球”。我们需要在发展的过程中随时反省：“不要问我们所生活的地球能为你提供什么，要问自己能为地球提供什么”。

额尔古纳市已经做好准备成为诠释真正意义上的生态城市的大实验室。该项目几年内完成后，世界各地的其他城市和中国境内的663个城市便可以参照和借鉴其经验和做法。

额尔古纳湿地，摄于2011年9月

美不胜收的额尔古纳

2011年9月的内蒙古额尔古纳一行，让我至今回味这片土地的美。

这座位于大兴安岭西北麓的城市，见证着呼伦贝尔草原的繁荣兴盛。在这片土地上，流淌着对蒙古民族具有特殊意义的河流——额尔古纳河。蒙古民族就是在这条河边生息、发展，并逐渐壮大强盛起来。

额尔古纳是蒙古语“捧呈、递献”之意，后又逐渐把它修饰为“奉献”之意。细细想来，这种修饰还是颇有道理的。额尔古纳河作为摇篮河、母亲河，不仅哺育了蒙古民族，也滋润了两岸的土地。额尔古纳市拥有茂密的森林、肥沃的良田和优良的牧场，由此成为古往今来令人向往的福地。当我真正踏上这片土地，才知道，她究竟为人类奉献了多少美好。

上页是亚洲最大湿地，12.6 万公顷的额尔古纳湿地的照片。前面一群怡然自得的羊，弯弯的河流，背景是额尔古纳市。额尔古纳湿地的原生态自然风貌几乎没有受到人为破坏，有着“亚洲第一湿地”的美誉。

额尔古纳的白桦树林也有 10 平方公里，白桦树生长缓慢，40年树径才有15公分。白桦树的黄叶，在白色树干的衬托下，到了秋天，分外迷人！

初秋，额尔古纳湿地吸引了年轻的画家在此写生

我常常在给官员们上课的时候说，城市里面，什么公园的景观算好？答案是，能有新人去拍照的公园。但是在中国的土地上，什么地方的风景才算好呢？答案是：如果能吸引年轻画家到当地写生，那么风景应该算好的。左图是我在额尔古纳所拍的一群年轻画家，在当地写生的照片，此乃“画中有画”也！

能让这些年轻的画家，蜷缩在初秋的寒风中，偎依在车旁作画，车的引擎总是开着，可借着取暖便于抵受风寒，再继续作画。我想，没有那么诱人的风景，他们是不会干的。

希望大家有空去额尔古纳看看，去看看茂密的白桦林，去看看湿地上闲逛的三河牛三河马，去看看这座城市的发展，去领略蒙古的风情。那里，真是画中有画，美不胜收！

让世界了解额尔古纳

2012 年的 3 月 17 日，来自世界各地的 27 位国际知名学者专家陆续抵达北京，并于第二天周日清晨赶去气温仍然在零下 15

额尔古纳恩和乡俄罗斯族自治村的老大妈做的手工面包

度，尚处于冰天雪地的额尔古纳，为中国打造“低碳生态湿地城市建设”出谋划策。为了迎接他们，我风尘仆仆地从法国马赛的水

◉额尔古纳专家会议开幕式后合影

资源论坛大会与人居署程序委员会赶回北京。作为一个参与中国城市建设的尖兵，我非常希望能通过这次盛会，让中国的专家会议融入世界。这次的会议，采用联合国会议的模式，专家自由发言，然后通过讨论，达成共识。这个活动，也请来了美国著名的建筑历史学者 Janet Strong 博士全程报道，让全世界的城市建设者，了解中国打造绿色城市的意图与决心，期待联合国再召开节能减排的会议时，中国能有更大的发言权。

下面是我给外籍专家的中英文邀请函及额尔古纳宣言。

中文邀请函

尊敬的专家：

请允许我代表美国龙安建筑规划设计顾问有限公司的管理者和全体员工，代表即将在额尔古纳市举办的“专家会议”的组织者，向各位专家表达我们诚挚的感谢，感谢您接受我们的邀请，参加这一历史性会议。该会议将有助于确定未来生态城市的发展趋势，这对于中国以及世界各地的生态城市建设都具有深刻影响。美国总统约翰·肯尼迪曾敦促美国人：“不要问你的国家能为你做什么，要问你自己能为国家做什么”。在这个现代化的时代，我们要更深谙其意：“不要问我们所生活的地球能为你提供什么，要问自己能为地球提供什么”。作为美国纽约规划局的第一位亚裔官员（1990—1994 年），我深知我们将面临的挑战。但我们将竭尽所能确保本次会议在最专业，最和谐的气氛中举行。如您所知，

英文邀请函

Dear Experts,

On behalf of the management and staff of “J. A. O. Design International Architects & Planners Ltd.”, the organizers of the upcoming “Expert Meeting” in E’erguna, I would like to thank you for accepting our invitation to take part in this historic event. This expert meeting will help define the future development of eco - cities not only in China but throughout the world. It is was former American President John F. Kennedy who said “*ask not what your country can do for you but what you can do for your country*”, we must in this modern era take it a step further and “*ask not what the planet can do for you but what you can do for the plan et*”. *Having grown up in the United States and my experience as the first Asian - American New York City Planning Commissioner* (1990-1994), *I know firsthand the challenge that lies ahead of us. We will do all in our powerto ensure that this meeting will be conducted*

额尔古纳的白桦林

世界人口已超过70亿，而中国的城市化建设仍然持续快速发展。绿色建筑和生态城市的概念虽已得到世界各国和各地政府与人民的认可，但却并未完全被接受和实施。我们仍然过于依赖非再生能源和损害环境的建筑方式。目前我们亟须解决的事项包括：废水和其他资源的利用，适当的资源保护措施以及控制二氧化碳排放量。本次会议是由内蒙古自治区、额尔古纳市政府与联合国人类住区规划署（人居署）和国际生态安全合作组织携手举办。我们要利用这次机会，通过本次会议确定生态城市的标准和原则，以确保生态城市的发展并非转瞬即逝，而是一个可持续发展的趋势，是一个可实施的使命。

中国作为最大的发展中国家和世界城市化进程中最重要的成员，早在2003年我就曾试图说服中国接受生态城市这一概念。令我感到非常高兴的是，中国目前正在以一种开放的心态接受并愿意学习。政府有意愿，且在率先实施生态城市方面拥有资金支持，从而为建设生态城市并为世界其他城市做榜样铺平了道路。

之所以选中额尔古纳市，不仅是因为其独特的地理位置，也考虑当地具有多样的生态环境及多民族元素。在约20平方公里的市区范围内拥有30000人口，在约28000平方公里市域范围内拥有90000人，该条件成为把额尔古纳市打造成真正的生态城市的可行性基础。额尔古纳市已经做好准备成为诠释真正意义上的生态城市的大实验室。该项目几年内完成后，世界各地的其他城市

in the most professional and harmonious atmos phere. As you know the world's population has gone well past seven- billion peo ple, while Chinese urbanization continues at an extremely rapid pace. The concept of green- building and eco- cities has been accepted by govern ments and people around the world. Unfortunately, it has not been adapted and put into proper use. We are still overly dependent on non- renewable energy sources and environmentally hazardous building practices. There is still the wastage of natural resources such as water, proper conserva tion practices and CO2 emissions. Under the auspices of the 100 Cities Initiative of the UN Habitat, we have the unique opportunity at this meeting to define the standards and guidelines to ensure that the develop ment of eco- cities is not just a trendy thought but a well implemented and accomplishable mission.

With China being the largest developing nation and the most significant player in urbanization, I have since 2003 tried to convince the Chinese authorities to embrace the concept of eco- cities. Realizing that this is a new to them, at this time I am happy to tell you that they are now coming to the table with an open mind and are willing to learn. It is more important to note that they have the political will and most importantly the financial resources to implement the concept of eco- cities in its true form.

We have chosen E'erguna because of its unique location, diverse ecosystem and ethnicity. With 30,000 people in the city center of just over 20 km^2 and 80,000 people in the entire municipality of 280,000 km^2, accomplishing a true eco- city in E'erguna is quite manageable. E'erguna is poised to be used as a laboratory to provide a platform to

和中国境内的663个城市便可以参照和借鉴其经验和做法。拥有超过1200平方公里未开发的湿地，额尔古纳市可谓是地球上最原生态的土地之一。目前我们的任务相当艰巨，所以在出席本次专家会议时，请您携带您认为对该项目有益的相关材料。

本次额尔古纳专家会议旨在为当地政府对发展生态城市打开国际视野。我们会在尊重当地的风俗习惯、文化、政治和社会结构的基础上进行讨论。让我们展开双臂迎接这美妙的、战略性的机遇，参与这个将对未来世界各地城市产生影响的重大事件。

我们美国龙安建筑规划设计顾问有限公司，致力于推动这一进程向前发展。尽管前方的道路可能充满艰难险阻，但我们有决心克服各种障碍，实现我们的共同目标。我们已与世界知名公司建立了合作伙伴关系，该公司在可持续发展设计和工程方面拥有超过15年的经验，其作为一个重要角色参与了2012伦敦奥林匹克公园可持续场馆的设计。

最后，请允许我表达："我们不是从祖先那里继承了地球，而是从我们孩子手中暂借了地球。"我们期待着您的有益见解和有意义的讨论。再次感谢您的参与。

饶及人

NCARB，AIA，SAFEA，RA

美国龙安建筑规划设计顾问有限公司总裁

discuss and to showcase what a true eco- city could be. When the project is completed in a few years time, other cities from around the world and the 663 cities within China can come to E'erguna and learn from their experiences and practices. With over 1200 km^2 of untouched wetlands E'erguna remains one of the most pristine and virgin territories on the earth today.

This meeting is meant to give the local authorities an international outlook on developing eco-cities. We should conduct our deliberations with respect to local customs, culture, political and social structures. Let us encourage and embrace the wonderful as well as strategic opportunity to influence the way future cities in China and by extension the world can be developed.

We at "J. A. O. Design International Architects & Planner Ltd." are committed to moving this process forward. We appreciate that while the path ahead may contain several obstacles we are determined to overcome them with method and precision. We have forged partnerships with world renowned firms such as it who has over 15 years experience in sustainable design and engineering. It played a significant role in the London 2012 Olympic Velodrone which is one of the epitome projects of sustainable design.

Finally, please allow me to leave you with this thought "*we did not inherit the earth from our ancestors we borrow it from our children*". I do hope you have some positive and insightful deliberations. Once again I thank you for your participation.

James C. Jao

NCARB, AIA, SAFEA, RA

Chairman & CEO "J. A. O. Design International Architects & Planners Ltd."

额尔古纳风情

额尔古纳宣言

我们，与会的所有专家，冒着严寒从世界各地来到额尔古纳，见证了这座城市无以伦比的自然资源在冰天雪地下展现的风采：湛蓝天空下闪耀的湿地、河流、森林、林地和草地；考查了城市及边远居住地的建筑结构和生活状况；亲身体验了额尔古纳悠久的历史，民族与生态的多样性和文化传统；开展了4天的会议，讨论、考察并更好地了解了额尔古纳的过去和现在，旨在负责地指导额尔古纳未来发展；与当地和地区政府官员进行了磋商；汇集我们在各领域的专业知识与见解，以及丰富的专业技术经验，在此：

宣布额尔古纳市愿意建立一个兼具包容性社会与经济充满活力的生态城市，并在此做出崇高的历史性的承诺，保留其丰富的自然资源、民族多样性和丰富的文化遗产；

一致认可美丽而神秘的大自然是肥沃的额尔古纳诞生的摇篮，也是其未来繁荣发展的关键所在；

坚信额尔古纳面临着独一无二、前所未有的机遇，不是单一地保护生态环境，而是通过可持续的城市化发展对生态环境进行巩固和加强。创新、生态化的引导和生活质量的提高都将在这个城市养育自然的范例中得以实现。

共同肯定额尔古纳市发展低碳生态城市在全球范围内的深刻意义，这将是个起着先锋带头作用的鲜活实验室。与以往所有中国和国外的生态城不同，我们的目标是在额尔古纳现有的足迹基础上鼓励更多的城市人口积极参与进来。额尔古纳市将成为一个可持续发展的世界舞台，这里将引领新

THE E'ERGUNA DECLARATION

We, The Experts, having travelled from around the world in the extremes of winter to convene in E'erguna, having witnessed the frozen splendour of the city's extraordinary natural resources: its wetlands, rivers, forests, woodlands and grasslands all arrayed under crystalline blue skies; having examined the built fabric and livelihood of the city and its outlying settlements; having experienced E'erguna's rich history, ethnic diversity, and cultural traditions; having met for four days to discuss, explore, and better understand E'erguna's past and present in order to responsibly guide its future; having consulted with local and regional officials; and bringing to bear the collective knowledge and insights of our wide ranging expertise and more than a thousand years of joint professional and technical experience, do hereby:

Declare that E'erguna's will to build a socially inclusive, economically vibrant and ecological city that preserves its bountiful natural resources, proud ethnic diversity, and rich cultural heritage is a noble and historic undertaking;

Recognize that beautiful and mysterious Nature is the fertile cradle of E'erguna's birth and will remain the precious key to its future life and prosperity;

Affirm the unique and unprecedented opportunity to not simply protect the ecosystem but to reinforce and enhance it through sustainable urbanization. In this new paradigm of City nourishing Nature lie the seeds of new creativity, eco-leadership,and increased quality of life;

Confirm the global significance of E'erguna's pioneering role as a living laboratory for low-carbon

的思维方式和对于生活方式的新层次理解，以及实现生态城市的新标准；

赞美额尔古纳市在民族融合方面做出的示范，不同民族、不同文化传统的人们在此和谐共生并与当代城市共同繁荣发展；

庆祝额尔古纳市作为世界瑰宝，将长期供生态旅游者访问和会议举办。额尔古纳市的老老少少、世世代代将在此生活、和谐共荣；

注意到额尔古纳市具备了实现真正生态城市需要的所有客观条件，同时必须打好一个基础，以确保其未来的成功，如下所述：

◉饶及人在内蒙古额尔古纳的白桦林

第一行动计划

以下 8 个建议是从 60 个短期、中期和长期建议中提炼出来的，专家们一致认为这些建议应在未来的 12～18 个月内实施。

1. 基于申报指挥部的努力及其成功经验，在市长办公室下设立负责监督和实施总体规划的分支机构。未来将实施的重要措施包括辖区间和跨辖区协调，投资计划，宣传和教育以及相关人员培训；

2. 进行生态足迹分析，以便建立衡量进展的基准，为优化资源利用和减少废物提

ecological urban development. E'erguna is distinguished among all other eco-cities, both in China and beyond, by the goal of its city fathers to work within E'erguna's existing footprint and with the active involvement of the city's population. E'erguna will become a world stage for sustainability and lead the way with new ways of thinking, new levels of understanding, and new standards for eco-city achievement;

Commend E'erguna as an inspirational model of how a contemporary city with diverse ethnicities and different cultural traditions can live together in harmony and achieve shared goals;

Celebrate E'erguna as a world treasure that eco-tourists will long to visit and convention-goers will eagerly attend, and where residents, young and old, will live and prosper for many generations to come.

Note that all of the objective conditions for a truly ecological city are united in E'erguna, but there now needs to be deliberate first steps to ensure a successful future, as outlined below:

FIRST ORDER ACTION PLAN

The following eight first order recommendations have been chosen from a total of 60 short, medium and long-term recommendations that the experts unanimously feel can, and should be, implemented in the course of the next 12 to 18 months.

1. Build on the successful experience of the Shen Bao Zhi Hui Boo and other past and ongoing efforts and establish a special branch in the Mayor's Office charged with responsibility for overseeing the implementation of the Master Plan. Important measures will include inter- and cross-jurisdictional

供参照点，并确保其在各级行动中的可靠性；

3. 改善额尔古纳市主大街，体现低碳生态城市建设标准，并使之作为未来发展的标志，包括关于对生态走廊的相应建议。改善主大街需涵盖以下要点：

• 交通调整和管理。

• 行人设施，包括照明，景观，公共设施与标识。

• 艺术，通过不同的表现形式和媒体，展示额尔古纳自然、社会和文化财富。

• 地表水排水及管理，废物管理。

4. 将会议中心由目前方案的地点移至总平面东北角区域，从而使会议中心更好地融入城市，以创造更多机遇发展当地经济。

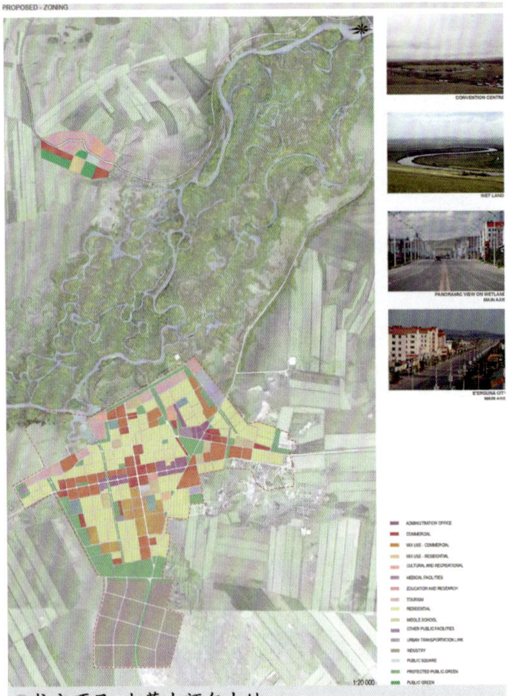

◉龙安项目：内蒙古额尔古纳
低碳生态湿地城市规划用地分析图，2010年设计

coordination, investment programming, advocacy and education, and staff training;

2. Undertake an ecological footprint analysis in order to establish a baseline for measuring progress, to provide benchmarks for optimizing resource use and waste reduction, and to ensure the credibility of its actions at all levels;

3. Improve the main axes of the city of E'erg-una so as to give concrete expression to low-carbon ecological city development and serve as an icon for future actions, including the corresponding recommendations on ecological corridors. The fol-lowing key elements should be incorporated:

• Traffic taming and management

• Pedestrian facilities including lighting, landscaping, public furniture, and signage

• Art, using different forms of expression and media, portraying the natural, social and cultural wealth of E'erguna

• Surface water run off and management and also waste management

4. Move the convention centre from its current proposed location to the northeast point of the Master Plan so as to better integrate the convention centre with the city and enhance opportunities for local economic development.

5. Develop a branding and communications strat-egy and supporting materials, including a sharpened vision statement that presents the unique characteris-tics of E'erguna's eco-development strategy and un-derscores its value propositions for its citizens, its bus-iness community, visitors, tourists, and investors.

6. Take immediate regulatory and inter-sec-toral measures to ensure no further degradation or

5. 制定品牌、宣传策略，编订宣传资料，包括撰写一份愿景说明，展现额尔古纳生态发展战略的独特特征，向额尔古纳市民、商界、游客和投资商表明城市的价值定位。

6. 立即采取跨行业的管理措施，确保湿地不再退化和消失，开始评估湿地给额尔古纳人民带来的生态服务。

7. 邀请相应专家改进对拟建防洪坝的设计，使之对湿地的影响减到最小。加强湿地与城市边缘的分界面，使之成为重要通道。

8. 在联合国人居署世界城市运动“100个城市行动”、“我是城市变革者”及其他国际行动组织的框架下，以一年两次的频率准备和分享《成果和进展报告》，作为将额尔古纳打造成为国际城市实验室和学习中心的第一步。

loss of wetlands and begin to take stock of the eco-services that the wetlands provide to the people of E’erguna.

7. Invite appropriate experts to improve the design of the proposed flood dam to minimize impact on the wetlands and enhance the interface between the wetlands and the edge of the city and thus become an important gateway.

8. Prepare and disseminate Outcome and Progress reports twice a year within the framework of the 100 Cities and the “I am a City Changer” initiatives of the UN-Habitat World Urban Campaign, as well as other international campaigns and initiatives as the first step towards establishing E’erguna as an international living laboratory and learning centre.

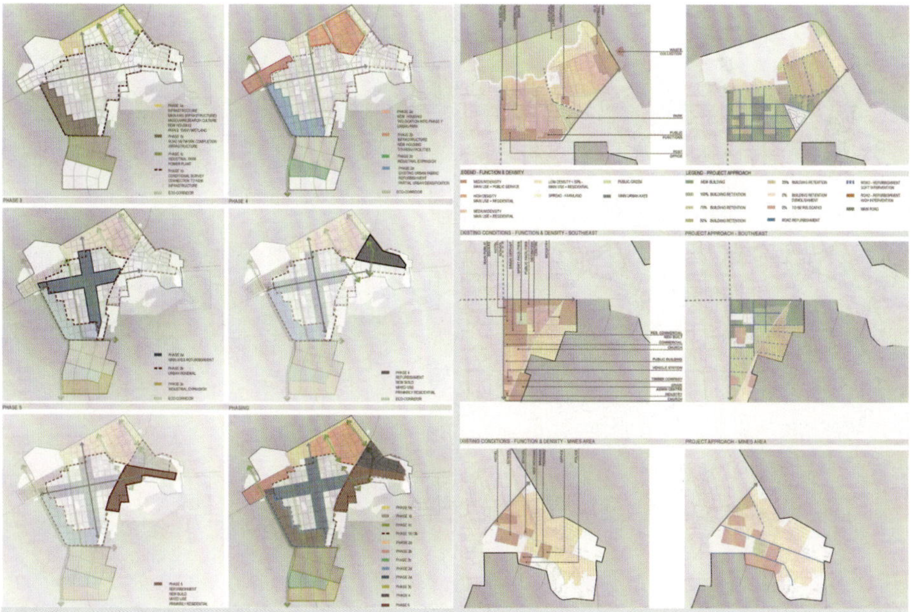

●龙安项目：内蒙古额尔古纳低碳生态湿地城市规划
城市分析与项目方法图（左）和分布实施图（右），2010年设计

传承自然生态之美，创造慢行城市生活

——新疆拜城县北部新区城市慢行系统建设构想

本文根据项目资料整理

◉拜城入口招牌

引子

初到拜城，首先会感叹于这个城市的安宁静谧。这里是古龟兹文化的所在地，历史的厚重和独特的文化在这里留下了许多印记；这是座物产丰沛资源丰富的城市，天然气资源和煤炭储量丰富，拜城在维语中就有富饶之城之意；天山的雪水融化成的喀普斯浪河和台勒维丘克河在这里交汇，共同孕育着这块富饶美丽的土地，使得拜城虽地处南疆广漠，但依然处处苍翠，宛若一叶绿舟。

读城，品城，我们聆听着这座城市的旋律，感受着它的脉搏。对于这样一座城，我们试着找出一种城市语汇，来更好诠释它的文化历史，抒写它的绿意盎然，彰显它的时代活力，展现它的迷人风情。

因时因地，我们引入了“慢行城市”这个理念，通过对慢行系统和特色公共空间的打造来建立起城市的公共活动秩序，强化人本主义的回归、注重空间与场所精神，力图展现特色重构公众生活。

随着城市现代步行主义的重新回归，人们也开始慢慢由“车本位”向“人本位”转变，城市的步行化已成为一种不可逆转的潮流。城市交通规划从“车性”到“人性”的回归，不仅是在缓解交通压力、改善生态环境，更是在倡导都市人群回归自然、享受“慢生活”，让人们放慢脚步在生活中找到平衡，享受生活。因为“快”让人错失了很多美好的事物，只有习惯慢生活，才能快速准确找到定位，而不会迷失自我。

龙安项目：拜城北部新区城市鸟瞰图，2010年设计

随着人本主义的回归，慢行系统日渐成为一种发展趋势和潮流，很多国内外城市都开始着手慢行系统的建设，提出“慢行城市”的理念，这与当前大势所趋的生态城市、步行城市等概念一脉相承，能更好的促进城市健康可持续发展，本文从慢行系统研究入手，着重从规划角度对新疆特色小城拜城县北部新区的慢行系统进行构建，强化人本主义的回归、注重慢行空间与场所精神面的营

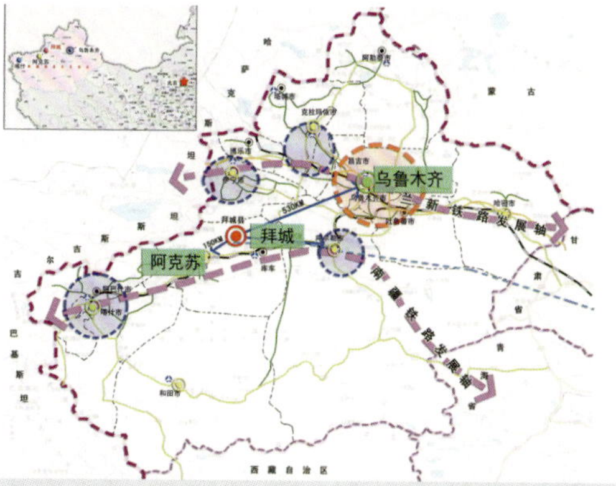

拜城区域位置图

造、力图重构小城公众生活，以期为慢行系统的规划实践提供经验借鉴。

一、慢行与慢生活

在这个车水马龙、快节奏高压力的时代，人们越来越感觉到生活的迷失。美国社会学家杰里米·里夫金指出，我们正在进入一个历史的新阶段——一个以工作不断地和不可避免地减少为特点的新阶段——“慢生活”将成为历史发展的趋势。如今，城市交通规划从“车性”到“人性”的回归，不仅是在缓解交通压力、改善生态环境，更是在倡导都市人群回归自然、享受“慢生活”，让城市代谢的速度慢下来，让市民的生活节奏慢下来。

慢行、慢生活，不是支持懒惰、放慢速度，更不是拖延时间，而是让人在生活中找到平衡，学会放慢脚步，享受生活。因为“快”让人错失了很多美好的事物，只有习惯慢生活，才能快速准确找到定位，而不会迷失自我。

从慢行系统的研究意义来说，发展慢行交通，探讨回归“慢行生活”的可能性，对于缓解日益严重的交通状况、人车矛盾是一种有效的思路，为交通拥堵问题提供一种切实可行的治本之法；通过慢行的绿色健康、节能环保，减少资源消耗、营造良好的城市环境，能有效引导可持续发展战略在城市中的具体实践；慢行与慢生活，在当前机动车主导的城市空间中引发了人们对人性化空间的再度关注，使人们能享受绿色生态环境，增加人与人之间的交往与交流，构筑起宜人的城市生活。

二、项目概况

拜城，位于新疆维吾尔自治区的西南部，天山中段南麓，属于阿克苏地区，辖区内有冰川、山地、谷地、盆地 、平原及绿洲等多种地貌，形成独具特色的自然景观。拜城水资源丰富，城区主要水源为喀普斯浪河及台勒维丘克河，为山区降水、融冰雪水补给，规划所在的北部新区两侧即为喀普斯浪河及台勒维丘克河，景观资源非常丰富，且具备发展慢行系统的条件。从规模上说，拜城属于小尺度城镇，更有利于慢行生活方式的营造，这都为慢行系统的打造奠定了良好的基础。同时，发展慢行系统，对于缓解全球能源危机背景下的拜城高能耗发展模式提出了解决良策，对于日益拥堵的交通问题也是治本之策，因此，本着已有的发展基础、良好的发展条件，为更好的促进拜城小城镇建设，特在北部新区中构建慢行系统，为拜城探索一条健康、可持续发展之路。

◉龙安项目：拜城北部新区位置与资源条件图，2010年设计

三、规划理念与依据

1. 新城市主义 New Urbanism

新城市主义作为一种城市建设新理念，

已受到越来越多的关注。它起源于美国，基本思想是以人为本和可持续思路，主张借鉴传统欧洲小城市紧凑且多用途的空间布局模式，是一种具有积极城市生活和区域性场所感的城市发展模式。它的两大主要方面是传统邻里发展模式（Traditional Neighborhood Development，TND）和公交主导模式（Transit-Oriented Development，TOD）。核心内容有：

• 适宜步行的邻里环境。大多数日常需求都在离家或者工作地点 5～10 分钟的步行环境内完成。

• 连通性。格网式相互连通的街道成网络结构分布，可以疏解交通。大多数街道都较窄，适宜步行。高质量的步行网络以及公共空间使得步行更舒适，愉快、有趣。

• 功能混合。商店、办公楼、公寓、住宅、娱乐、教育设施混合在一起，邻里、街道和建筑内部的功能衔接。

• 多样化的住宅。类型、使用期限、尺寸和价格不同的各类住宅集中在一起。

• 高质量的建筑和城市设计。强调美学和人的舒适感，创造一种区域感。在社区内特别设置一些公共建筑和公共场所。通过人性化建筑结构和优雅的周边环境传递给人特殊的精神享受。

• 传统的邻里结构。可辨别的中心和边界。跨度限制在 0.4～1.6 公里。

• 高密度。更多的建筑、住宅、商店和服务设施集中在一起，鼓励步行，促进更加有效地利用资源和节约时间。

• 精明的交通体系。高效铁路网将城镇连接在一起。适宜步行的设计理念鼓励人们步行或尽量使用自行车等作为日常交通工具。

• 可持续发展。社区的开发和运转对环境影响降低到最小程度。减少对有限土地资源和燃料的使用，多用当地产品。

• 追求高生活质量。总的来说，以上各点都是为了达到这一目的，提高整个城市居民乃至整个人类社区的生活质量。

本次拜城北部新区慢行系统构建，是以新都市主义为理论依据，以 TND 模式构建慢行社区，以 TOD 模式构建绿色公共交通体系。

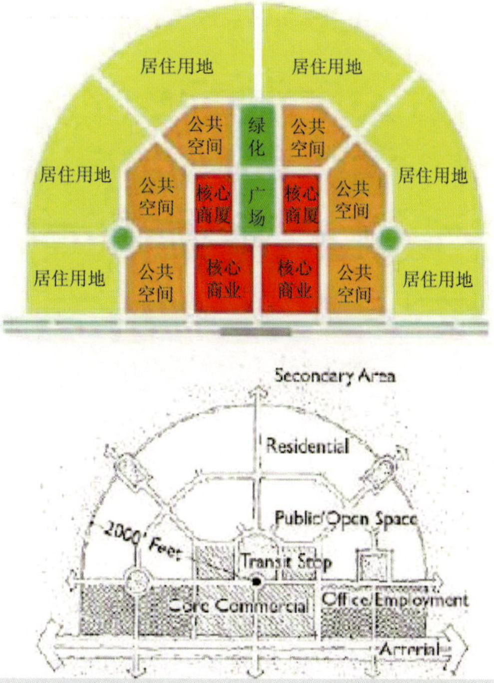

●TOD开发模式

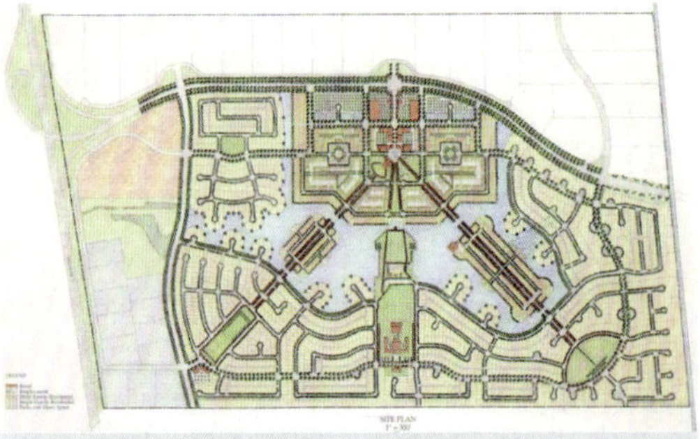

◉传统邻里社区发展模式

2. 可步行城市（Walkable City）与步行导向模式 POD（Pedestrian－Oriented－Development）

随着城市现代步行主义的重新回归，人们开始慢慢由“车本位”向“人本位”转变，城市的步行化已成为一种不可逆转的潮流，很多国内外城市都开始建设“可步行城市”。

◉龙安项目：拜城北部新区施工中的绿轴

规划在把握未来慢行系统趋势的基础上，结合拜城小尺度城市特色，强调“生态和谐”的可步行城市，体现一种环境友好、以人为本、适宜人居的城市精神，小城步行融合了休闲、社会、交往、娱乐、交通、商业等多种活动于一体，是小城最主要的空间，也是一个生态与景观空间，城市属于市民，属于生活，通过可步行城市打造拜城的小城特色与吸引力，构建有吸引力的城市公共生活。

四、慢行系统构建

从城市规划角度看，主要包括：沟通新区绿色生态系统，奠定慢行基础，构建慢行空间；控制街区规模，以小尺度开放街区打造慢行街区；强化步行导向，打造人性化可步行城市；倡导以自行车、步行、公共交通为主要出行方式的绿色交通，通过以上手法构建与城市生活空间高度融合的复合型互动性慢行空间，形成城市场所人文的记忆，使城市具有活力，把城市还给生活。

1. 以自然生态为特色——网络化绿色开放慢行空间

良好的生态环境是区域生存发展的根本，也是构筑可持续发展的基石，规划立足拜城优越的自然环境资源，建立北新区与外部资源的宏观和微观的生态区块连接，以生态网络传承自然生态，以绿色公共空间为载体结合建筑空间营造新区的开放空间，将小城融入自然生态体系中，为市民提供更多有机的、可呼吸的城市场所，放缓小城脚步，营造交融、互动、闲适空间，塑造充满活力的小城。

在开发建设中必须控制好生态网络系统与公共开放空间系统，为使用者保留人文交往的活力场所，构筑区域鲜明的场所特征。

公共空间是营造小城慢行系统不可或缺的空间要素，一方面它具有蓬勃个性化的生活空间，满足人与社会交流的需要；另一方面通过创造高品质的公共空间环境提升

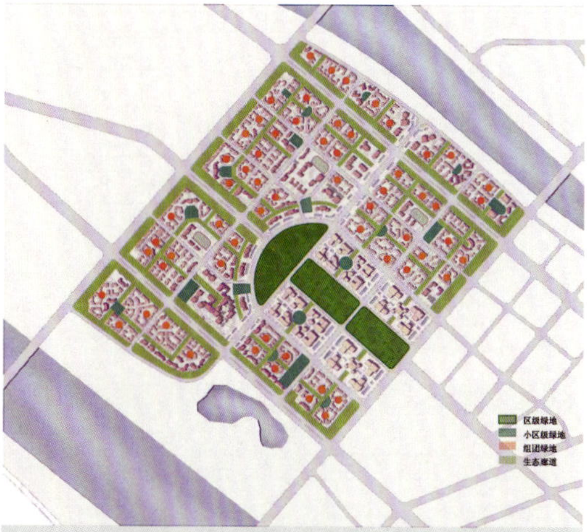

◉龙安项目：拜城北部新区生态绿地系统图，2010年设计

◉龙安项目：拜城北部新区开放空间系统图，2010年设计

城市品位，增加城市竞争资本。

本次新区规划设计将公共开放空间与绿色廊道结合起来，同时注重步行范围内空间节点的设置，形成公共空间网络，使其更具有开放性和渗透力。加强街区内公共空间、商业步行街空间和新区中心景观空间的互相渗透和交流沟通，使居民可以便利地享受城市的公共景观资源，创造生活活力。

开放空间根据不同级别和功能需要分

◉龙安项目：拜城北部新区绿轴施工图

为区级开放空间，小区级开放空间，组团级开放空间，由公共开放性空间到半公共半私密性空间再到私密性空间，不同性质空间有机结合，综合考虑。

都市的繁忙已让人漠然，人们更怀念与向往小城镇的那份邻里交往与人文情怀。“新城市主义”主张公共空间重新成为建筑与空间的焦点和邻里活动的中心，重归具有归宿感、领域感的社区。规划恢复传统小城镇公共空间为中心的传统，注重场所精神的重塑，构建居民的认同感与归属感。步行2～3分钟可达街区内绿化中心，10分钟即

可到达外围水体与绿化，构筑起活力场所空间。

人们三三两两，或徐徐漫步，或驻足嬉戏，或观 赏思考，也可以与众人一起，享受着小城情怀，悠游于闲适、浪漫的小城生活，勾勒出一幅优美的风情画，带您转换心情，发现生活的另一种精彩。拜城北部新区，给人一个最具场所感的人文之所。

2. 慢行街区

小城镇最迷人的地方在于它小巧的尺度，本次规划引入小尺度开放街区与邻里开发模式（TND），并延续老城机理，将街区规模控制在200～300米，体现小城镇特色，打造一个可识别的、促进公共生活与邻里交往的慢行街区。

慢行街区特征：

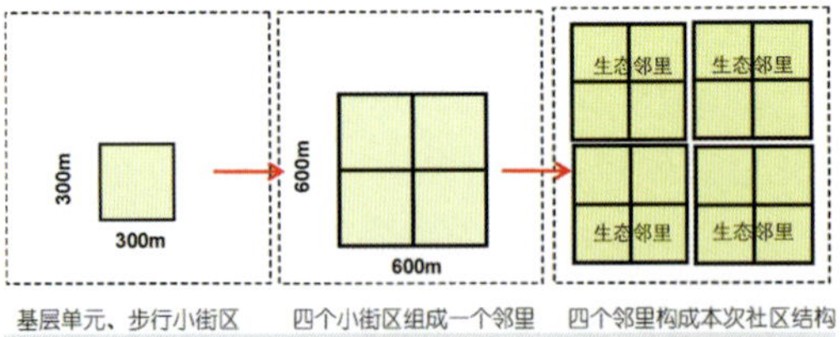

◉龙安项目：拜城北部新区慢行社区空间尺度结构图，2010年设计

- 邻里基本单元
- 5分钟步行邻里
- 优先考虑公共空间
- 复合业态功能设置
- 便捷的慢行交通网络

（1）慢行社区组织

本次北部新区以新城市主义的邻里模式与小尺度开放街区模式控制社区开发建设，整个社区打造成小围合、大开放、内组团的格局，共有四个邻里社区组成。

打造生态社区：

- 300米为基础单位尺度；
- 500～800米为组团的功能尺度，每500米一个小社区公园，每800米一个公园；
- 以绿地轴线串联各生态组团。

◉龙安项目：拜城北部新区慢行社区空间组织图，2010年设计

（2）社区慢行空间

规划强调“人性互动”空间。既能独立，又兼顾邻里人情味：小孩游乐场所成为社会互动场所……会所将成为社区活动场所……商业街成为公众交往场所……真正的人文活力场所……

每个小组团内都由组团公共服务设施、

◉龙安项目：拜城北部新区慢行社区空间示意图，2010年设计

组团中心绿地、组团内部步行廊道、住宅内部庭院空间、居住建筑等功能组成，每个组团之间通过生态绿色廊道有机的联系在一起，成为整个生态居住网络。

(3)可达性控制——可步行城市(Walkable City)

以生态步道为基础、小尺度街区为基本单位，构建小尺度范围内的步行单元，服务半径 100～150 米左右，即以很短时间和距离出行便可到达人性化可驻留空间，以小的绿地广场、游憩设施为驻足空间，多个步行口袋单元形成更大范围的步行中心点，为人提供适宜舒适的环境，以此为框架形成整个城市的可步行系统。

◉龙安项目：拜城北部新区慢行社区可达性分析图，2010年设计

3. 慢行交通

慢行交通是指构建以步行、自行车、公

◉龙安项目：拜城北部新区慢行社区内部空间示意图，2010年设计

◉龙安项目：拜城北部新区慢行社区绿色步行网络图，2010年设计

共交通为主的绿色出行模式。

(1)步行系统

设置高密度的慢行系统，环绕整个地区设计步行、自行车道，串连社区、公共设施，并与网络状的绿色生态体系融为一体，根据行人步行的半径设置驻留空间，形成人们出

行、步游、交往、运动的主要空间，打造绿色健康的生活方式。

西湖的步道，以不同材质构建多层次空间，道路可供步行、自行车、观光电动车通行，两侧石块与铺装界定的空间则只适宜步行，形成趣味性空间，行道树间场地还可做自行车租赁点，为人们提供存取服务。

(2)公共交通系统

◉龙安项目：拜城北部新区慢行社区绿色公共交通规划图，2010年设计

强化 TOD(Transit Oriented Development)模式引导，适当缩小服务半径，方便人们出行，100%住区出入口步行 300 米可达公交站点。鉴于拜城县的城市整体尺度，建议每 300 米设置一个公交车站，支路可 200 米设置公交车站，方便人们出行。

(3)自行车系统

以拜城的小城规模，应大力倡导自行车出行。结合公交站点与组团绿化空间，设置自行车停放点，方便人们换乘公交、或者骑车游憩休闲运动，形成一个小尺度便利出行的慢生活方式，北部新区未来的几个组团之间均适合自行车慢行系统的设置，打造一个绿色健康的小城生活。

公交站点设有自行车停放处可便利出行，大缩短通勤时间，提高交通效率，有益于自行车交通和公共交通。统一的自行车系统，也是小城一道亮丽的风景线。

结语

通过绿色空间的控制、慢性社区模式的指导、绿色交通方式的引导，为拜城城市发展提供一种有机的、可持续发展的、符合人类正常生活需求的慢行生活模式，使城市发展模式的控制引导在很长一段发展时期都具有真实有效的可操作意义。

◉杭州西湖的步道

◉杭州西湖边的自行车租赁点

铜墙般的建筑：
上海世博会铁路馆

原文发表于2010年2月26

在美国从事建筑设计的人，有一句经常挂在嘴边的话是“We are over worked and under paid people.”（我们是工作多报酬少的人）。尽管如此，为什么每一年还是有那么多人挤破头要入建筑设计这一行呢？因为它能给你一种常人难以获得的满足感，如饮百年陈酿，如读千年宝卷，让人不能自拔，更难以用文字来形容。

最近两年，中国有两大盛事，一个是奥运会，一个就是世博会。有些美国朋友曾问我，你们有没有参与这两大盛会中的场馆设计？我的回答是，在筹办奥运会时，我们在中国的经营策略是由乡村包围城市，因而不在意非得在北京与众多设计师区分业务领域，每个展览馆都有很多人甚至不计血本地在奋力争取设计的工作。但我认为，真金不怕火炼，终究会有发光的时候，不必急于一时。所以在奥运会时，我们只参与了五棵松体育馆的设计，成为五个中选方案之一，获得了第三名。那时候的目标是着重参与，不在意中标与否。同样地，这次世博会我们也得到

◉龙安项目：北京五棵松体育馆参评设计图，2002年设计

了很多设计的机会，但由于业务实在繁忙，能否真正参与其中还要看缘分，所以这次能为铁路馆做设计，也是一种缘分。经过一段时间后，铁道部终于对外界宣布了他们的展览馆已经建成，这是个让我们欣慰的消息。在此，我也将这次设计铁路馆背后的故事写下来，与大家分享。

◉龙安项目：北京五棵松体育馆参评设计图，2002年设计

◉龙安项目：北京五棵松体育馆参评设计图，2002年设计

说起这段设计的始末，的确值得回忆。记得2009年春节前的大年二十八，铁道部有领导来找我，说此前已为世博会铁路馆的设计方案公开竞标，但参与竞标的46家方案却没有一个被部领导相中，他们都认为这些设计不能代表铁道部的精神。无奈之下只能前来邀请我们美国龙安于春节期间辛苦参与该方案的设计。在我表示时间较紧张又不了解情况之后，相关部门立即安排我们在年二十九前往铁道部会见他们的上级领导，以便更深入了解相关情况。

尽管彼此当时还很生疏，不过铁道部的领导们此前已在网上了解了我的一些背景，而我也滔滔不绝地与他们详谈了3小时，并向他们介绍了美国龙安的几位外国设计师。当我看过他们提供的那些竞标方案后，我感觉这些设计的确还不能充分代表中国铁路事业所担当着的开天辟地、任重道远的角色，尤其是它在中国四万亿的经济刺激下把中国的城市以致偏远城市编织成路网，并在铁路提速与开辟动车线路基础上成为未来中国的交通大动脉，遗憾的是当时的那些设计都未能在4000平方米的地块中展现出来。那次谈话，我和领导们聊到了很多哲学构想，也谈到了我对中国铁路的了解，原本铁道部出席的是副院长及几个部门的领导，至快结束时，他们甚至把铁道部经济规划研究院院长、副总工郑健先生也请了出来，以此表示他们对此次设计的进一步重视。

记得后来副院长徐尚奎送我到铁道部门口时对我说，这个设计很急，希望我能在春节期间就做出方案。但是我提出一点，在春节期间赶方案也不能免费，这会对我们的专业不尊重，尤其是这么具有特殊意义的设计。于是我们经过大年二十九晚上一直到半夜的谈判，大致把设计费用给定了下来。

◉饶及人与集团国际设计部团队讨论项目进展

由于春节期间老外不休息，所以我在这之前就把所有的设计意图给老外设计师们安排好了。说到这里，大家可能以为饶及人还在提笔画设计图，其实做设计就如同做行政大厨，他会把整个菜系、菜色、菜谱都统一定位好，但真正操刀的人却不是他；也如同报社总编辑，会将每期稿件任务合理分配下去给记者、编辑或撰稿人来组织文章，而不会每篇文章都自己亲自下笔。所以现在我做设计也一样，只需要把我的创意布置下去，由我们公司的设计师们来执行。公司的外籍设计师们在春节期间加班赶活儿，我们通过电邮交流，整个春节几乎没有休息，都在探讨设计。大年初四铁道部的领导们上班后就开始来电向我们催稿，但由于当时合同还没签，首款未拿到，我提出必须付了首款之后才能提交方案，这是一种尊重。

于是，大年初八，当我们收到首款并把方案递交给铁道部相关部门后，他们告诉我：非常满意。原本计划的 3 个方案实际做了 12 个，在这 12 个感觉不同的方案草图中挑出 3 个最能切合主要方向的设计加以深化。其实在初七的时候我们内部就已经事先审过了一次，这更保证了第二天提报后能给领导们留下很好的印象。最终这 3 个方案进入了最后一轮 11 个方案的角逐中，占据了四分之一的比例。

入围的这 3 个方案，我们呈现出了 3 种完全不同的构思，但同时又都紧密切合铁道部对展馆设计所提出的 3 个要求：一是能够吸引眼球，二是能够体现铁路精神，三是还能异地重建，将来能成为永久的展示馆，将过去、现在与未来的中国铁路建设事业进行展示，让老百姓能够感受到中国铁路建设的精神。

这 3 个主打方案中，其中一个以最大展览面积为主，保守但是经典来着手研究设计，利用方块代表城市，而中间的玻璃幕墙上的线条就是铁路的调配中心，因为只有在城市之间，运输流量大的地方，才会有铁路调配中心，它是许多铁路线路的交汇点。但是城市要如何体现呢？我们构思许久，最后因为展览厅限高 20 米，因此在比例上，20×20×20 是一个非常漂亮的几何体，可以代表城市。至于外墙材料与颜色，我心中浮现出了在铁路上筑路的工人，他们无畏日晒，挥洒汗水，铺设铁轨，辛苦地搭建铁路，泪水与雨水，从古铜色的皮肤上流下，汗水掉到铁轨上，让铁轨也染上了铜斑。中国的铁路发展历史，从清末的詹天佑到今天以时速超过 350 公里，世界上最快的动车组，经历了百年历史，但他们的生命犹如青铜，将永久留在中国大地上。中国的铁道建设，有如铜一般的耐久坚强。而城市是一个体块，是一个生活的空间，古时候的城池，建设的有如铜墙铁壁一般，才能成为金汤固池，不会被攻破。此外，城市是有生命的，必须善待它，否则它会生病。同时，城市随着岁月流逝会焕发独特的气质与风韵。因此，我从开始就希望外墙板拥有生命力，但是铜的造价高昂，所以我告诉业主，如果不能采用真铜，那么采用铜板或者是铜色铝板也可以。考量到比例，我们在铜板的两侧各设有一道玻璃墙，一方面内部采光，另一方面，这两条玻璃墙代表着中国两大河流，黄河与长江，他们孕育了沿河两旁的大小城市。

至2月底设计完稿时，我们"意外"地接到了铁道部的通知，8个部级领导不约而同地选中了我们认为相对保守但可能在争奇斗艳之下更能持久的一个方案。这一方案此前并不为看好，这个方案小组的成员甚至在评图时被我指责而落泪。不过我要让大家知道一点，美国龙安人做事是很严谨严肃的，别人之所以佩服我也是因为我的话有道理。（尽管有时会觉得我的语言过于激烈让其心里不太舒服，我必须让美国龙安的员工们清楚地明白，因为我时间有限，没有必要过于客套，而更需要一针见血指出毛病，所以对外部可以客气，而对内部则更直接讲效率。）

在美国从事建筑设计的人，有一句经常挂在嘴边的话是"We are over worked and under paid people."（我们是工作多报酬少的人），尽管如此，为什么每一年还是有那么多人挤破头要入建筑设计这一行呢？因为它能给你一种常人难以获得满足感，如饮百年陈酿，如读千年宝卷，让人不能自拔，更难以用文字来形容。你可以问任何一个建筑师，当他看到自己日夜思考，从几笔画稿，到桌面或是电脑上所设计出来的构思，再到平

◉龙安项目：上海世博会中国铁路馆方案一，2009年设计

◉龙安项目：上海世博会中国铁路馆方案二，2009年设计

◉龙安项目：上海世博会中国铁路馆最终实施方案效果图，2009年设计

面图纸二维的空间，最后从纸上成为三维成品的时候，那种自我成就感（Self Fulfillment），会让他觉得一切的辛苦都是值得的。所以，他们日以继夜的工作、挑灯夜战，为的就是今天的设计能够成为明天的作品，昨天的骄傲。他们的动力，就在于能拥有这种痴迷的感觉，而最终能成为一位将梦想，将感觉变成现实的人，这就是一位最幸福的设计师。我一直认为自己运气很好，经常遇到好的业主，也能够经常看到自己团队的纸上作品，成为立体的事实。当我有幸到上海考察自己亲自带领的团队所设计的世博会铁路馆时，这种感觉又非常强烈地袭来。

◉龙安项目：饶及人在上海世博会中国铁路馆（2009年设计）施工期间考察项目

话说我们设计好铁道部的方案与扩初设计图纸后，按照铁道部的指示，所有的施工图由北京设计院的世博会专门小组负责。在完成施工图的过程中，我们应约至铁道部经规院参与了数次方案评审会，对外墙的设计材料与意图，提出了解释与看法。

上海世博会的主旨是“城市让生活更美好”，我当时带领设计队伍设计的时候，便要求在构思上，要掌握这个主旨，同时抓住“和谐铁路——铁路让城市更有活力”的意图。当时曾有46家单位共提出96个方案给铁道部的领导们看，但是领导们对争奇斗艳、花哨不实的设计，都没有看上眼，因为他们觉得干铁路这一行的人，安全完成任务是第一位。而且铁路不是一种花哨的事业，他反而希望自己不起眼，他，踏实稳重地将自己的工作做到位，实实在在地替中国的建设提供一份心力，而且希望世博会的展览馆能将“和谐铁路”的宗旨展示出来。我当时在接触方案委托的时候，还提出我们的立面将展示“铁路让城市更有活力”的主旨。

项目开始施工时，我被邀请到现场参观，很兴奋地看到，铁道部居然选用了来自洛阳的纯赤铜板，让我非常地高兴。当时铁路馆的总指挥陈志杰博士也说，他们选用了纯铜板后，觉得非常有挑战，同时也觉得很有意思，因为这可能是全中国第一个用纯铜板大面积做外立面的建筑，日后世博会结束后，这个展览馆将搬到虹桥机场附近，成为铁道部的永久博物馆。

今天所施工采用的纯铜板，将经得起至少50年的考验，也许100年后，这个纯铜板虽然透着少许锈斑，但是它的质量不会变，它会伴随着天气，经过岁月的洗礼，更加泛出风采与韵味来。陈指挥告诉我，他每天在现场施工都很有成就感，而且工人们施工的时候，也觉得是在缔造历史。陈指挥说，作为铁道部的一份子，他和铁道部的领导一样，很喜欢铁路馆这种不花哨、不张扬、保守经典的设计。我听了以后，告诉陪同我去的龙安外籍设计建筑师部总经理 Roy Tellier 说，我们真的很感谢铁道部的领导们，以及施工单位的工人们，因为由于他们的认可，他们的投入，使得我们的设计成为现实，没有他们的支持，再好的设计，也不过是纸上谈兵。

也许在世博会现场，很多人会觉得“这栋房子看起来很保守”，可是再仔细推敲之下，又觉得它的精神是很有意义的，很经典，这就是为什么其实现在很多经典的建筑往往并不张扬。所以我们目前成立了一个奢侈建筑设计部，并为广州的一家私人瓷器收藏馆和北京通州的一家私人画廊担任设计，广州的业主曾在私下告诉我，“我就是喜欢你对铁路馆的设计，我希望我的收藏馆将来也是那样的经典”。

铁路馆不花哨也没有充满流线动感，但是在展览的过程中能够提供最大的空间，同时在整体布局上也能让人久看不厌。两头的建筑组团代表着我们的城市，夜晚跳动的光映衬着城市的天际线，中间黑色连接的部分代表抽象的铁路将城市连接，正因为有了

◉龙安项目：饶及人在上海世博会
中国铁路馆(2009年设计)施工期间考察项目

城市才催生了铁路，而铁路的连接把城市的活力都带动了起来，大量的货物、人流靠铁路来运输。我一直认为，城市的形象在白天，而城市的魅力在夜晚，一个充满活力的城市，其夜晚一定会有很漂亮的“光”，所以铁路馆夜晚的光也很漂亮，让它所寓意的城市充满着魅力。

城市让生活更美好是世博会的主题，和谐的铁路让我们的社会更和谐。而铁路让城市更有活力则是铁路馆的主题。

希望有机会参观过铁道馆的人，都能理解与感受到这样的心境。

花儿之乡：
青海大通东部新城

本文根据项目资料整理

它应该是一座这样的城……

自然的、生态的、可持续发展的城市新区

具有合理的规模尺度，经济社会与自然环境协调发展

宜居的，和谐的，有活力的，面向未来的

倡导绿色出行的，人们可以通过步行自由地到达

极具活力的社区，市民充分享受城市的生活，邻里交往密切，充满了人情味

利用优美的自然条件，城市景观和自然景观相互交融

对现状形成的自然肌理加以充分利用，结合城市用地布局

发展新城，带动老城，新城老城共同繁荣发展

◉青海大通7月盛开的油菜花，在群山的映衬下令人流连忘返

引子

河湟文化孕育的青海东部地区，多民族在这里聚集繁息，多文化在这里交汇融合。作为中华文化的发源地之一，历史的厚重在这里沉积；作为西部开发的重点地区，发展的机遇在这里集聚。

大通作为青海东部城市群中的一座城市，距省会西宁35公里，拥有多民族和多元文化，涵盖高原城市独有的特色风貌，并拥有优良的生态资源。它是青海省森林覆盖率最高的城市，也是西宁市最重要的水源地和生态涵养地。大通东部新城坐落在群山环绕之间，东峡河从中流过，与老城区仅一山口相隔，这里有森林、田园、湿地、河流，多样的生态条件和宜人的景观风貌在这高原之上显得弥足珍贵。

我们对大通的城市特点和东部新城的场地特色予以了分析，并对场地因素予以充分的尊重。在发展定位上，结合西宁市周边地区及大通自身情况，我们提出了“夏都后花园，宜居新漫城”的发展定位，希望将大通打造成一个环境优美，人们安居乐业，自然与城市和谐共生的宜居栖所。

在规划设计中，我们以人生活的便捷舒适性和对场地自然的尊重为根本原则，我们对现有生态廊道充分挖掘利用，恢复了场地内部天然形成的汇水沟渠，使之成为穿行在城市之中的水系网络。对四周山体与城市的联系予以充分考虑，使外界的生态网络通过城市廊道自然地渗透到城市中来，使生态的流动性更加明显。我们对场地内部现存的生态林地湿地予以保留利用，作为城市公园为市民提供更多的绿色空间。我们设计了多级的公共服务设施方便市民生活，结合绿地景观设计了完善的步行漫步系统，使游览和城市生活相得益彰……

◉青海大通县老爷山

◉第三届老爷山花儿会开幕式现场

一、项目缘起

在西部开发大机遇的宏观背景下，实现了青海省经济大发展；青海省东部城市群建设已经成为青海省推动区域发展的重要途径。在最新的一轮总体规划的编制中，西宁市也提出重点打造西宁都市圈的城市发展目标。大通凭借距西宁市区仅35公里的优势，为大通县的发展带来前所未有的机遇。在各个层面的发展优势与机遇下，大通这座生态美丽、历史悠久的小城，将面临跨越式发展契机，而当地基础设施及空间环境已不能满足人们日益增长的精神和物质文化需要，新区的建设势在必行。城市建设需要科学合理的规划设计为指导，以利于城市整体效益和功能的发挥，更好地改善城市形象、提升城市品位、体现城市特色。东部新城正是凭借自身的良好的生态环境及丰富的旅游资源在此机遇下应运而生的。

二、新城定位

以自然文化等优势资源为基础，创建可持续发展的绿色新城，打造大通城市品牌，力求塑造一个生态的、活力的、宜居的、高效的、美丽的大通新城，引领城市健康生活。

1. 责任使命：城市发展引擎，引领城市升级。

2. 发展目标：中国慢城，西宁大都市圈的生态绿谷、宜居胜地、旅游目的地。

3. 职能：行政中心、文体中心、生活中心、旅游休闲中心、服务中心。

三、大通中国慢城建设

规划立足大通优质的山水资源特色与多元的人文风情，以构建中国慢城为目标，通过慢行街区、慢行交通系统等各层面的引导控制，建设中国漫游地，引领健康生活方式，带动大通发展。

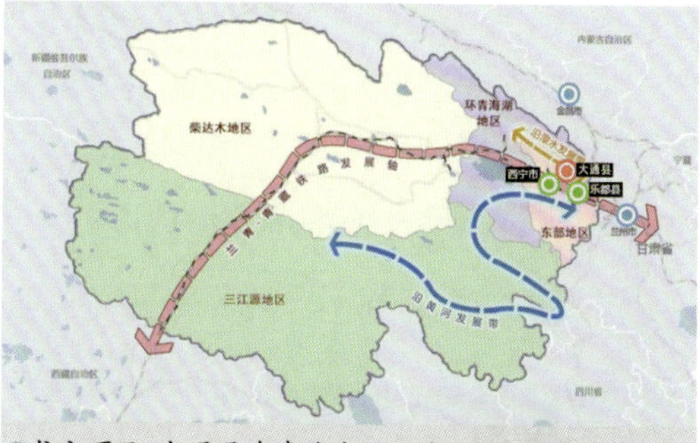

◉龙安项目：大通县在青海省的区域位置图，2012年设计

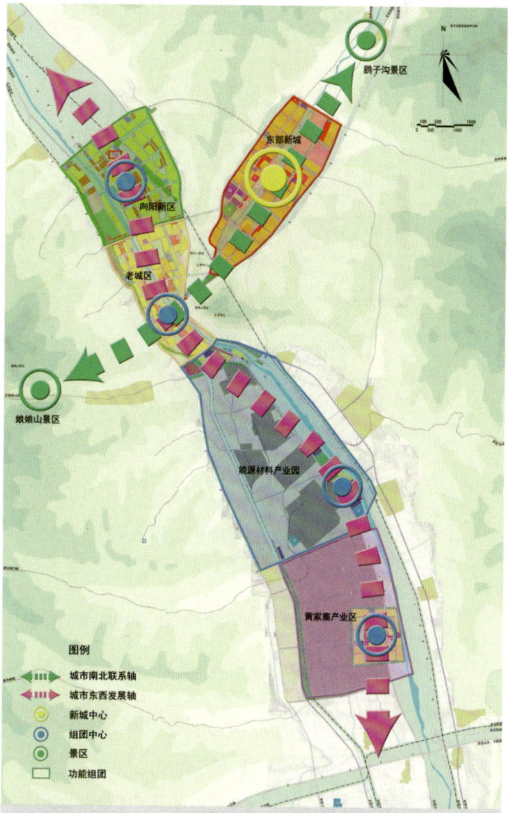

◉龙安项目：东部新城在大通县的区域位置图，2012年设计

1. **用地层面:建设多功能社区**

多功能社区集商业、娱乐、餐饮等多种功能,具有以下作用:

- 源头上减少长距离出行,居民可在社区内部完成大部分的活动需要;
- 使慢行交通成为社区内的主要出行方式;
- 社区重获活力,构建和谐社区。

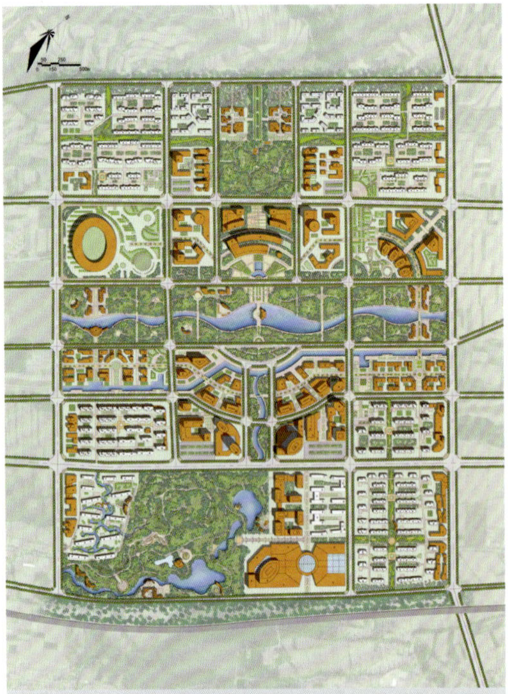

◉龙安项目:大通县东部新城核心区城市设计总平面图,2012年设计

2. **交通层面:引导交通方式结构合理化**

在相关专项规划中落实慢行规划的理念,引导以提高人的出行舒适性为目标的慢行系统规划(并非仅是车辆的通行顺畅)。鉴于高品质的慢行系统是公共交通优先发展的基础和保障,在大城市更应关注慢行交通的品质建设,最终实现"慢行交通为辅、公共交通为主的"绿色出行结构。

3. **建设层面:建设和谐慢行圈**

慢行圈可分为3类:以出行产生点为核心(居住区),打造和谐慢行街区;以出行吸引点为核心(工作单位、学校、商业区等),打造富有亲和力的慢行空间;以公共交通枢纽站为核心,形成友好的慢行通道。在慢行圈内给慢行交通充分的优先权,引导居民采用慢行及慢行接驳公交的出行方式,创造良好人居、可步行、亲和的环境。

4. **设施层面:融合慢行交通与公共交通**

建好慢行与公共交通的换乘设施,诸如行人无障碍设施,自行车停放、租赁设施,甚至在轨道列车内设置自行车车载位,鼓励居民采用"B+R"(Bicycle and Ride)的出行方式。

5. **设计层面:宁静化交通设计**

利用设计手段确保机动车在慢行交通活跃的区域降低车速,利用醒目铺装提醒驾驶人将通行优先权给予慢行主体。

6. **运行层面:确保慢行过街、慢行通道**

慢行网络的安全性及舒适性对慢行主体这类交通弱势群体给予充分的尊重及人文关怀,尤其应关注老年人、儿童及残障人通行的便捷性,确保慢行主体的通行权和通行空间不受侵犯,保障慢行设施无障碍及通行空间的连续性。

四、功能组团与公服设施

上位规划中东部新城有两个核心,行政体育中心及文化娱乐中心,但位置比较分散,行政中心位置较偏难以形成带动作用,居住区有各自的商业服务设施配套中心，但都比较分散。没有集聚效应，难以形成规模。

文化娱乐中心及行政办公中心过于分散，不利于新城开发。城市核心区用地应当是多元复合、富有活力的。

东部新城必然要建设一个高品质的城市公共中心。形成新城的形象展示空间。

1. **绿地系统**

上位规划中，主要沿着东峡河预留了大面积的绿地。这条主要的城市廊道面积过大，既分割了城市用地，又降低了滨水绿地的利用率。规划缺少居住区级绿地，没有将现状的绿色肌理及湿地进行保留及利用。

东部新城是一个可持续的生态新城，绿色廊道的预留才能让新城更生态，宜居。

2. **道路交通**

规划形成“两横两纵”的主干交通路网骨架。“两横”为分别位于东峡河南北两侧的香山中街和深南大道。“两纵”为下吉哇大道和学府路。

本次规划按上位规划及东部城市群规划批复的路网，进行道路红线及路的确定。

五、产业研究

下表是相关规划分析。

编号	相关规划名称	与本案产业选择相关的内容
1	青海省“十二五”规划纲要	坚持市场化、产业化、社会化发展方向，以增加供给、促进消费、扩大就业为目标，统筹推进生产性服务业与生活性服务业，突出发展金融、现代物流、科技服务、信息与中介、商贸餐饮、房地产、旅游、文化体育、社区服务和商务会展等十大产业。加快现代服务业集聚区建设，培育骨干服务企业和新型业态，推进规模化、品牌化、网络化经营，提升专业化和社会化水平，促进服务业转型升级
2	青海省“四区两带一线”发展规划纲要	推进形成环西宁1小时经济圈、物流圈、旅游圈，强化西宁市青藏高原区域性现代化中心城市的地位，加速西宁一海东经济社会发展一体化进程，成为引领全省经济社会发展的综合经济区和促进各区域协调发展的先导区
3	西宁市城市总体规划	西宁市市域形成三大城镇经济区：西宁市—鲁沙尔—甘河滩—多巴，形成环状中心城市综合经济区，范围包括西宁市区、湟中与平安两县，以商贸、旅游、康体休闲、工业、农副产品生产与加工工业为主；以大通桥头为中心北部次级城镇经济区，包括大通回族土族自治县与互助土族自治县，以商贸、工业、旅游为主；以湟源城关为中心，形成滨湖旅游经济区，以旅游、商贸为主的产业方向
4	西宁市“十二五”规划纲要	发展服务业，改善群众基本生活，进一步打造“大美青海、夏都西宁”品牌，重点围绕提高旅游接待能力和促进旅游均衡发展，加强旅游基础设施建设和产品开发，加快发展会展业，打造“青藏高原会展中心城市”、“中国夏季会展之都”，带动第三产业发展
5	大通县“十二五”规划纲要	大通县将以完善城镇功能为核心，加快规划建设步伐，紧紧抓住东部城市群建设等有利机遇，以承担和弥补部分城市功能为目标，以文化、教育、旅游、休闲等现代服务业为发展方向，以实现城市空间布局优化、中心城区人口分流、主城区减压、城市功能完善和城市品位提升为重点，全面启动东部新城建设
6	大通县城市总体规划	桥头片区城镇职能：青海省重要的以能源、建材、冶金为主的工业基地，也是西宁市以旅游、商贸为主的卫星城镇 发展规划：重点加强基础设施建设、房地产业、工业、旅游、商贸服务等产业发展，以特色产业、有色金属冶炼拉动全县经济。拓展城市发展空间，落实各项优惠政策，以铝电建设、桥电六期、华电建设等大型项目为依托，积极引导企业和大型企业加强联系，配套生产相应的产品，延伸产业链。进一步加大老爷山、娘娘山、明长城等旅游资源开发，增加旅游收入

由以上规划分析看出，青海省和西宁市都以大力发展文化教育、旅游度假、商务会展、商贸餐饮等现代服务业为主，此外房地产业也是重点发展方向，大通县也提出要重点加强基础设施建设、房地产业、工业、旅游、商贸服务等产业发展。再结合大通现状第三产业发展存在的问题，可知东部新城应着重发展高品质的现代服务业，提升城市第三产业的整体水平。

大通县多元民族文化特色凸显，拥有独具地域特色的本土文化，如大通皮影、土族刺绣、农民画、剪纸、“六月六”花儿会等，可利用这些优势资源，通过创意、设计、技术、产业化的方式开发，形成初具规模的文化创意产业园。

如可以“花儿”为基础，开创歌唱表演等音像产业方面的品牌；以土族的特色服装和舞蹈为基础，引进高素质人才，扩展大型歌舞表演艺术和服装设计等行业，借鉴深圳大芬油画村发展的经验，可以利用农民画形成流水线、规模化的绘画创作基地。

六、东部新城的产业选择

根据上述对青海省、西宁市、大通县相关规划和文化创意产业的分析研究，结合上位规划对东部新城的功能定位、大通实际发展情况及其自身拥有的特色资源，得出大通县东部新城的产业构架如下：

以商贸服务为主的生产性服务业为支撑，科技教育、文化创意等战略性服务业为辅，以及旅游休闲、文化体育、商业餐饮、生态居住等为生活服务的非生产性服务业。

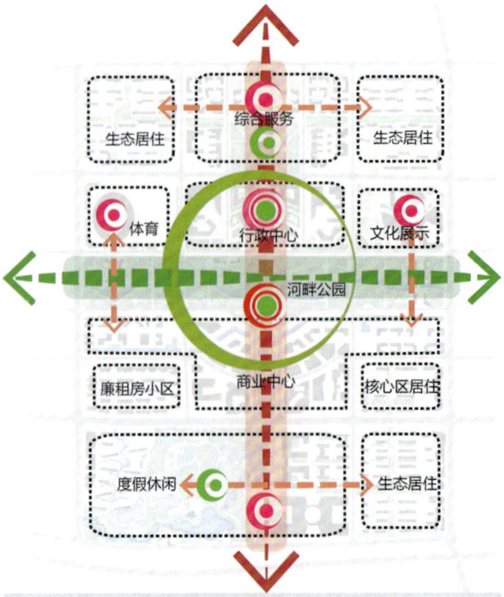

◉龙安项目：大通东部新城核心区规划结构分析图，2012年设计

◉龙安项目：大通东部新城现状图，2012年设计

◉龙安项目：大通东部新城核心区总体鸟瞰图，2012年设计

七、核心区城市设计

功能结构分析：一心、两轴、多组团。

1. 一心：为城市发展核心

该中心为城市内行政商业中心，是新城发展之魂。

(1)外圈层

由一系列新城文化设施构成，包括博物馆、艺术馆、演艺中心、图书馆等低层建筑。

(2)内圈层

核心商业区，以大型商业、酒店、影院、休闲购物为主，构成城市重要的功能区。

2. 两轴：为生态休闲轴和公共服务轴构成的十字结构

生态休闲轴和公共服务轴的骨架是城市风貌特色的控制轴。

(1)生态休闲轴

沿水形成自然的东西向轴线，沿该轴分布有滨水休闲设施，有文化建筑、滨水商业街、休闲公园、体育公园等。

◉大通县荣获中国十佳城市慢游地

(2)公共服务轴

从行政中心向北延生，形成南北向轴线，沿轴分布行政中心、商贸中心等各种公共服务设施。

3. 多组团

自然环境的限制和城市发展的历史决定了组团镶嵌、有机分散的组团空间结构模式。

◉全县各民族团结奋进

多彩的哈达，绿色的玉带

——西藏拉萨河景观改造工程启动区段景观设计

本文根据项目资料整理

引子

◉拉萨布达拉宫

拉萨河位于海拔3600米的高原上，是全世界最高的城市河之一，藏语称“吉曲”，它是拉萨人民神圣的母亲河。每年一度的沐浴节，藏族同胞纷纷扶老携幼，来到拉萨河边沐浴，洗净过去的尘霾，迎接新的开始。

由于拉萨河季节水流量相差很大（夏天丰水期河流流量大于3000立方米/秒，而枯水期，则不到200立方米/秒），而且沙流量也非常大。因而拉萨市委市政府提出，希望能够将拉萨河的水积蓄起来常年流淌，打造一条世界级的景观河，让北边的布达拉宫和南边的拉萨河，相互辉映。

这次得到拉萨市政府的信靠，给予我这份神圣的使命与机缘，委托我负责主持自公元641年左右开始由吐蕃王朝松赞干布和文成公主兴建布达拉宫以来最震撼的市政工程。感谢市委市政府、拉萨老百姓和藏族同胞对我们美国龙安的信任，我们深感任重道远。

接到任务后，我告诉我们的设计团队，这是一个非常庄严神圣的任务，我们每一位参与设计的人员，感到万分荣幸，因此我们必须满怀激情与热度参与这个历史性的任务。但由于气候原因，冬天下雪结冰，故而只能在每一年的枯水期9～11月，以及来年的3～5月期间内施工，工期时段非常有限，所以设计作业非常紧张。为了不辜负领导与老百姓的期待，我们一定秉承着不怕辛苦、加班加点，不断提出构想反复改图的专业、诚心的态度，完成递交出一份一流的成果。

在2012年3月开始设计前，设计团队专程赶赴现场，在高原气候的不适应下，坚持以一周的时间，针对20多公里长的拉萨河城区各区段进行地毯式的勘察，拍了上千张的现场照片，采用民主、互动做法，通过向市民、官员、观光客开展问卷调查（回收有效问卷500份），希望从中找到大家的共识，并以此作为市委市政府的参考。（调查问卷及调查结果请见本文）

拉萨河景观改造工程，设计手法生态自然，并充满藏域特色，以动静结合，区分春夏秋冬四季的独有风情。在设计上，我们采用一次规划，分期实施，处处体现散播出浓郁的藏族特色，同时辅以科学的手法，现代的材料与科技（包括太阳能的运用），以与日后管理合理衔接。我希望建成后的拉萨河景观改造工程，能成为“高原明珠，雪域圣地”——拉萨的主要景观之一，与布达拉宫遥相呼应、相映成辉。

为了保证项目的质量和水平，我们对合作伙伴的挑选也极其谨慎与严格。水利方面，我们与成都市水利电力勘测设计院合作。灯光设计方面，与北京雷士照明合作，追求最终成果成为拉萨人的骄傲。

同时我希望这个景观设计，在遵循现有城市肌理、服从规划、结合地形地貌外，必须具备可到达性、可使用性、可驻留、可留影、可拍摄、有趣味、可以深入体会藏族风情，成为西藏的迷你缩影，吸引世界各地更多的游客到西藏，实地浸淫在圣灵与现场的互动中感受与体会魅力的拉萨。

◉饶及人在大昭寺

◉饶及人与大昭寺等身佛祖合影

总体景观规划设计

拉萨河景观改造工程规划设计项目用地位于拉萨河城区段百年一遇防洪堤与水利子堤之间区域，东起纳金大桥，西至新拉贡公路大桥，长度约 20 公里，总面积约 400 公顷。拉萨河总体景观规划设计依据拉萨市总体规划，坚持生态优先，绿色打造，现代融合，突出人性化的设计理念，目的是将拉萨河打造为“多彩的哈达，绿色的玉带”。

启动区详细景观设计

启动区段设计范围东起 4 号闸（拉萨大桥西侧），西至 2 号闸（拉萨火车站），长度约 8.5 公里，面积约 182.7 公顷，以自然生态为依托，以藏族风貌为主题，分别对三个分区的六个公园进行了详细景观设计。

拉萨河景观总平面图

启动区景观设计用地表					
地块编号	名　称	地块位置	总面积（公顷）	建筑面积（平方米）	容积率
A	吉雪沃塘	2～3 号闸之间，右岸（柳梧对岸）	44.9	16023	0.036
B	玉带晴虹	2～3 号闸之间，左岸（柳梧新区）	33.1	11529	0.035
C	藏家香巴	3～4 号闸之间，右岸（太阳岛）	32.7	18276	0.056
D	高原新艺	3～4 号闸之间，左岸（万达商业）	19.4	14613	0.075
E	雪域琼岛	3～4 号闸之间，右岸（仙足岛）	18.2	8202	0.045
F	佛光福谷	3～4 号闸之间，左岸（次角林）	34.4	14925	0.043
合　计	—	—	182.7	83568	0.046

A地块：以生态体验为主感受原生态生活

A 地块：吉雪沃塘

景观面积：44.9 公顷。

景观特色：古朴，自然，藏族农耕文化展示。

重要景观元素：藏村落，农田，藏药种植园，甲米水磨坊，藏式风筝，香炉，祥云大地艺术，湿地植物。

吉雪沃唐的四季美景给予游客进入拉萨的第一印象，以四季变换的景观震撼游客，在该区域内设置原生态的藏区田园，寓意拉萨河滋养着河谷区富饶的土地，古朴而美丽的藏族村落。区域位于生态河道向城市河道的过渡区域，通过自然生态景观及人文民族景观相结合，运用高原湿地景观及农业景观、藏式村落及人文民俗制作及展示区域等场地，在保护西藏非物质文化遗产的同时尊重了高原特有的生态自然景观，为居民和游客提供了郊野露营，欢度林卡节的好去处。

B 地块：玉带晴虹

景观面积：33.1 公顷。

景观特色：柳梧新区风貌，传统文化展示。

重要景观元素：藏戏，花卉种植园，藏族歌舞，牛头文化，传统纺织商街，桃林，藏族帐篷文化。

B地块：以生态体验为主感受原生态生活

以火车站为中心向两翼线性延展，美丽的滨河绿化犹如玉带，柳梧大桥恰似拉萨河上的一道彩虹，配套建设藏族风情商业街、滨河广场、码头等。B 地块所处的河滩地与拉萨火车站有绿廊相连，不仅需要保持绿地的连续性，还要根据其焦点位置，直观地展示出拉萨河高原河道的特色和生态面貌，同时，利用视线的通廊和景观的延续性，设计主题构筑物，形成视觉焦点，以增强河道景观的标识性和吸引力，并设计码头，以水上交通的方式加强两岸之间的联系，实现两岸互动。

C 地块：藏家香巴

景观面积：32.7 公顷。

景观特色：藏家传统人文历史文化体验区。

重要景观元素：林卡，纪念碑广场观景台，风马旗广场，藏家精品酒店，放生池，休闲草坪，滨水码头，转经路，曼荼罗静思空间。

C地块：人文遗产展示滨水商业

C 地块中有纪念碑广场，并且与布达拉宫、罗布林卡、拉鲁湿地等重要城市节点联系密切，有着优越的交通便利条件，因此该地块在河道景观中的地位是最为重要也是最为突出的，是整个拉萨河河道景观的中心区域，直接展示着拉萨城市的面貌与辉煌的人文历史。B 地块延续了自古形成的布达拉宫的转经路，转经路的延伸形成了这个区域中最为重要的节点风马旗广场。在河道公园景观中安排尺度适宜的场地和宜人的植物景观，为雪域高原丰富多彩的节日庆典文化和逛林卡的传统提供场地。为增加人们滨水活动的可能性，在此区域的设计中，设置绿色的生态岛链，围合出浅水的内湖，增强了亲水活动的安全性，在此基础上依托商业地块、滨水公园突出人们的直接参与性。

D 地块：高原新艺

景观面积：19.4 公顷。

景观特色：结合商业的藏式休闲亲水公园，融合多种艺术文化活动。

重要景观元素：观布宫码头平台，滨水商业，藏族舞蹈草坪，造纸艺术商街，藏餐商街，阶梯观景台。

玛尼堆广场

紧邻未来的城市商业中心，将会聚集极高的人气，该地块需要更加重于商业氛围的衔接，为未来发展奠定良好的基础，因此在景观设计中加强了城市河道对商业所提供的价值，将商业经营活动推向水边。在商业中心发展的前期，以优质的城市河道景观为基础，以更加亲人的尺度打造滨水步行商业街，发展餐吧、精品会所、水上休闲等全天候、新兴的商业娱乐项目，通过码头与对岸的 C 地块紧密相连，加强交通便利，使商业地块与文化地块能够相结合，共同作用，凝聚更多更丰富的人文活动，最大限度地提升商业地块的效益。

E 地块：雪域琼岛

景观面积：18.2 公顷。

景观特色：藏家园林，宗教文化体验。

重要景观元素：林卡，佛教文化院落，观景台，邻里花园，滨水景观道，码头。

商业街廊架

紧邻密集的城市居住区和商业区，并有着优越的交通条件，与布达拉宫和次角林片区联系密切，因此，很适宜打造成为滨水的休闲文化公园，设计尺度适宜的滨水开放区域，邻里花园空间。同时该区域还为对岸大型的演出活动提供良好的城市背景，因此更加需要注重此区域的视线引导作用，其中包括建筑的立面处理，以传统拉萨的藏式建筑特色形成连续的滨水界面，并在岛屿设计景观构筑物，引导视线，并且为水上大型演出活动提供中层背景的视觉焦点，与布达拉宫相呼应，形成良好的视觉层次。

F 地块：佛光福谷

景观面积：34.4 公顷。

景观特色：朝向布达拉宫，自然生态的滨水景观。

重要景观元素：格萨尔王展示长廊，水系，藏式村落，藏香制作，次角林码头。

佛光福谷与雪域琼岛隔水相望，共同位

于以布达拉宫为中心的拉萨景观轴线上，前者佛光普照、神圣祥和，后者临水楼台、灯影摇曳。该地块与南部次角林文化旅游度假区相连，是文化旅游产业向水边的延伸，适宜引入内部水系，开展小型的文化演出活动。通过设计阶梯式看台，利用堤顶到水面的高差，提供了良好的观演场地；并在滨水区设计内外联动、景观优美的旅游文化长廊，配合文化展示和民俗传统展示，集中布置文化品牌街，文化遗产村落等，共同营造良好的整体文化氛围，再以码头与对岸相联系，加强交通的可通达性，为南部次角林区域发展提供先决条件。

F地块：大型水上主题活动小型滨水商业

附：拉萨河园林建设公众调查问卷

为了使拉萨河景观改造工程更公正地贴近民意，项目组事先做了问卷调查，意在帮助每一位热爱拉萨河的拉萨市民和游客实现他们的需求和美好的愿景。由于本项目的巨大尺度以及不同寻常的自然条件，公众怀着极大的兴趣和热情参与了项目的讨论。总体来说，公众已经表达出了对城市园林设计功能多样性的要求，特别强调了大片土地的科学利用，采取生态保持手段以及生态栖息地创造的重要性。（附问卷调查结果）

亲爱的朋友：此次问卷调查结果，将作为今后城市园林建设宝贵的指导建议，感谢您的参与。

1. 您的性别是？□男　□女

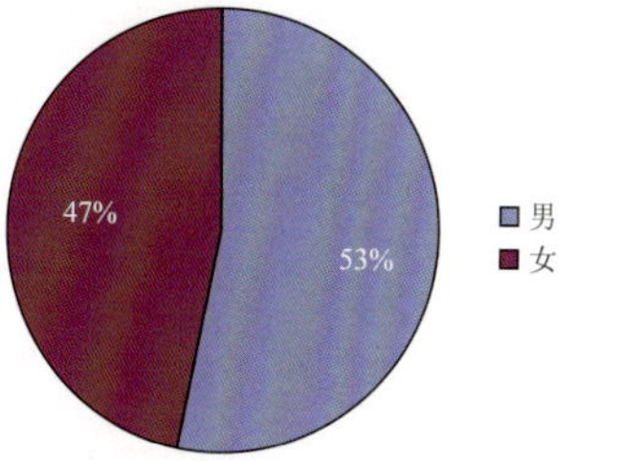

2. 您的年龄段是？

□15岁以下　□15～25岁　□25～45岁
□45～65岁　□65岁以上

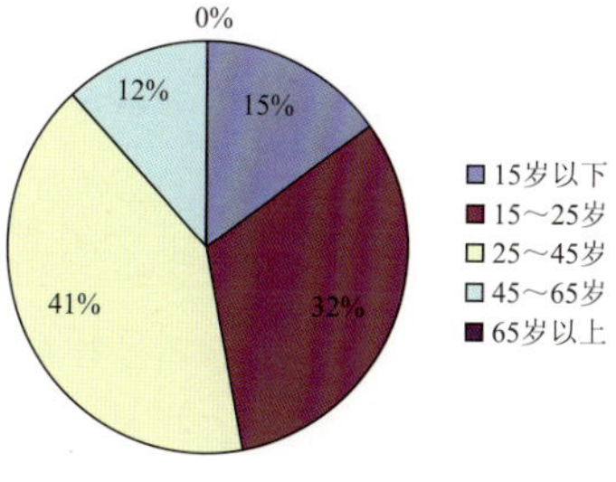

3. 您是来自哪里的游客？

□当地居民　□国内游客　□国际游客

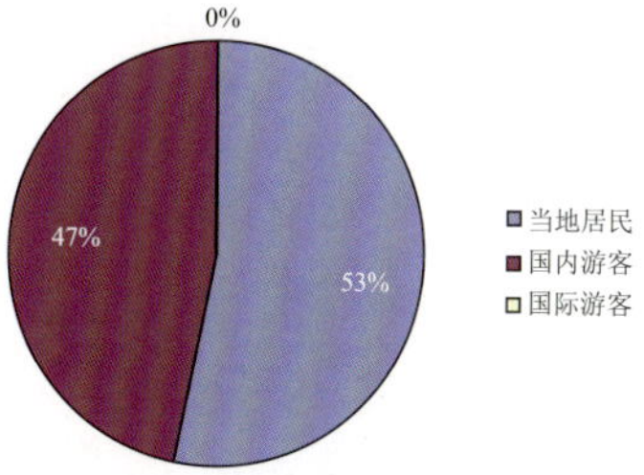

4. 您对拉萨河的了解程度？

□不是很了解　□一般　□很了解

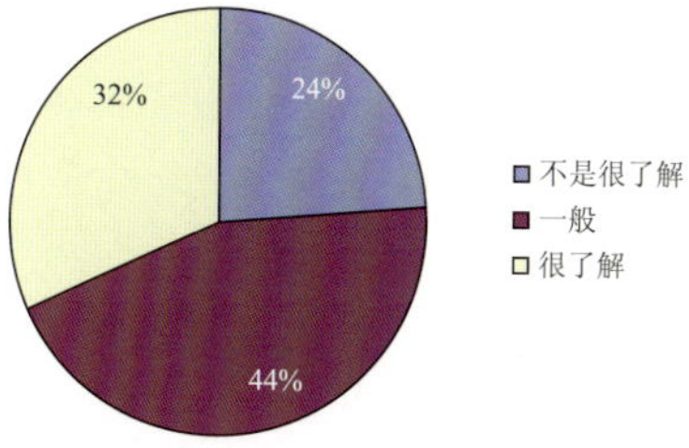

5. 您认为拉萨河景观最美的季节是？

□春 □夏 □秋 □冬 原因是______

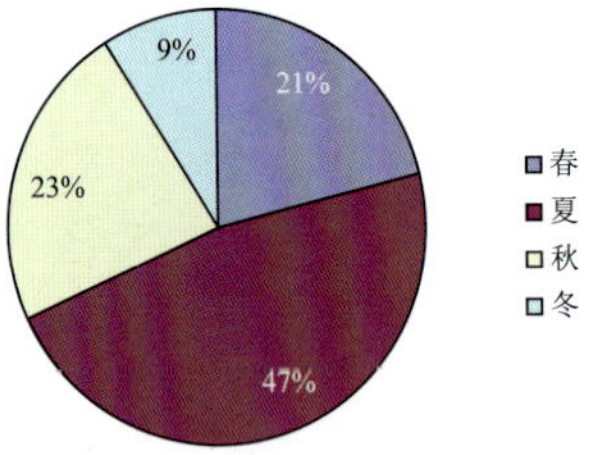

6. 您一般会间隔多长时间到拉萨河？

□经常 □每周 □每月

□半年及以上

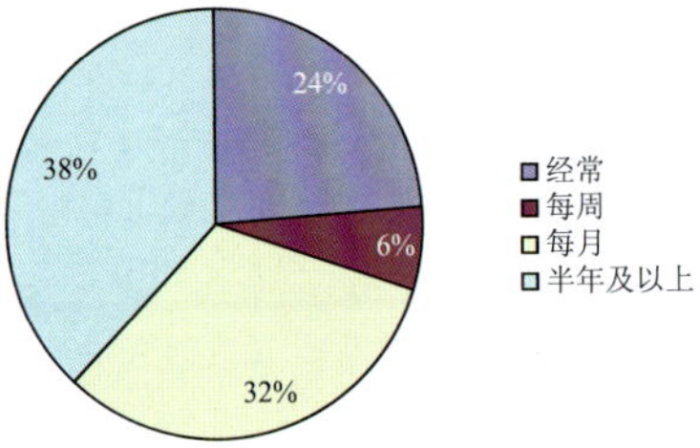

7. 您选择到拉萨河的目的是？（可多选）

□观景 □健身 □家庭聚会

□休闲 □单位组织 □会友

□摄影 □旅游团体 □工作需要

其他__________

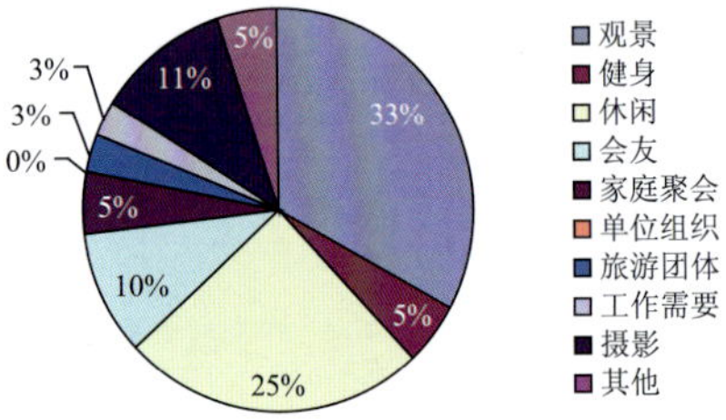

8. 拉萨河吸引你的景观特色是什么？（可多选）

□远处的山 □清澈的河水

□绿色的植物 □河边公园

□河边商业 其他__________

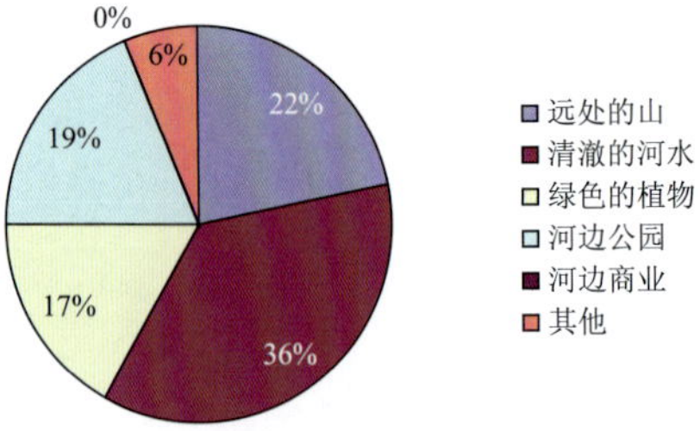

9. 您对拉萨河现状的景观及园林的满意度？

□不满意 □一般 □满意

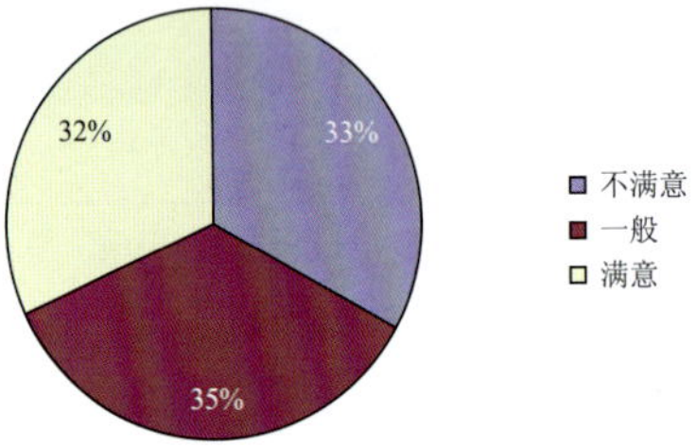

10. 您认为拉萨河现状哪些地方需要改进？（可多选）

□流沙 □硬质河岸 □道路

□公园 □植被 其他__________

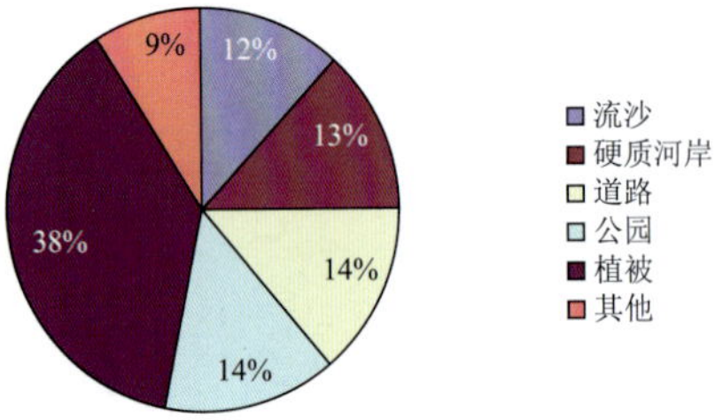

11. 您认为拉萨河沿岸需要什么样的景观元素？（可多选）

□自然的河堤 □草坪 □休息座椅

□丰富的植物 □精致的景观构筑物

□雕塑/艺术品 □景点及道路指示牌

□喷泉/水池 □自行车道 □散步道

□邻里交往空间 □ 有树荫的广场

□夜间照明 □彩色的/耐用的铺地

□露营场地 □车行/步行景观桥

□绿色覆盖的河滩　□滨河散步道

□体育健身场地　□儿童游戏场地

□老年人健身场地

□静谧的花园/植物园　其他______

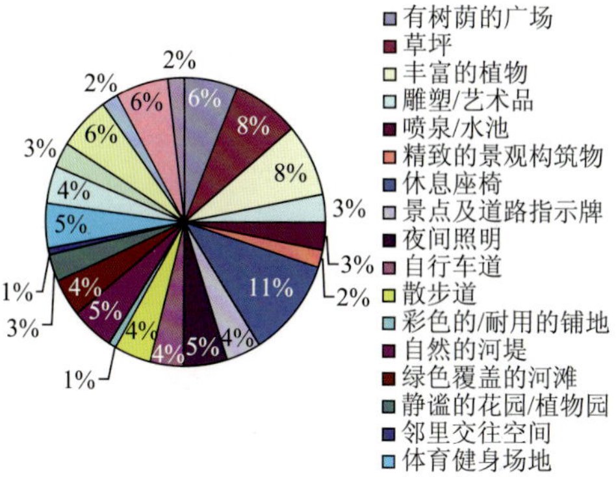

12. 您认为在拉萨河沿岸适合哪些休闲活动？

□散步　□自行车　□野餐　□露营

□戏水　□沐浴　□垂钓　□ 采摘

□体育运动　其他______

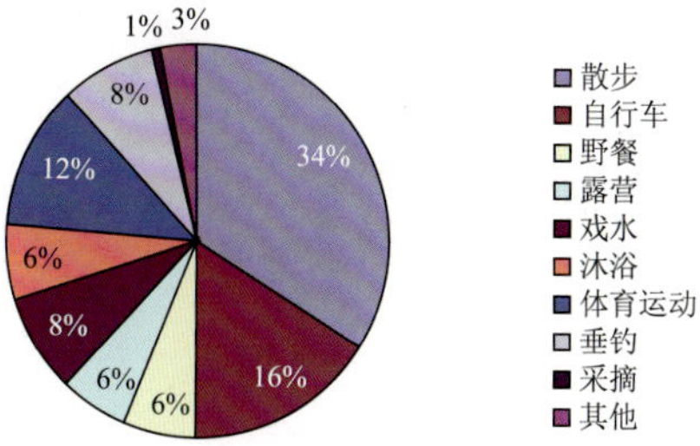

13. 您认为拉萨河沿岸哪些地点最需要建设城市绿地及公园？

□布达拉宫附近

□河滩及河岸沿线

□太阳岛周边

□桥及人流多的地方

□纪念碑周边

□其他区域

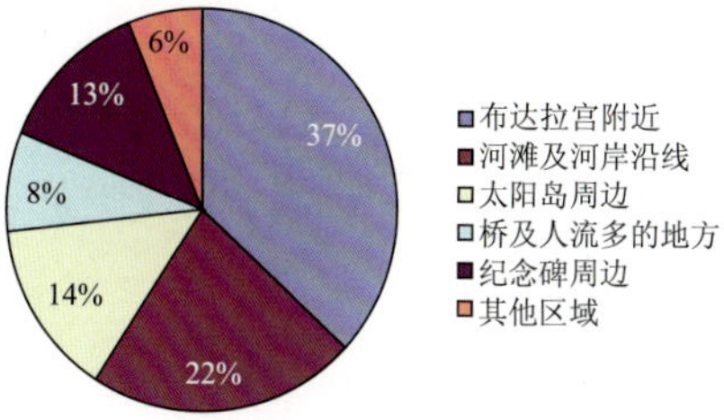

14. 请您写下您对拉萨河未来的愿景与期待。

□绿树成荫、河水清澈

□增加植被、保持水土

□治理垃圾、强化环保

□增设水岸及休闲带

□凸显地方及民族特色

□其他

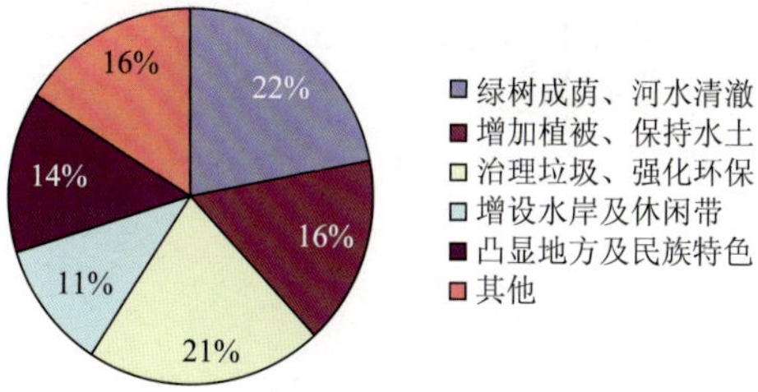

代表性意见展示

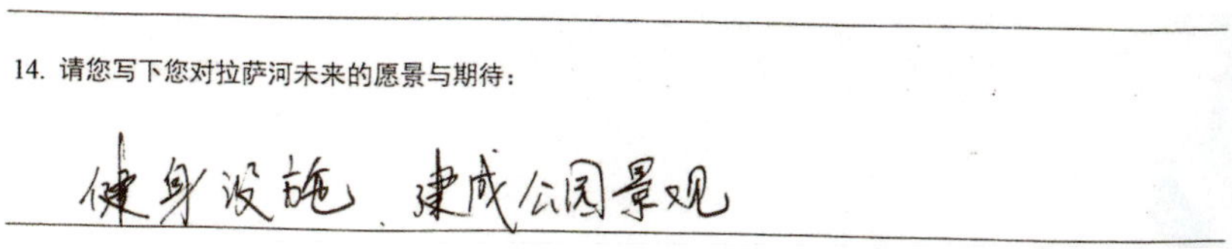

14. 请您写下您对拉萨河未来的愿景与期待：

健身设施 建成公园景观

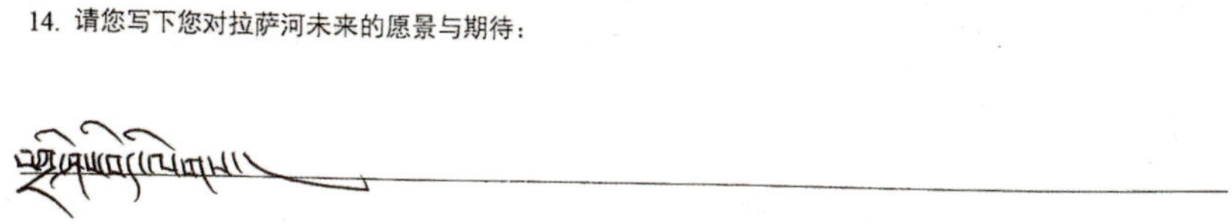

14. 请您写下您对拉萨河未来的愿景与期待：

“作为一位规划师，
我们必须明确地认识到，
我们今天所画的每一条线，
均会影响到当地居民日后
的生活品质。”

——饶及人

评说饶及人

评说饶及人

李泊溪

国务院发展研究中心局长、教授研究员

回忆和饶总相识，要追溯到我的好友聂梅生会长创建全国工商联房地产商会的时刻（2001 年），我全力支持赞赏成立房地产商会，商会要我担任中国房地产商会的首席战略发展顾问，是我的荣幸，同时，有机会让我接触许多房地产界的企业家和相关专家，和饶总就是在房地产商会举办的会议上相识的。记得会上饶总既有国际现代思维又体现中国文化底蕴的独到见解，给我留下深刻的印象，从此相识熟悉，成为朋友。

●饶及人和李泊溪听取饶氏基金的报告

在我的研究工作中涉及城市化问题，有时要思考如何将现代与传统、东方与西方、继承与创新结合问题。希望能看到宏观思路在微观行动上体现的案例。饶总给了我这个机会。

饶总的著作和龙安规划设计的案例图集，展示了龙安的发展足迹，遍及全中国的规划精品，渗透着饶总率领的龙安团队创造与智慧的结晶。龙安城市规划与建筑设计有特色，与众不同。尽管根据不同地区不同民族的特点和要求有针对性发挥，共性是追求体现东西方文化优点，现代与传统精华的结合，这点是难能可贵的，这与饶及人先生中西方两种不同的生活、环境和经历分不开，是饶总能将西方的思维、现代风格与我国丰厚的文化底蕴、改革开放的创新理念相整合，进行创造的结果。这点不是所有专家即使是有东西方经历的人都能做到的。关键有两点：一个是饶总形成了以东西方经历和知识为基础的观念和模式，并逐步形成体系；另一个是具有中国心。

我在国务院发展研究中心工作，是搞国家宏观发展战略研究的，与饶总是两个不同的工作领域。双方工作又都非常忙，见面机会不多，应饶总相邀交谈时，相互总是有所启发与受益。在和饶总及其夫人宋总的接触中，宋总的精干、贤淑给我留下深刻的印象，感到饶总的成功，有宋总的一半。

饶及人在额尔古纳的中俄界河上，背后是俄罗斯边陲小镇

饶总获得了许多国内外荣誉，这是对饶总工作成绩的评价。饶总在中国担任了多个省市高级城市规划顾问，这是对饶总的尊重和认可。饶总正带领龙安向更高攀登，同时，饶总开始了向新领域的征程。这些既要智力又要精力，饶总如何运筹和安排，不是一般的工作日程，而成为一门艺术，它关系着未来的成就。

中国正处在加速城市化的阶段，城市规划和建筑设计的工作有很多，从各城市发展的要求看，绿色、环保、宜居，适应国内外潮流是基本要求，在这种情况下，城市的经济、社会、人文发展战略的选择，需要诸多专家的奋斗拼搏，不断创新，在这个过程中，期待饶总能领先。

我所认识的及人

李岳清

呼和浩特市人大常委会副主任、呼和浩特市工商联主席

●饶及人与李岳清主任

2004年我在天津参加了一个城市建设方面的论坛，会上通过朋友介绍认识了饶及人先生。2006年呼和浩特市要搞一条伊斯兰建筑风情街，自治区党委常委、呼和浩特市委书记韩志然、分管城市建设的吕慧生副市长让我推荐一个设计师来对这条街进行整体的设计规划。众所周知，内蒙古自治区是以蒙古族为主体的少数民族地区，在这样的省市建一条伊斯兰建筑风情街是有很大挑战的。

我当时很有压力，虽然我认识许多这方面的专家、设计师，但这样一条风情街如果设计不好是很有政治风险的。经过几天的考虑，从我所熟悉的国内外众多设计师中推荐了及人。这样的选择主要是因为及人所带领的美国龙安建筑规划设计顾问公司，是最懂得在中国操作项目的美国设计单位。其百分之七十的业务中为老客户、回头客，由业主直接委托。公司也曾获得20多个中国不少重大国际建筑设计与规划竞赛的头等奖。其中较著名的包括1999年杭州市钱塘江两岸规划第一名、浙江青田侨乡一条街规划等。

及人最终不负众望，为了能保证当时一个重要会议的参观议程，呼和浩特市的伊斯兰风情街从设计到完工只用了短短50天的时间。经过不懈的努力，一条破旧的建筑街改造成为一条全新的、漂亮的伊斯兰建筑风情街呈现给大家，得到了贾庆林主席等各级领导的认可和社会各界的广泛赞誉。

及人在设计方面能有这样成果，尤其是能将呼和浩特市伊斯兰风情街打造得如此完美，与他长期在美国学习、工作，并在世界各地考察是分不开的。他曾被称为最融入美国上流社会的华人，驰骋于美国上流社会如鱼得水；同时又是最懂得中国世俗人情的美国人，跟一大帮中国的市长称兄道弟，是市长们的座上宾，市长们都称他为城市“医生”。就是这种纵横于中西文化之间的特殊经历，以及对设计的高度热情，使其在这一领域成长为一枝独秀。

中国人的中国结

钟彬

全国工商联房地产商会秘书长

◎钟彬（左一）、饶及人（中）代表设计联盟接受香港建筑师协会的礼品

从中国结联想到饶先生，是因为中国结表达了中国最早的城市规划思想："经涂九轨，九经九纬。"中国古城清晰的街坊结构和笔直的街道，正如一枚中国结。饶先生是中国人，也是城市规划专家，编织着中国城市发展的经纬。

国家总理盛情之下，饶先生"结"绳为约，告别美国，为祖国规划。从"外黄内白"到"外黄内黄"，让人们看到了一位在美国成长成就的海外华人在中国落地生根的决意和变化。

中国结作为中华传统的吉祥图腾，还是"和谐、包容"的象征，也是饶先生"亦中亦西"的内涵与品质。他出生在中国台湾、成长在美国，在世界各地发展事业；用中文写作、用英语演讲，潇洒于东西方主流社会；用中国心奉献，用普世价值观批判；用乡土情结沟通文脉，用国际眼光研判未来。中国结有了世界色。做学者研究传统文化、当CEO经营跨国企业、作艺术家规划中外城市、如外交官沟通中美政坛，自如于各行各业，当机于各关键时刻。这是运命，亦是智慧。作官、作商、作文、作公益事业都明明白白，彻彻底底，风风火火，淋漓尽致。中国人的人情世故与西方的思维逻辑奇妙地融合一起，强势做派又能温情待人；大出风头又能掌控分寸；国际背景却又江湖性情；勤勉工作绝不忘享乐生活，矛盾一体，和谐共生。饶及人是唯一的，不可模仿、无可替代，甚至无法学习，是一个特殊的中国结。

斯文斯人，推己及人

于今

满族，是近些年涌现出的一批中青年学者中的突出代表，长期从事科学发展观基础研究工作，先后主持“十五”、“十一五”国家重点研究项目。其研究领域十分广阔，密切关注中国发展过程的多个方面，涉及国家哲学、政治理论、政策建议、城市与区域发展、民族文化、智库产业等多个研究领域，并且注意融会贯通，取得了较为突出的研究成果。教授，博士生导师。现任中国少数民族文物保护协会常务副会长、东中西部区域发展和改革研究院执行院长，《国家智库》总编辑。

龙安25周年庆典酒会
左起：于今、聂梅生、张伟超、张纪中、饶及人、钟彬

在黑暗混沌中徘徊了许久，才有但丁、莎士比亚等人呼喊出“人是万物之灵长”，这还是在欧洲的情形。至于中国，今天的人们是不是都已经把“人”作为“人”去看待，还很难说，因为在文学、艺术、政治、经济诸方面都不难看到变异的人、扭曲的人性和蒙昧的思想。

我一向认定，一切学问都是“人”学。做不好人，肯定做不好事，更做不好学问。我还固执地认为，人之所以区别于动物，其根本在于人有情。动物好像也有情，“知否兴风狂啸者，回眸时看小於菟”，母兽之于幼兽，牝兽之于牡兽，出于本能，与人之本能情欲相类，但人对事业之爱、对乡土之恋、对人性的体察与尊重，却为人所独有。这种种之情，凝聚成灵动之人。

饶兄，是我君子之交。此君虽无中国籍，但比很多土生土长的中国人更像中国人，因为他对中国的文化更熟悉更认同。他曾不止一次谈起自己来到中国的缘起，但我觉得，即使没有那样几个偶然事件，他仍然会走上“规划中国”的道路，何故？性之所至，情之使然。

这条道路能不能成功，答曰：一定能成。何故？因为他有一件无往不胜的法宝——以人为本。他是把它作为“NO. 1 RULE”的。

在饶及人的博客上，看到他谈自己最喜欢的古诗文：一是《孟子·告子下》中大家都熟悉的篇章“天将降大任于斯人也，必先苦其心志……”可见饶及人不怕吃苦，欲当大任；二是李白豪情万丈却略显颓废的《将进酒》，可见饶及人敢喝酒，能尽欢。这两篇诗文好像有些矛盾，但人性、人情哪有不是充满矛盾的呢？这才是真实的人。

据饶及人自己所言，无论是作文写书，还是演讲，都力图以小见大，让读者了解，深奥的城市规划理论其实是可以用小故事说出来的。这一点，他做到了，读者有目共睹。至于其涉猎之广，如宗教、文化乃至政治与经济，信手拈来；至于其见识之博，忽而朱总理忽而贝聿铭，忽而纽约、瑞士，忽而北京的胡同四合院，忽而内蒙古大草原，令人目不暇接；至于其专业之精深，指点江山；至于其叙述之通畅，激扬文字，读者感触或许尤甚于我。但我的思绪总逸出于规划，眼前浮现的总是那个既熟悉又陌生的饶及人，心中弥漫的只是那浓得化不开的中国情，耳边回响的只是一个声音：“以人为本”。

惠及於人

张伟超

曾任中国驻泰国大使馆参赞兼总领事、中国驻纽约总领事馆总领事、国务院侨办副主任、全国政协港澳台侨委员会副主任，现为财富百人协会会长

饶及人先生的新作《你我的城市》一书即将问世，写几句浅评，以表示对老友的祝贺。

我与饶先生交往已逾二十余载。90年代初，我在纽约任大使衔总领事时，就与他过往甚笃。其时饶意气风发，不逊当年三国周郎之锐气。三十刚过，就登上纽约规划局长的宝座，破360年来无少数族裔任市政府局座高位之先例。其麾下的龙安公司亦火红开业，我是开张庆典的剪彩人。那时饶头上光环无数。诸如“美国十大青年建筑师”，“美国企业名人”，“纽约杰出少数族裔建筑师”，数不胜数。曼哈顿区还宣布每年12月7日为“饶及人日”。无论哪个族裔都对饶投于景仰的目光。华人更是拍手称快，备感荣耀。

●饶及人夫妇与张伟超大使

正当官运亨通，事业如日中天之际，饶及人却作出超乎友人预料之举：决定向东进军中国市场。他的锐意进取，犹如强龙出水，横空翻腾。2001年，千禧龙年刚过，他即率领龙安公司入驻北京，开始致力于中国城市的规划与建筑设计，很快就获得中国政府和业界的高度认可。他受聘为国家外专局美籍规划建筑专家、中国国际城市化发展战略研究委员会战略咨询委员、全国工商联房地产设计联盟第二任首席执行官、中国30多个省市高级城市规划顾问等等。迄今，龙安已在中国大陆完成了300多个城市规划项目。其公司业务扩张规模之大，速度之

快，令同行咋舌。2011年龙安乔迁财富大厦，标志着集团业务迈向纵深多元的发展方向。进取创新是龙安的特性。是龙就锁不住，发展是硬道理。

饶及人对社会的贡献非三言两语所能概括。限于篇幅，只从专业理念与文化角度作点归纳。由于饶长期生活、工作在纽约这个国际大都会，他对于城市规划与建筑有着先进的理念和广阔的国际视野。其作品的特点，是将国际上先进的城市规划与建筑的先进理念，融入中华文化的元素，使之适应当今中国之实际，也即是西为中用。犹如传统的中国水墨画，引入西方油画的技法，使画作焕然一新，充满生机。饶通过其在华各地的项目展示其理念，又通过演讲授课，培训等方式，传授国际城市规划与建筑的最新成果，可谓言传身教。他之所以能达到这种完美的结合，源于他对中西城市规划与建筑理念的深刻了解，源于他对中外国情认知的准确把握，源于他对业务精益求精的精神，源于他对追求完美的职业道德的坚持。

2011年龙安乔迁酒会上，
财富百人协会会长张伟超出席剪彩

饶及人的贡献，远不止规划建筑范围，还在于他在增进中美相互了解方面所发挥的建设性作用。饶对中美文化之异同有深入的了解。他善于从异中求同，善于用生活中最常见的事例，用双方都能听懂的语言，三言两语就解开疙瘩，取得共识。当今，中美关系的发展正处于十字路口，双方就共同关切作深入沟通，固然十分必要。而在文化领域的互相了解，彼此理解，也十分重要。由于饶通晓中英语言，谙熟两国文化，了解彼此的思维方式，可同双方作无障碍交流与沟通，中国需要一大批饶式人才。饶既是规划与建筑师，也是中美政治、社会、文化交流之桥的建筑师，是促进中美友好的民间使者。以上草草，权作对新书的评说。

1994年美国龙安十周年庆典，
时任驻纽约总领事张伟超出席并剪彩

注：本文写于2012年8月29日

相识相知饶及人

曾德贤

中华建筑金石奖活动委员会执行长

左起：连胜文，曾德贤，钟彬，饶及人

认识饶总裁已有八年多了，拜访龙安，也是我到北京学习之旅重要行程的地方。第一次见面，当时龙安还在红都阳光商务会馆，随着多年来业务的成长，办公空间不足，已搬至北京CBD世纪财富中心现址。

饶总裁的热诚与平易近人，是最让我钦佩的地方。或许是工作忙碌，每次谈话他皆能讲到重点，简单扼要，尤其饶总裁前卫的视野与诙谐的用词，深深吸引着我，所以有多次邀请饶总裁来台湾时，所到之处凡听过饶总裁的学生、建筑师、开发商们甚至政府官员回应很好，非常喜欢听饶总裁精辟的演讲，并争相礼聘为外籍顾问，提供城市规划与社区建设咨询；唯台湾政府官员异动很大又快，无法连贯咨询工作殊为可惜。

饶总裁以“做什么像什么”要求自己，不掩饰个性，不刻意表达亲善。他关心中国的城市规划，以外籍专家身份时时殷切对中央或地方政府建言，将国际设计理念落地中国，获得领导们良好的回应，争相聘为顾问，是中国各省市领导最受欢迎的外籍城市规划培训专家之一。

饶总裁同时也关心公益，他领导的美国龙安设计公司并不是开发商，但是作为专业设计公司，汶川大地震时，为了响应灾区的重建工作，美国龙安公司义不容辞加入救灾行动，为灾后重建献谋（规划与设计谋略），献技（建筑施工质量技术），献策（城市建设与地方重建策略），捐建“美国龙安爱心学校”，学校的规划、建筑设计、施工费用、建筑监理等都是由龙安公司组织的志愿者队伍负责实施。希望龙安爱心学校的建设，对得起龙安的专业责任和企业社会责任。

我常上饶总裁的部落格（编者注：台湾人对博客的说法），在他《中秋节的段子》那篇文章上，尤其喜欢其中的一段：“人生八宝：(1)结交两种人：良师、益友。(2)配备两个医生：运动、营养。(3)练好两项本领：做人让人感动，说话让人喜欢。(4)多吃两样东西：吃苦，吃亏。(5)培养两个习惯：看好书，听演讲。(6)追求两个一致：兴趣和事业一致，爱情和婚姻一致。(7)记住两个秘诀：健康秘诀在早上，成功秘诀在晚上。(8)争取两个极致：把潜力发挥到极致，把生命延续到极致。愿你拥有这一切的美好，开心生活好每一天。”还有“君子相知，贵在温不增华，寒不改弃，贯四时而不衰，历风雨而益固。心善胸宽天地鉴，意在心中万事圆”，让我回味无穷。

饶总裁也是属于先知型的专家，他在《寻找中国城市魂》书中有提到：中国的水资源已出现危机，水资源的保护刻不容缓，目前已有地区严重干旱的警讯，不容忽视。有一次记者访问饶总裁问到有关房地产业危机？转机？还是新的商机？饶总裁回答说：“记得10多年前刚到中国的时候，我就说过房地产业是拉动中国经济的支柱产业。房地产是中国重要的支柱产业，也是扩大内需的重要拉动力之一，是中国走向现代化的重要工具；房地产对经济的拉动作用是非常重要的。因此，中国经济要保持稳定发展，中国房地产业就必须要有一个健康的发展。而健康的产业需要锻炼。我们现在提出房地产业的创新就是为了走更长远的路。我建议中国房地产商面临当前的危机，必须做好公关，启动自保运动，改变行业唯利是图、为富不仁的形象；迎接挑战，变危机为转机，那么，中国房地产业就将在危机过后迎来一个新的发展阶段。我对中国房地产的总结是：2007年房地产的浮华将带来2008年房地产的沉思和2009年的健康发展。”2008年由于美国次贷危机引起全球金融风暴，首当其冲的房地产产业如何面对此风暴，饶总裁此段话也是对开发商们的提醒。

非常恭喜美国龙安在饶总裁的领导下成长，谨在此以“龙之胸怀在天下，安居乐业甲天下”，祝福龙安鸿图大展！

及人，其人

张友良

加拿大 GA 建筑规划景观设计公司总规划师、原浙江大学城市规划教授

饶及人与张友良教授

我与饶及人先生有缘相识约在 20 年前，那时，饶先生的美国龙安公司在杭州与建设部属的浙江泛华设计公司合作成立了龙安—泛华设计公司。那几年，在饶先生主持下完成了杭州市钱江两岸规划设计方案、杭州市解放大道（西湖—钱江大道）规划方案、杭州城西闲林埠“梦里水乡”规划方案、温州市瓯江南岸中心广场规划方案以及温州市政府新区规划方案等。以后，龙安公司工作重点移至首都北京，其间，又在饶先生主持下完成了上海市副中心（原江湾机场地区）规划设计方案。在多年共事的工作过程中，对饶先生的了解虽还不够全面，但印象相当深刻，大致有以下几方面：

- 他是一位建筑、规划专家，他学识渊博，视觉敏锐，目光远大，颇具创见。
- 他是一位城镇全科医生，他阅历丰富，根基扎实，能适时发现城镇各项弊端，并能理论联系实际，合理提出相应对策，解决问题。
- 他是一位风度翩翩的学者，秉烛耕耘，著作颇丰；也是一位善于经营管理、上下策划、公平竞争的商人。
- 他是一位善于发挥，善于创造，善于总结，善于表达，并且每年都有丰烁收获的、名副其实的获奖专业户。
- 他是一位有助学，有扶贫，有爱心，有成效，能仗义执言，泽及草根的社会公众人士。

中国城市化进程中的跨文化传播者

叶培红

《消费日报》理论部主任、《消费日报·论坛》主编

◉饶及人和叶培红(左)

认识饶及人先生，源于参加一次回乡行活动期间听了他的一场演讲。

那是2006年春天，他在浙江丽水市为地方官员所做的一次演讲，主题是中国21世纪的城市规划战略。全球化背景下，中国经济建设的发展以及中国传统文化的利弊成为近年来学者专家们持续的话题热点。从“海归”到洋人到中国本土的专家们，对于体制的弊病和发展中的问题，对于当前被称为“中国软实力”的传统文化，或者单纯停留在尖锐的批判抨击层面，或是一味盲目的赞美，大多煽情有余而建设性不足，很多演讲更多地像是一种纯粹的个人“秀”。讲堂和现实的游离或许是学术界的悲哀，而中国现实的发展和改变更需要一种刚柔兼济的力量，一种既谈“主义”也研究“问题”，更善于在实践中去解决“问题”的学者型实干家。这在当前的中国似乎是过于理想化的期盼。因此那天，尽管近千人的礼堂里座无虚席，一开始我对这场演讲也一如既往地未抱多大期望。

然而，那天饶及人先生的报告令我先是不无吃惊而后产生了某种激动。对中国体制的弊病在城市规划中的反映，他以西方式幽默、中国式的微词表达着评解，会场因此不时响起轻松会意的笑声；介绍国外的规划理念和规划实例，他却善于以深入浅出的中国大众化表述，让听众感到并非遥不可及的亲切。而对于中国传统文化在人居理念中的体现，他又能从现代科学的角度进行着分析与提升。听完报告，我不禁想到，理性的力量在于其科

学的严谨和清晰，而激情的力量在于其真诚中的深切与亲和。两种力量的有机融合，产生的是一种特殊的性格魅力和强大的成功基因。饶及人先生的演讲在现场引起的强烈效应大概基于此吧。

此后与饶及人先生有了更多的近距离接触——时常约他为《消费日报》的评论栏目撰写文章，也时常请他就中国房地产发展的热点问题接受本报专访。每次约稿和采访，无论他有多忙，只要在北京，他总是欣然接受。于是，渐渐地，对于他融会中西又别具个人特色的理念、观点以及为人行事风格有了更深的感受与体会。

自20世纪90年代以来，中国城市建设经历了最快的20年。这20年也是现代与传统，保护与发展，东方文化与西方文明，百姓需求与商业利益之间不断激烈冲撞的20年。我们的城市化就在种种似乎无法克服的矛盾中进行，致使我们的许多城市已经或正在或即将面临历史的断裂。

我们的城市规划离“以人为本”还很远。

正是看到了这一点，十多年来，饶及人先生带领着美国龙安公司以理论的精辟和实践的创新梳理着在这片土地上我们所拥有的和我们所欠缺的，我们所困惑和我们所焦虑的。他不仅以其规划的项目不断做出“以人为本”的践行和示范，同时还不停地奔波于大江南北，在各种场合，抓住各种机会进行着这一规划理念的传播与游说。我曾经开玩笑地对饶先生的行色匆匆作了这样的描述：不在某个城市的演讲现场，就在飞往某个城市演讲的航班上。

我所认识的一些地方官员不止一次坦率而直接地向我表达了对他所倡导的城市规划理念以及他个人学识的敬佩和信服，并希望通过我转达请他去地方为中层干部上课的真诚愿望。尽管“GDP”唯上的政绩考核制度使得地方官员很难真正地践行“以人为本”和有远见的规划理念，但不乏一些有思想有抱负的地方官员，其个人观念和想法显然受到饶及人先生“游说”的深刻影响，并且开始在他们的任期中在尽可能的范围内开始实施饶及人先生的城市规划理念。

因此，十多年来，在中国这片土地上，他是一个城市规划师，但他更是一名关心城市化科学规划理念的传播者，一个跨中西文化的传播者。在21世纪的今天，尽管互联网和通信技术的发达，使得信息的传播已经不再受到时间和地理上的阻隔，但文化传统、历史背景以及价值观的差异，使得跨文化传播日益成为经济全球化进程中一个更为重要的问题。而饶及人先生，以其作为“香蕉人”的背景和所具有的深厚中西文化底蕴，成功地承担了一个跨文化传播者的使命。

我想，多少年后，当人们重新回顾和审视世纪之交中国所经历的城市化进程时，饶及人先生以及他所领导的龙安公司所做出的努力与贡献，将更加凸显其重要的历史与现实意义。

一个美国梦和中国梦的实现者

摘编于北京美洲俱乐部会刊《AT THE Club》对饶及人的专访

和饶及人对话，商业气氛少，他没有滔滔不绝地和我介绍龙安的业务，而是表现出一个华裔精英对于中西文化的理解和他内心的宽容和强大。他会谈起马克·吐温，也会说到中国的老子，他在不同的文化间游刃有余，你会在很短的时间内被他吸引，却未必看得懂他。

他的说话表现出强烈的感染力，让人认为他是一个天生的社交家。事实不然，小时候的他沉默寡言，只是因为经常参加学校的写生比赛得奖而被人看到有艺术天分。但在70年代的美国，华裔身份让他的成长很不容易，家境一般的他让他在“中国人还经常受欺负”的环境里硬生生靠着这个“天分”挤进了建筑行业。

艺术家变成呼风唤雨的商界人士，这个过程总是耐人寻味的。根据他自己的总结：“主观的原因是我从中学开始强迫自己在公开场合讲话，虽然最开始总是有点惹人笑话；另外我从来不打算把自己定位成一个创作家，我不要做一个龙安工作室，而是做一个资源整合的平台。人的思维模式是由家庭、教育、经验、资讯、人脉五个板块形成的。我想我的个性和对世界的看法的转变是潜移默化的，这五个板块都在对我产生影响。其中，人脉对于我在中国的发展尤其扮演了一个重要的角色。”

饶及人成为美洲俱乐部会刊封面人物

人脉自古以来在中国的商业文化中扮演着微妙的角色，饶及人清楚地总结了自己现在的交友原则：平等对待；是各行业的领跑者；无金钱来往；重视机会与机遇。龙安进入中国11年，饶及人一直在与各级政府打交道，而且这几年龙安的业务还深入到了很多所谓的“老少边穷”地区。饶及人将各界官员以朋友身份相处，他甚至能清楚地说起多年前去到某个城市时和某位官员一同为当地做规划时的对话细节。

对于中西文化兼容理念的热爱，这是他做规划的根基，也是他做学问、为人、经商的基本理论基础。他提倡古为今用，西为中学，中传西方，不可以搞“义和团”；也主张学习西方人建造城市的优秀之处。在他的规划项目中，他似乎将这种中西结合和因地制宜做到了极致：龙安的最新项目无一例外都选择了非中原文化地区，有些甚至还是他带着洋设计师徒弟在做。内蒙古额尔古纳市城市规划设计，西藏拉萨河景观改造工程；新疆拜城文化博物馆，内蒙古呼和浩特回民区文化体育中心，宁夏银川市黄河金岸美术馆，这些规划都需要他阅读大量历史文献，理解当地的人文环境，又需要他去到每一个项目上根据物理环境提出技术方案。正如他自己所说，“我能理解当地人的信仰，这是我最大的福分，让我和当地人没有距离，这样才能规划出真正造福他们，打动他们的作品。”

他实现了自己最初的梦想，也得到了两个文化世界的认可。他用过往心血换来了今天的真实和坦然，个中荣辱，唯有他自己最清楚。饶及人——一个美国梦和中国梦的实现者。

北京美洲俱乐部会刊《AT THE Club》对饶及人的专访（中英文）

简　评

我深知，龙安公司在您的率领下，是一个具有战略眼光和爱岗敬业的优秀团队，你们的规划理念和业务宗旨赢得了业界的广泛认同，特别是你们在长期实践中形成的“顾大局，不苟同，有特色”的经营风格，更值得总结和发扬。祝愿在今后的岁月中，发挥优势，取得更大的成就。

杨慎

原建设部副部长

饶及人与杨慎部长(中)和哥儿们周兆金行长

中国的传统建筑，民族建筑有着厚重的文化和历史渊源，她不仅有着灿烂的过去，也正经历着辉煌的今天，而今天的辉煌将延续着历史。建筑师们正是立足于当代而同时又一头挑着过去，另一头挑着未来，这是一种多么崇高而美丽的职业！饶及人先生是道地的华人，他有一副中国人的面孔，而在美国他又是完全西化了的，进入了美国上层社会功成名就的华人。当他毅然决定在中国发展之后，十几年来他在中国获得了90多个设计奖，这其中成功的重要原因之一正是融汇了中西双方的建筑文化。

聂梅生

全国工商联房地产商会会长

以规划家的远见关注并助推城市新兴产业的发展，以外交家的视野热心于中外文化的交流与合作。

张继强

天津市雷克文化传播有限公司总经理

饶及人不愧为中美友谊桥梁的建设者、世界先进文化的伟大传播者，他就是永不磨灭“烙印”的亮丽品牌。

郭先登

青岛社会科学院正高二级岗研究员，
享受国务院政府特殊津贴，青岛拔尖人才

◉饶及人在深圳主持绿色论坛

他是中国小城镇科学发展的排头兵：创建小城镇绿色低碳建筑设计、对水资源与环境生态技术及生物多样性保护等设想预置在前。

栗文忠

《中国房地产报》社长

龙安设计并饶及人先生

糅东西元素一身，
合南北风情一体；
经古往今来一笔，
纬儒雅神俗一线；
装金木水火土饰，
点厅堂楼阁亭缀；
生机黄红蓝五彩，
活力点线面体局。

基于对龙安设计的称道，对饶及人先生的崇敬，偶书此句以诉情怀。

（藏头、藏尾：糅合经纬装点生活 身体笔线缀饰彩局）

王金华

浮来春集团

饶先生的聪明、智慧、博学、专深都浸透着中西方文化，并恰到好处的结合。他是一个正在开发的金矿，谁能够挖得深、挖得快，谁就能获得意想不到的资源和收获。

汪涛

天津市东丽区工商业联合会党组书记

不到长城非好汉的饶及人

饶先生的平易近人，学识渊博，机智灵活，注重大局。总是孜孜不倦、满腔热情地做好每一件作品，从来不会有任何的满足与懈怠；他的严肃认真、一丝不苟的工作作风没有变，对每一个细节问题都不会轻易放过。

范红生

特纳唐逊工程项目咨询（上海）有限公司机电经理

暖通专业高级工程师，英国楼宇工程师学会会员

项目管理专业人士

和他交谈更是一种享受，饶先生思想活跃、才思敏捷、见识广博，显示出充沛的精力和坚韧的毅力，是一个很懂中国国情的专业技术成功人士。

蒋鸿兴

昆明官房建筑设计有限公司总经理

饶及人愿意为他人奉献自己的经验和智慧，并且毫无保留。他为中国培养了既懂中国又心怀世界的人才。

付敬

《中国日报》记者

饶及人英语教育基金发起人之一

饶及人小传

饶及人(James C. Jao)，字铭泽，号两栖文化。出生于中国台湾，祖籍浙江青田，美籍华人、中国香港永久居民、著名美籍建筑规划专家，现任美国龙安集团总裁，曾任美国纽约市规划委员、局长。

1980 年毕业于纽约普拉特大学(PRATT)建筑系，1984 年获得纽约佩斯大学工商管理研究所市场系 MBA 学位，之后长期从事城市规划和建筑设计工作，为全美注册建筑师，持有美国纽约州、新泽西州、康州、宾州、乔州、加州、麻省等注册开业建筑师资质。曾分别于 1988 年、1989 年被美国建筑师协会选为“杰出少数族裔建筑师”和“美国十大青年建筑师”。

21 世纪初，应国务院前总理朱镕基感召，于 2001 年率龙安公司入驻北京，开始致力于中国城市规划与建筑设计，同时被聘为中国国家外专局美籍规划建筑专家，中国国际城市化发展战略研究委员会战略咨询委员、全国工商联房地产设计联盟第二任 CEO(首席执行官)、“国家智库”委员和中国 30 多个省市高级城市

两岁的饶及人

饶及人在他长大的台湾南投鹿谷乡内湖村他外公的竹林中挖春笋

饶及人和他在台湾南投的表舅，手中是表舅珍藏了60年的他与饶及人父亲的照片

规划顾问。至今已在中国内地做了300余个城市规划项目。

中西方两种不同的生活环境和经历，使饶及人将西方人的理性、幽默和东方人的传统、热情凝聚一身，局内人的体验及局外人的敏锐融于一体。他充分了解与熟悉中国的体制与管理，并能和中国各城市主管领导进行无障碍沟通，同时又掌握大量国外优势资源，成为被中美双方最认可的主流人员。

2009年，出任联合国人居署人居年会（UN Habitat World Urban Campaign Steering Committee）程序委员，并开始大力倡导和致力于推动中国城市化的绿色生态和可持续发展。

温州苍南石坪饶氏家庙

2012年4月饶及人在苍南祭祖

饶及人和他的亲人

现任社会职务

·联合国人居署人居年会程序委员(2009—2012)

·中国国家外国专家局美籍建筑规划专家(1994 年至今)

·内蒙古政协对外交流促进会副会长(2012—)

·丽水市第三届政协港澳台侨委特邀委员(2012—2017)

·及人教育公益机构发起人

·财富百人协会联合主席

·“十一五”国家重点研究项目《科学发展观丛书》首席专家

·中国国际城市化发展战略研究委员会战略咨询委员

·中国全国工商联房地产设计联盟第二任首席执行官

·“国家智库”委员

·中国 30 多个省市高级城市规划与经济开发顾问

·《法制晚报》、《中国建设报》、《中国不动产》专栏作家

·《中国日报》(China Daily)特约专栏作家

·台湾建筑界大奖——中华金石奖荣誉主任委员(2004 年至今)

·北京精瑞住宅科技基金会监事(2007 年至今)

·全国市长培训中心特邀教授

·清华大学 EMBA 班教授、南昌大学兼任教授、苏州大学研究生导师

饶及人和美国龙安纽约构思中心负责人，贝聿铭大师46年的合伙人黄慧生老先生在北京家的院子合影

饶及人接受苏州大学教授聘书

饶及人给哈佛大学研究生上课，介绍中国城市化的背景与发展

中国:寻找中国城市魂的城市医生

引进先进理念

在中国,饶及人提出许多先进的规划设计理念,如“四因二应”、“旅游三三八八原则”、“城市以使用者为本”、“穴位工程概念”等,他将先进的规划理念与设计手法,同中国传统的建筑观念相结合,所设计的项目独具风格,并得到使用者的高度认可。

在新疆拜城,他提出慢行生活理念,引进漫步社区理论,引领当代中国小城镇的慢行生活规划设计风潮;

苏州国际教育园总体规划与建筑设计,开启校园园区规划潮流,建立中国第一所没有围墙的校园。200 幢建筑,从规划设计到落成使用,完全遵照设计者的构思。

中国·宋庄文化创意产业集聚区,将产业与文化结合,成为北京著名的文化产业园区,在国际上具有典范性意义。

江西省赣州市古城墙及周边地区城市设计,使拥有 3000 年历史的宋城墙得到完整保护,建成后居住环境提升,居民幸福指数在江西省排名第一。

培训中国官员

自 1990 年起,饶及人为中国培训了数以万计的城市规划官员,成为中国市长培训中心、中国住建部市长培训班、中国外专局和各省市领导最受欢迎的城市规划培训专家之一。他同时兼任中国 30 多个省市政府的高级城市规划与经济开发顾问,为中国主管城市建设的领导干部指导和传授最新的规划理念和发展趋势,使这些官员将先进的城市规划建设理念运用到城市建设中,提高中国城市化进程。

●饶及人在建成的常州南大街上。
常州南大街的立体购物中心是饶及人
在1993年接受委托的第一个中国规划任务

●饶及人出任浙江省丽水市第三次政协会议海外代表

●饶及人和负责兴建苏州建设银行项目(建元大厦)的林副行长合影

美国：纽约市 360 年来首位亚裔局级官员

1990—1994 年，饶及人先生出任美国纽约规划局委员、局长，成为纽约市 360 年历史上第一位亚裔局级官员，同时也是纽约市最年轻的首位持有建筑师执照的局级官员。

在纽约市城市规划领域中，饶及人先生提出了“平衡发展（Balance Development）”规划理论，并在曼哈顿中国城的改造规划研究、皇后区法拉盛新中国城规划调整等方面做出了杰出贡献。

纽约市的“饶及人日”

1993 年，纽约曼哈顿区为见证饶及人对公共服务的贡献及个人专业成就，将其当作纽约侨民成功典范，并定每年 12 月 7 日为“饶及人日”。与此同时，他还荣获纽约州州长、纽约市市长的嘉奖令，并入选“美国华裔风云人物志”。

纽约市政府给饶及人局长的公务警牌

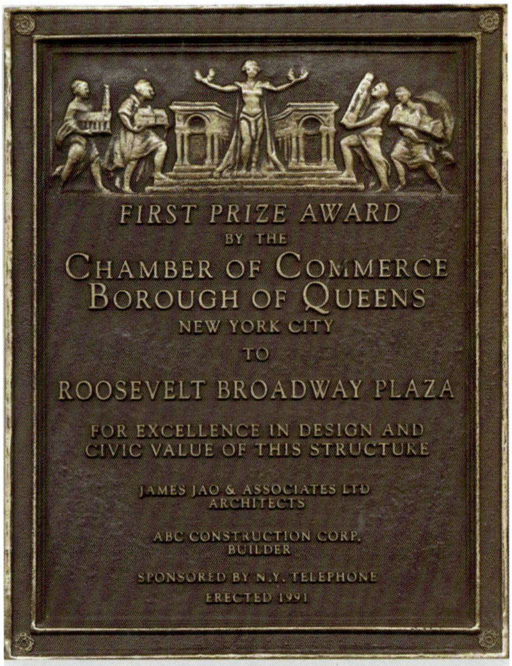

饶及人1991年在纽约皇后区设计的城市综合体获得美国建筑奖青铜做的奖牌，重量达4斤。
这个奖牌是鼓励建筑师在设计作品的时候，
要考虑到自己是终身负责，
同时这个青铜的奖牌，是在建筑师过世后，
放在他的墓碑前，供后人敬仰用。
一辈子的骄傲！

饶及人从纽约市政府退下公职后，
市政府给他的纪念礼品：Tiffany的水晶苹果，
上面刻着他的名字以及服务年期

美国及中国近5年的主要荣誉

2011年　荣获由中国住房和城乡建设部主管、住房和城乡建设部优秀期刊《中国建设信息》杂志颁发的“2010年度房地产杰出人物”奖

2011年　在第二届“见证·品牌的力量”全国服务业影响力人物之星大型公益调查活动中，荣获“全国设计行业最具影响力十大杰出人物”称号

2011年　由中国住房和城乡建设部·中国建筑文化中心、中国建筑设计作品年鉴编辑委员会授予饶及人总裁“中国建筑设计行业杰出贡献人物”荣誉称号

2010年　“和谐中国2009年度影响力人物”颁奖盛典，授予“2009年十大影响力人物”

2009年　2009中国·青田华侨总部经济发展论坛上，青田县委、县政府授予青田侨界“六十杰”——十大创业精英荣誉

2008年　人民大会堂召开的中国城市住宅与房地产业发展高峰论坛上，荣获中国住房和城乡建设部科学技术委员会及中国房地产业协会联合颁发的“2008中国责任地产年度人物”奖

2008年　荣获中华人民共和国住房和城乡建设部科技技术委员会及中国国际城市化发展战略研究委员会共同颁发“2008中国城市化进程10大贡献力人物”年度重要奖项

2008年　“谁将影响下一个三十年(2008—2038)赢在未来”活动中，荣获2008年度“赢在未来，商界领军人物100强”

2008年　入选《安家iHome杂志》二十位“改革开放三十年影响中国地产30年人物”

2007年　荣获“CIHAF2007年度中国最具影响力设计师”人物奖项

2007年　2007年内蒙古自治区成立60周年庆祝活动中，荣获“市长特别奖”荣誉

2006年　于《中国建设报》《中国楼市》主办的“影响中国商务建筑”推介活动中，荣获“影响中国十大公建设计师”称号

1995年　被选入“世界专业界名人录”

1995年　获得全美企业识别系统设计(CI设计)第一名

1994年　获得普拉特大学最佳建筑系校友奖

1993年　曼哈顿区长表彰并宣布1993年12月7日为“曼哈顿区饶及人日”

1993年　纽约市市长丁勤时颁发纽约市政府感谢状感谢其对纽约市的杰出服务

1993年　荣获纽约州州长葛模(Mario Guomo)颁发的杰出社会贡献奖

1992年　荣获纽约建筑师协会颁发的杰出建筑师奖

1990年　被选入“美国企业界名人录”

1990年　荣获普拉特大学“百年校庆校友奖”

1989年　被评为“美国十大青年建筑师”

1988年　被美国建筑师协会评选为“杰出少数族裔建筑师”

龙安集团

美国龙安集团是一个“以城市规划为切入点参与城市运营，为中国百姓提供世界一流的绿色低碳建筑”为主业的集团公司。

作为在中国将“国际设计理念”落地的专业单位，凭借扎实稳健的设计实力及先进的设计理念、丰富的经济学识、突出的工作业绩，在业界树立了良好的专业品质和企业形象，自2004年起，美国龙安公司已连续多年获得“中国十大影响力设计单位”的殊荣。2011年美国龙安乔迁酒会上，原建设部副部长杨慎先生亲笔题写贺词，称赞其“顾大局、不苟同、有特色”的经营风格。

2007年，成为全国工商联房地产商会首批认证的“全国绿色生态建筑示范项目签约规划设计机构”，同年，在庆祝内蒙古自治区成立60周年的活动中，美国龙安公司设计的内蒙古呼和浩特多元文化特色景观街项目获得“最佳建筑工程设计奖”，饶及人先生同时荣获“市长特别奖”荣誉。

2008年，中国城市出版社将饶及人负责与带领的设计作品整理成书——《西为“中”用——美国龙安项目选集》。

2009年，铁道部在否定了46家设计公司竞标、96个设计方案后，委托美国龙安提出了三个设计方案，其中一个方案脱颖而出，成为2010年中国世博会铁道部展览馆设计方案。

截止到2012年3月，龙安集团城市规划总面积2857平方公里（约47个纽约曼哈顿岛）；住宅区规划设计总建筑面积约为2257万平方米（约为22万个家庭房）；公建设计总建筑面积1219万平方米（约相当于75个国家大剧院）；旧城改建街道总长度11300米（相当于6条半法国香榭丽舍大道）；景观设计总面积1107公顷（约3个纽约曼哈顿中央公园面积）；室内设计总面积15万平方米（约514个样板间）。

◉（左图）龙安北京总部开幕当天剪彩嘉宾（从左至右）：Christos Vlachos博士，中共对外联络部原副部长刘敬钦，全国政协常委、人事部原常务副部长程连昌，全国政协港澳部原副部长张伟超，知名大导演张纪中，饶及人，霍英东基金会原秘书长何健立

◉（右图）美国龙安集团在北京CBD的总部大堂，墙上的“诚信，敬业，热情，创新”八个字是龙安的信念

部分代表性项目

·藏族圣河——西藏拉萨河景观改造工程

承担西藏母亲河沿河两岸的景观规划改造。

·内蒙古额尔古纳低碳生态湿地城市规划

中国第一个生态湿地城市规划，本项目入选联合国人居署100个城市行动。

·阿克苏拜城总体规划、新区控制性详细规划及城市设计

提出慢行生活理念，以使用者为本，引进漫步社区理论，引领当代中国小城镇的慢行生活规划设计风潮。

·大连机场商务区空港产业区城市设计及控制性详细规划

打造中国未来东北亚的物流枢纽基地。

·上海世博会铁路馆建筑设计

代表中国向世界展示中国的铁路文化。

·中国·宋庄文化创意产业集聚区

将产业与文化结合，成为北京著名的文化产业园区，在国际上具有典范性意义。

·中国·内蒙古呼和浩特市回民区伊斯兰建筑特色景观街

旧城改建，将破烂街区重新改建，成为中国十大特色街，荣获联合国人居署迪拜国际最佳范例推动设计奖。

·江西省赣州市古城墙及周边地区城市设计

拥有三千年历史的宋城墙得到完整保护，建成后居住环境提升，居民幸福指数在江西省排名第一。

·宁波三江六岸CBD规划

打造环河景观，将沿河空地规划建设成为百姓休闲娱乐空间。

·苏州国际教育园总体规划与建筑设计

开启校园园区规划潮流，建立中国第一所没有围墙的校园。200幢建筑，从规划设计到落成使用，完全遵照设计者的构思。

更多优质规划建筑作品，不胜枚举。欢迎访问美国龙安集团官网：

http://www.jaodesign.com。

◉龙安项目：北京长安街华侨城二期城市综合体，2011年设计

饶及人第一本全英语著作
Straight Talk on China's Urbanization
(《直言中国城市化》)

概　述

在这本令人耳目一新、直言不讳、蕴涵启发性的书中，杰出的美籍华人建筑师、城市规划师饶及人先生与读者分享其对现代中国城市发展所面临的巨大挑战但独树一帜、影响深远的因应之道。过去二十年中，饶及人先生的大部分时间生活在香港和北京，因而享有“城市医生”美誉的饶及人成为中国地产界最具影响力的人物之一。他是中华人民共和国国家外国专家局一位诚信坚定的外籍专家，为中国政府培训出一批批的骨干精英（至今，桃李满天下约有九万名政府官员。）——也正是他们掌管着中国的“体格”发育。他真真正正地影响了中国，并遍及海外。

本书是饶及人的第一本全英文出版书。书中阐述了他如何成功地以二元文化的方式来规划中国城市，广泛地讲，他规划参与了一个演变中的世界强国趋于成熟的过程。他以幽默、正直的话语，毫无保留的畅谈，由人口密度、控制性增长，到城市认同感的定位、寻觅，城市风貌的保护和嬗递，再到防污，以及培养对可持续发展的思想更迭与调试的必要，无所不谈。以现代化接轨的方式，把生活质量的重要和为终端客户规划的概念引入中国。他勇于尝试，突破了城市规划的传统与桎梏，论及教育、知识产权和中国社会政治体制，阐释区分了在西方鲜为人知同时易于误解的极其敏感且不易察觉的文化差异。

饶及人引领读者解析结合规划和建筑的案例，来筛检土地价值以及区域性的要求和偏好；他甚至大胆地剖析解读创意、风格、建筑在文化层面的表达与东西方建筑师的关系变换。为了向大众阐述涵盖相关政策、城市发展模式、基础设施、交通、公园以及公共空间的总体概念，他亲赴农村实地考察，参加政府官方会议，走访村、里、街道。饶及人坚定不移地宣扬争取把“社区参与”发展成为规划中不可或缺的一部分，因为它是以人为本的最终目标。

饶及人以其风趣和学识吸引读者，他以不同的立场身份轮替与读者对话——从业者、老师、评论家、史学工作者、诊断家，而自始至终是一位以肩负东西文化桥梁为己任的外交家。他推出的这本书恰如其分的结合并带动东西双方，成为相互了解、认知与合作的工具书。

饶及人系列图书之英文书

◉饶及人和仇保兴部长

◉饶及人和杰克·罗森会长

《直言中国城市化》自序

在本书付梓之际，我的另一本英文的新书《直言中国城市化》也即将出版，与《你我的城市》不同的是，《直言中国城市化》是一本为西方读者介绍中国城市化发展的书。在此我将英文书序言一并附在本书里，以便让有兴趣的中国读者了解一二。

很多人问我为何在中国工作和生活之际要为西方读者写这样一本书，答案很简单，我想为西方人解开所谓中国的神秘面纱。西方人通常要么传奇化中国，要么妖魔化中国——有些人还认为中国是毛主席时代的样子，实在是荒谬。当我跟西方的朋友们说起，中国不是共产主义，他们自称是“有中国特色的社会主义”，那些朋友甚是诧异。而当我告诉他们这说法来自中国官方，他们更表示难以置信。

介绍中国的书籍很多，但大多是旅游指导、自然美景及艺术品图册，抑或是越来越多的海外工作商务书籍。然而讨论中国人的内心世界的书籍少之又少，几乎没有一本书对此进行过深入而坦率的探讨。

我在中国台湾出生，在美国长大。1996 年移居香港前我曾在美国就任公职，之后于 2001 年来到中国内地。让我感到非常荣幸的是每个国家都能接受我，所以我认为自己有义务分享我对跨文化的见解和意见，特别是考虑到“G2”中国和美国的这种全球合作关系。

改革开放三十年来，中国取得的成就举世瞩目，并满怀信心地走向新的繁荣。中国的外汇储备世界第一。1%的中国人(约 1350 万人)个人资产超过 1000 万美元，6%的中国人(约 8100 万人)个人资产超过 100 万美元。换个角度说，美国东海岸的所有男女老少都成为百万富翁，才能赶得上这一规模。

然而，这并非意味着中国是一个富有的国家。必须记住，中国还有更多的人口——8%的中国人，约有 1 亿 800 万人，相当于美国人口的三分之一——每天收入不足 2 美元。日益扩大的贫富差距引起极大的关注，也很好地解释为何中国政府不遗余力地增加就业并维持稳定。养活 13.5 亿中国人口并

prosperity. It has the largest foreign reserves in the world. Also, at this point, 1% of the Chinese (13.5 million people) have personal assets of more than US $10 million, while 6% (81 million people) have more than US $1 million. To put that into perspective, a rough equivalent in the United States would be if every man, woman, and child on the East Coast were a millionaire.

Still, this does not necessarily mean that China is a wealthy nation. We have to remember that it also has even more people, 8% of its people, about 108 million or roughly equal to a third of the US population, who do not even make $2.00 per day. The ever-increasing prosperity gap is a cause of great concern and goes far in explaining the Chinese government's feverish efforts to create jobs and ensure social stability. Feeding 1.35 billion people, almost four times the population of the United States yet with only 25% of the arable land, is not an easy task.

It is not my goal to produce a definitive encyclopedia of China, nor a clinical profile of the Chinese people. But, being an architect and urban planner, I hope to offer a close-up view of the unprecedented urbanization that is now taking place in China, and to examine some of the critical issues the country faces in consequence. I do not want to overstate China's achievements, nor is it my intention to whitewash its problems.

I am in a bit of a unique situation in China since I was invited by the former prime minister to introduce new ideas that will help China to develop. I speak my mind freely because if I cannot say the truth without fear of reprisal, I would not be able to help. Western friends are often amazed by what I say, and by the fact that my New York boldness has made me very popular among Chinese officials. They admire me and respect the fact that I will say what others will not. They want to hear what's on my mind. I talk about everything from planning and architecture to pollution, education, business protocol, and social manners.

The role I play is that of the supportive teacher who points out areas needing improvement on the way to success, not the disapproving critic who ridicules and berates. China has a long way to go, but it is aware of its actions and their consequences. When people are poor they think only think in terms of survival, but now the Chinese are at a stage of development that they must take into consideration the day after tomorrow in order to ensure a healthy future for their grandchildren and great grandchildren. They are very eager to learn.

I just think Westerners need to have a better understanding of China. I have discussed with my co-author, Dr. Janet Adams Strong, a renowned architectural historian, the need to write this book in my straightforward, shoot from the hip style. I want only to state the facts so that others may understand. Let the reader be the judge.

The differences between China and the United States are great. In fact, the two countries and peoples are more dissimilar than alike. If we accept that fact, we will not have the same expectations of each other. Tolerance levels will be higher, and tensions would be reduced. I believe that our world is big enough to allow for different cultures, different types of thinking, in harmony.

This book is privately published without endorsement, donations, outside funding or influence. Readers may like or dislike, agree or disagree, with the content. But they should feel confident that the issues addressed here are unencumbered, and that the talk about them is straight.

James Chi-Jen Jao

May 3, 2012

为饶及人英文新书《直言中国城市化》作序

我经常说在过去三十年中国的快速城市化中，不论对中国还是西方的专业人员都是一个挑战，也是一个机会。目前，中国对外国设计师是全世界最大的设计市场已经不是秘密了，成千上百的国外设计公司在中国寻找业务，但只有极少数得以成功。饶及人先生是唯一被中国房地产核心圈层所接受的外籍设计师之一。他写过两本非常受欢迎的书，《十年规划中国情》以及《寻找中国城市魂》。他的第三本书《你我的城市》将在2012年9月份由经济出版社发行。另外，还有一本由他的众多粉丝和支持者写的一本关于他的书《从中国梦到美国梦—城市医生饶及人》。

中国政府欢迎外籍设计师，饶及人先生作为一位海外华人，通过自身努力的工作才赢得在中国的成绩。我第一次认识饶及人先生，是在1999年我出任杭州市长时。饶及人先生的设计团队在1998年钱塘江两岸规划中获得第一名，从此，他开始在中国获得过百的设计荣誉，而且他的事务所也获得中国建设部甲级设计资质，他的成就也赢得中国各级政府的尊重。虽然他在西方成长，并且在西方受训；但是，我们对他能那么透彻了解中国行政体制以及土地使用法规感到非常的惊讶。所以，在中国没有一个人视他为外来者。他也是一个迷人的讲演者，到目前为止，他已经替中国培训十万以上的基层官员。而我自2005年起，在一年一度的中国城市发展与规划大会上，也会邀请他作为主讲嘉宾。因为，我们有着共同的信念。所以，我特别欣赏他对绿色建筑和生态城市的投入。

虽然我自己也写过数本有关中国城市化的英文书，但是，我相信西方的读者会对饶先生的这本书更有兴趣。作为全世界人口最多的国家，以及世界第二个经济体系，中国对地球及未来后代的保护有着义不容辞的责任，中国需要更多的西方规划专家协助中国发展成为现代化，以及节能环保的国家。我们需要更多的西方人了解我们和帮助我们，中国也需要更多的像饶及人先生一样的人架起中西方互通有无的桥梁。

我希望你读完这本书，不仅感到有趣，还能从中有所收获。此外，读完这本书以后，你就能知道他为什么在中国会被誉为“城市医生”。

仇保兴 博士

中华人民共和国住房和城乡建设部 副部长

注：后附英文原文

Preface for James Jao's new book, Straight Talk on Chinese Urbanization

I have always stated that the rapid development of Chinese urbanization in the last thirty years has presented both challenges and opportunities not only for Chinese nationals, but also for the many western trained or western design professionals in China. It is no secret that China is the largest architecture and planning market for foreign design firms. Hundreds and hundreds of foreign design firms are here; yet, very few have been able to make it. James Jao is probably the only one who has been able to make into the inner circles of Chinese real estate field. He has written two very popular books here in China: "A Decade of Planning in China" and "Searching the Soul of Chinese Cities". His third book written in Mandarin: "Your City and Mine" will be published by the Economic Press in Sept. 2012. His numerous supporters and fans have also written a book about him "From American Dream to Chinese Dream the Urban Doctor James Jao".

The Chinese government welcomes foreign designers. As an overseas Chinese, he has worked very hard to earn his mark in China. I first got to know him when I was the Mayor of Hangzhou in 1999. James Jao's design submission on the Qiantang River Front received the First Place Award in 1998. Since then, he has won over one hundred design awards in China. His firm is also obtained class A registration in China. His accomplishments have earned him great respect among all levels of the Chinese governments.

Although he is western trained and grew up in the States, we are all amazed with his deep knowledge of the Chinese political and land use system. No one here ever sees him as an alien. He is a capable and intriguing speaker. Insofar, he has delivered hundreds of lectures on land use and western planning practice to over one hundred thousand Chinese officials. Since its inception 2005, I have personally invited him to be a member of my distinguished panels of speakers at the Annual China Planning Conference. I especially admire his devotion in promoting Green Building and eco-city in China. We share the same believes.

Although I myself have written several English books on Chinese urbanization, I however believe that James Jao's writing of this book will be more appealing to the western readers. China needs more western expertise to help China develop itself into a modern and an energy efficient nation. We understand that as the most populous nation and as the second largest economy in the world, we have a noble responsibility to keep this planet for our future generations. We need western people to understand us and help us. China needs more people like James Jao who can bridge the gap between East and West.

I hope you will find this book not only interesting but also informative. After reading the book, you will understand why he is called the "Urban Doctor" in China.

Qiu Baoxing

Vice Minister of MoHURD

为饶及人英文新书《直言中国城市化》作序

日前，收到了 JACK ROSEN（杰克·罗森）先生为我的英文书《Straight Talk About China's Urbanization（直言中国的城市化）》写的序言。

JACK ROSEN 先生，是当今美国最有影响力的五位犹太人之一，美国犹太议会主席、美国世界犹太裔理事会主席，也是奥巴马当选总统以及谋求连任的最有力支持者。他行走于政商之间，是美国的红顶商人，奥巴马、小布什、克林顿、普京、卡斯特罗、潘基文、西蒙·佩雷斯等，都曾与其探讨治国方略。他，曾四十多次探访中国，对中国文化历史情有独钟。

感谢这位老友为我的英文书作序，在此翻译摘录如下。

为《直言中国城市化》喝彩

像饶及人这般成就非凡的人士实在是寥若晨星。他在所涉猎的每个领域都展示出相当的才华。他绝顶聪明，更是少有的智者；他锐意进取，更有时不我待的气势；他兴趣广泛，简直是无所不包；他慷慨大方，更是谦谦君子。

饶有一个巨大的优势，他不仅精通汉语和英语，更对这两种文化有深刻的理解，这使他能够对 21 世纪的挑战与机遇了然于胸。

回望新世纪的头十年，中美两国作为全球经济强国，作为制造业巨头，作为谋取太平洋更多话语权的军事力量，小心翼翼，蓄势待发，在谁都输不起的零和游戏中不断博弈。

十多年前，美国战略家就将亚洲地区视为美国面临的最重要的挑战。布什政府执政初期，政治和经济战略顾问都将重心指向泛太平洋地区，并明确表示美国的力量将向这一地区倾斜。

这在奥巴马政府执政期间更趋明朗，其首席顾问几乎异口同声地将美国与亚洲国家的竞争作为 21 世纪美国的首要战略。

然而，饶及人——这位对两种文化有深刻理解并对两个国家及其人民饱含感情的使者——告诉我们，纵然两国千差万别，我们万不可将彼此视作注定的敌人，落入相互争斗的恶性循环。诚然，如他所说，两国异大于同，但饶及人以他的亲身经历向我们表明，普天下的人民都有相同的梦想，为了子孙后代都不惜做出牺牲，都在为追求生活的意义而不懈努力。

与他相识这么多年来，我慢慢接受他的观点并发现他的一个重要品格：他善于打破双方的差异，将其分解成更小的单元，并在此基础上提出实效而有创意的解决方案。技巧与感性的完美结合，使他能够将不同文化与阶层的人团结在一起，共同解决所面临的困难。

尤为重要的是，他既丰富思想，又有远见卓识，将一个土地规划专家的智慧与美感融入到他所设计的一草一木、一砖一瓦之中，将建筑与景观完美融合，在提高生活质量之路上矢志不渝，奋力前行。

那些有机会同他一起工作的人，包括我，更感叹他独特的人格魅力使他的作品都有了灵魂，他无与伦比的远见卓识在他工作的每一个方面都体现得淋漓尽致。

相信每位读者都会在这本书里发现一些与众不同的东西。有些人会明白他如何将土地规划和建造美好事物作为他毕生的事业。有些人会觉得饶是一个有远见并希望干一番事业的商人。还会有人觉得，他是一个中美之间的问题解决者，一个穿梭于两种文化并取得卓越成就的使者。

我觉得饶是一位益友，一位致力于让世界变得更好，率众人为共同目标一致向前的慷慨君子。这不是中国人或者美国人的天性，而是那些在世界任何角落都能取得巨大成就之人的必备品格。

杰克·罗森

Rosen Partners LLC 主席

美国犹太人委员会主席

美国犹太大会主席

注：后附英文原文

Preface for James Jao's New Book, Straight Talk on Chinese Urbanization

Extraordinary people of high accomplishment like James Jao don't come along every day. His talent is on full display in virtually everything he touches. He's not just smart, he's brilliant. He's not just motivated, he's driven. He's not just interested in many things; he's interested in everything. He's not just generous, he's a mensch.

One of his great advantages as a man who personifies the challenges and the promise of the 21st century is that Jao is not only bilingual in English and Chinese, but that he is bicultural.

From the vantage point of being barely a decade into this new century, Chine and the United States seem poised to compete fiercely on almost every front: as global economic powerhouses, as manufacturing giants, as military elites both planning on being the dominant Pacific force, and as wary adversaries seeking to gain advantage in what appears to both powers as a zero sum game they cannot afford to lose.

American strategic planners have looked at Asia for well over a decade as the premier challenge facing the U.S. In the first days of the new Bush Administration, the focus of attention of both political and military planners already was pivoting toward the Pacific Rim, with the stated intention of shifting U.S. resources toward that region.

That trend has continued under President Obama, whose top advisors are nearly unanimous in their belief that the U.S. needs to develop a 21st century strategy that puts competition with Asian nations at the top of American priorities.

Along comes James Jao to tell us, with his deep bicultural touchstones that emanate from a love of both nations and peoples, that even with our many differences, we cannot fall into the trap of seeing each other as adversaries destined for conflict. Though he says the differences are more pronounced than our similarities, Jao lives his life knowing that people everywhere dream the same dreams, make sacrifices so that their children can succeed, and seek meaning and purpose in their lives.

In the years I have come to know him and to appreciate his outlook, I've learned that one of his most important assets is the ability to break down the differences he identifies into smaller components that encourage practical, innovative solutions. He is a problem solver who possesses a combination of skill and sensitivity that brings together people of different cultures and varying walks of life.

He is above all else a man of ideas and vision, whose talent as a land use expert is translated into the art and beauty of his designs of glass, steel and concrete; of integration of structure with landscape, always in the service of improving quality of life.

But those of us who have the opportunity to work with him appreciate how his unique personality inevitably characterizes his projects, and how his unmatched vision works itself into every aspect of his plans to create and achieve.

Each reader will find something different in this book. Some will understand his life's work in the context of land use planning and building beautiful things. Some will see Jao as a visionary businessman with the foresight and drive to get things done. Still others will see in him the traits of a Chinese-American problem solver, the bicultural whirlwind whose distinct, bicultural traits have led to a success story par excellence.

I see Jao as a friend, as a generous man devoted to improving the world around him, who enjoys bringing people together in common purpose. These are not Chinese or American attributes, but those of an uncommonly successful man who would thrive in any corner of the world.

Jack Rosen
Chairman, Rosen Partners LLC
Chairman, American Council for World Jewry
Chairman, American Jewish Congress